Hans-Christoph Hoffmann

ERFORSCHEN · PFLEGEN · SCHÜTZEN · ERHALTEN

Ein Vierteljahrhundert Denkmalpflege
in der Freien Hansestadt Bremen
Ein Rückblick

1615

Hans-Christoph Hoffmann

ERFORSCHEN · PFLEGEN SCHÜTZEN · ERHALTEN

Ein Vierteljahrhundert Denkmalpflege
in der Freien Hansestadt Bremen
Ein Rückblick

Verlag H. M. Hauschild GmbH, Bremen

Forschungen zur Geschichte der Bau- und Kunstdenkmäler in Bremen
Herausgegeben vom Landesamt für Denkmalpflege

Die Abbildung auf dem Schutzumschlag zeigt einen Ausschnitt der Renaissance-Decke im Haus Sandstraße 3, dem Landesamt für Denkmalpflege, aus dem Jahre 1580

Abbildung auf dem Frontispiz: Wappen der Stadt Bremen von der Stadtwaage

Die Herausgabe des Buches wurde gefördert:
von der Waldemar-Koch-Stiftung, der Bremischen Gesellschaft Lüder von Bentheim, aus Toto-Lotto-Mitteln und durch private Stifter

Die Deutsche Bibliothek – CIP-Einheitsaufnahme

Hoffmann, Hans-Christoph:
Erforschen - Pflegen - Schützen - Erhalten : ein Vierteljahrhundert Denkmalpflege in der Freien Hansestadt Bremen ; ein Rückblick / Hans-Christoph Hoffmann. - Bremen : Hauschild, 1998
ISBN 3-931 785-67-X

Lektorat: Gerd Hüsener, Bremen
Bildauswahl: Margarethe Haberecht, Bremen
Buchgestaltung: Gernot Braatz, Bremen
Gesamtherstellung: H. M. Hauschild GmbH, Bremen

ISBN: 3-931 785-67-X

Inhalt

Vorwort ... 7

Ein Blick zurück

Erinnern wir uns ... 10

Die Denkmalliste von 1973 ... 12

Die Erweiterung der Denkmalliste ... 13

Denkmalschutz und Nostalgie – ein Mißverständnis ... 14

Das Denkmalschutzgesetz ... 16

Das Amt für Denkmalpflege und seine Ausstattung ... 20

Denkmalschutz und Steuerrecht ... 23

Erträge der Forschung ... 25

Der Blick auf die Denkmale

Der Umgang mit den Denkmalen ... 28

Haus Blomendal, Auestraße 9 ... 33

Sandstraße 3 ... 37

St. Petri-Dom ... 41

Der Kaisersaal im Postamt I an der Domsheide ... 47

Am Dobben 91 ... 51

Landhaus Caesar-Ichon ... 55

Fünf Denkmale in Bremerhaven ... 59

Das Bremer Haus ... 67

Bagatellen: vier Interieurs ... 71

Goetheplatz 4 – Villa Poppe-Ichon 75

Die Scheinfassade in der Besselstraße 79

Der Spiegelhof im Werderland 83

Das Rathaus 87
Die Güldenkammer 88
Gobelinzimmer und Kaminzimmer 90
Der Festsaal 92
Die Restaurierung der Wappenscheiben in der Oberen Halle 96
Sonstige Restaurierungen im Rathaus 98

Ein Klassenzimmer in der Schule Helgolander Straße 103

Das Musikzimmer im Haus Contrescarpe 22 107

Das Haus des Vegesacker Rudervereins 111

Arthur Fitgers Gemälde aus dem Haus Seefahrt 115

Der Himmelssaal im Haus Atlantis in der Böttcherstraße 119

Der Beinkeller von Unser Lieben Frauen 127

Das Landgerichtsgebäude 131

Fünf Mühlen 135

Park, Villa und Gewächshaus Hasse 141

Das Haus Weserstraße 84 in Vegesack 147

Der Bürgerpark 151

Wandbilder französischer Kriegsgefangener in einer Lagerhalle am Fabrikenufer 155

Anmerkungen 159

Abbildungsnachweis 167

Vorwort

Erforschen, pflegen, schützen, erhalten – seit es Denkmalpflege als öffentliches Anliegen gibt, also seit Beginn des 19. Jahrhunderts, sind dies die vornehmsten Aufgaben eines Konservators.
Eine Darstellung der Denkmalpflege in Bremen, die man in den sechziger Jahren des vorigen Jahrhunderts vor mehr als 130 Jahren beginnen lassen kann oder 1909 mit dem Inkrafttreten des ersten Gesetzes zum Schutz von Baudenkmalen, fehlt bis heute – und es wird sie sobald auch nicht geben. Gegenüber der so wichtigen, nun auch schon über fünfzigjährigen Nachkriegszeit ist der Abstand für eine objektive Betrachtung immer noch zu gering, vor allem aber, es fehlen für die Jahre zwischen 1950 und 1972 Tätigkeitsberichte, das Wirken der Denkmalpflege und ihre Niederlagen beschreibende Niederschriften.
Hinzu kommt, daß der Aktenbestand aus der Zeit der Begründung des Baudenkmalamts 1945 bis zum Amtswechsel 1971 ungewöhnlich schmal ist – vielleicht eine Folge der Bedeutung – oder sollte man nicht eigentlich sagen: Bedeutungslosigkeit – der Baudenkmalpflege in der Phase des Wiederaufbaus der Stadt.
Der vorliegende Rückblick steht neben den sechs Berichten, die die Tätigkeit der Denkmalpflege in Bremen und Bremerhaven zwischen 1971 und 1991 beschreiben. Er ist also auch wieder nur ein Mosaikstein für ein noch zu zeichnendes Gesamtbild, ähnlich den Notizen zur Entstehung einer ersten Denkmalliste im Jahre 1917 oder der Rückblick auf hundert Jahre Heimat- und Denkmalpflege in Bremen aus dem Jahre 1962. Selbst mit der eminent großen Leistung, die Rudolf Stein mit den Forschungen zur Geschichte der Bau- und Kunstdenkmale in Bremen erbracht und mit der er vor allem das im Krieg untergegangene alte Bremen in Erinnerung gehalten hat, bleibt also der Teil „erforschen“ aus dem anfangs genannten Auftrag schmaler, als es der Bedeutung unter den vier Aufgabenfeldern entspräche. Die Kräfte des kleinen bremischen Amtes waren, das zeigt der Blick zurück, eben immer absorbiert durch das Bemühen, den durch Stadtumbau, Modernisierungen und Krieg ohnehin geminderten Denkmalbestand zu schützen. Dieses Anliegen wurde besonders drängend, als in einer Phase vermeintlich unermeßlichen Wohlstands nach abgeschlossenem Wiederaufbau die Gesellschaft daran ging, sich des Alten, dessen man sich offenbar schämte, in einem in dieser Radikalität nie dagewesenen Umfang zu entledigen suchte. Das Typische der Städte drohte, nachdem die ärgsten Wunden des Krieges eben erst geheilt waren, ausgelöscht zu werden, und so war es dieses Typische der Städte, dem die Fürsorge der Denkmalpflege in erster Linie zu gelten hatte – Bremen war da kein Sonderfall.
Bei ehrlicher und offener Betrachtung gibt es aber auch hier wenig Anlaß, sich im Rückblick auf das Vierteljahrhundert Denkmalpflege (tatsächlich waren es mehr als 27 Jahre) zurückzulehnen und zu sagen, es sei gut gewesen. Gewiß, der Blick fällt auf manches schöne Haus, manche Baugruppe, die heute nicht mehr bestünden, beginnend mit dem Eckhaus Slevogtstraße 48, vor dem sich der Verfasser das erstemal gemeinsam mit einer Justitiarin der Behörde und einem Anwalt traf, um zu beraten, wie das Haus vor dem beantragten Abbruch bewahrt werden könnte, er fällt aber auch auf viele für Bremen typische Straßenzüge, denen zunächst für eine weitere Generation Bestand gegeben wurde, und er fällt auf viele historische Raumausstattungen, die erstmals in das Blickfeld der Denkmalpflege gerieten und erhalten werden konnten. Der Blick nimmt aber mit gleicher Schärfe wahr, was in den in Bremen obwaltenden Verhältnissen nicht

erreicht werden konnte, obwohl es anderenorts zum Standard von Denkmalpflege zählt. Um solcher Kritik zu entgehen, meinte doch ein prominenter bremischer Staatsrat einmal, man solle bremische Oberbeamte nicht mehr in die Länder südlich des Mains fahren lassen. Bei jedem Verlust aber gilt in einem ganz biblischen Sinne, daß der jeweils verlorene Sohn immer der liebste war.

Was dennoch geleistet werden konnte, und so ganz wenig war es denn auch wieder nicht, wurde nur zum geringen Teil mit den im ordentlichen Haushalt bewilligten Mitteln ermöglicht. Ergänzende Zuwendungen füllten daher zu allen Zeiten die klaffenden Lücken: Waren es in den „reichen“ siebziger Jahren den eigenen Etat ergänzende Bewilligungen des Bundes, so seit 1981 die *Stiftung Wohnliche Stadt*, ohne die es in all den Jahren keine denkmalpflegerische Arbeit mehr gegeben hätte – nicht auszudenken, was sein wird, wenn diese Institution, was immer wieder versucht wird, aufgelöst werden sollte. In den letzten Jahren traten immer mehr auch private Stiftungen als Helfer hinzu, und endlich fanden sich auch immer wieder Spender, die sichtbar oder unsichtbar gegeben haben, um ein Stück historisches Erbe zu erhalten.

Allen, die auf solche Weise der bremischen Denkmalpflege und damit den Denkmalen Bremens und Bremerhavens selbstlos geholfen haben, sei darum mit diesem Bericht gedankt.

Mein Dank gilt aber auch den Mitarbeitern im Landesamt für Denkmalpflege, den ausgeschiedenen und den noch heute dort tätigen, die sich, oft bis an die Grenze der Belastbarkeit, für „ihre“ Denkmale eingesetzt haben, immer wieder getrieben von dem Bewußtsein, in erster Linie Anwälte dieser Denkmale zu sein.

Bremen, im August 1998

Hans-Christoph Hoffmann

Ein Blick zurück

Erinnern wir uns

Noch zu Beginn der siebziger Jahr wurde „sanieren“ im Vokabular der Planer gleichgesetzt mit großflächigen Abbrüchen alter, als verbraucht angesehener Bebauung, um die so gewonnenen Flächen nach modernen, als gesund geltenden Gesichtspunkten neu bebauen zu können. Um diesen Austausch finanzieren und die dazu nötige Infrastruktur schaffen zu können, mußte die Neubebauung gegenüber der bisherigen verdichtet werden. Der Denkmalschutz störte bei diesem Prozeß

1 Der Breitenweg, ein Teil der Nordtangente, 1973

wenig, weil nur die zentralen Monumente, die vorhistoristischen Kirchen und öffentlichen Gebäude und wenige besonders auffällige Bürgerbauten bis in die Zeit „um 1800“ als schutzwürdig galten[1]. Wahrhaft gigantische Stadtumbauprojekte, meist verbunden mit raumgreifenden Verkehrsführungen, bewegten die Planer, die als Gutachter auftretenden Institute und nicht zuletzt die Investoren, unter denen die „Neue Heimat“ den ersten Rang einnahm. In den alten Bundesländern gibt es kaum eine Stadt, in der diese Phase von Stadtentwicklung nicht ihre Spuren hinterlassen hätte.

So auch in Bremen, wo in jenen Jahren der Straßendurchbruch durch das Ostertorviertel zwischen dem 1967 fertiggestellten Rembertikreisel und dem Osterdeich erfolgen sollte, begleitet von einer beiderseits der neuen Trasse breit gestaffelten Bebauung analog der am Rembertiring und an der Eduard-Grunow-Straße entstandenen. Der Straßendurchbruch, bekannt unter dem Begriff „Mozarttrasse“, sollte das im städtebaulichen Entwicklungsgutachten angedachte Tangentenviereck im Osten schließen. Dieses Gutachten war unter der Federführung von Fritz Schumacher entstanden und 1931 veröffentlicht worden[2]. Die Verwirklichung dieser Idee war eine der Zielstellungen der Wiederaufbauplanung nach 1945 (konkret erst nach 1949). Die Westtangente und der westliche Teil der Nordtangente ließen sich weitgehend über den Trümmern des zerstörten Bremen verwirklichen[3]. Für den östlichen Teil der Nordtangente und noch mehr für die Anlage des Rembertikreisels und des Durchbruchs zum Dobbenweg mußten aber bereits ganze Straßenzüge und zusammenhängende Wohnviertel abgerissen werden – viele dieser Häuser waren erst wenige Jahre zuvor nach der Beseitigung von Kriegsschäden wieder bezogen worden[4]. Die Osttangente endlich hätte durch ein weitgehend unzerstörtes, dicht bewohntes, freilich unmodernes und gewiß auch mit Mängeln behaftetes Gebiet geführt werden müssen. Dazu sollten aber noch zwei weitere Querspangen das Viertel zerschneiden: Der Straßenzug Falkenstraße-Birkenstraße-Richtweg sollte zwischen neuem Staatsarchiv und Amerikanischem Generalkonsulat hindurch auf die neue Trasse zugeführt und der Osterdeich sollte durch eine Straße in Höhe Alexanderstraße, Körnerwall und Im Krummen Arm zur Lüneburger Straße entlastet werden[5].

Ein legitimes, auch in anderen Städten immer wieder eingesetztes Mittel, um an möglichst viele der zur Realisierung solcher Pläne notwendigen Grundstücke ohne zeitraubende förmliche Enteignungsverfahren heranzukommen, ist die Veränderungssperre[6]. Sie verhindert Wertsteigerungen an Häusern, die angekauft werden müssen, mit der Folge, daß Eigentümer, um nicht Wertminderungen an ihren unmodernen Häusern erleiden zu müssen, ihre Häuser an die Stadt als Träger der Planungen, aber auch an Baugesellschaften, die sich an den damit verbundenen Erneuerungsmaßnahmen beteiligen wollten, verkauften. Oft zu einem lächerlichen Preis und oft, obwohl sie nicht unmittelbar von den Veränderungen betrof-

2 Die Kohlhökerstraße um 1960 – die Häuser vor dem Amerikanischen Generalkonsulat wurden alle vor 1970 abgebrochen

fen waren. Der Prozeß wurde dadurch beschleunigt, daß die so erworbenen Häuser durch Vermietung an Randgruppen „ausgewohnt" wurden, was den weiteren Verfall des betroffenen Gebietes förderte. In diesem Stadium des Verfalls wurden Planungsgruppen und städtebauliche Institute mit Untersuchungen beauftragt, die die Notwendigkeit umfassender Sanierungs- oder Erneuerungsmaßnahmen begründen sollten. Ein solches Institut war das SIN (Städtebauinstitut-Forschungs-Gesellschaft mbH Nürnberg)[7], das 1967 von der Stadt mit einer Strukturuntersuchung zur Vorbereitung der Sanierung des „Ostertorgebietes" in Bremen beauftragt worden war. Das Gebiet war umgrenzt durch den Bahnkörper und die Straßenzüge An der Weide, Bahnhofsplatz und Herdentorsteinweg, Wallanlagen, Osterdeich und Sielwall-Am Dobben-Dobbenweg. Der Untersuchungsauftrag umfaßte nicht nur die Frage, ob und wenn ja in welchen Grenzen ein Sanierungsbedarf besteht, sondern auch, ob hier ein City-Erweiterungsgebiet ausgewiesen werden könne[8]. Das Institut führte bis 1970 die vorgeschriebenen Untersuchungen durch und legte mehrere Zwischenberichte vor[9]. Von denen interessiert vor allem der 3./4. Zwischenbericht von 1968, weil in ihm eine Aussage über die zu erhaltende Bausubstanz gegeben wurde: Das Amt für Denkmalpflege[10] wies in dem gesamten Bereich kein einziges Gebäude als „unbedingt" oder als „möglichst" zu erhalten aus. Weder das Rembertistift, noch das Haus des Reichs (das zu keiner Zeit bedroht war), noch die letzten der großen Villen an der Contrescarpe, noch irgendeine der typischen und wohlgestalteten Straßen mit Bremer Häusern erschienen danach schutzwürdig; dagegen war das Stadtplanungsamt fortschrittlich, das aus seiner städtebaulichen Sicht für eine Reihe von Objekten Erhaltungswünsche reklamierte. Weder für den einen – Denkmalpfleger –, noch für den anderen – Stadtplaner – kam es bei dieser Auflistung darauf an, rechtliche Grundlagen nachzuweisen; um so mehr erstaunt das offensichtliche Desinteresse der Denkmalpflege an diesen Planungsvorgängen.

Die Denkmalliste von 1973

Wäre es nur darum gegangen, eine vierspurige Straße mit Standspuren und breiten Bürgersteigen durch das Ostertorviertel zu brechen und im übrigen das Viertel unberührt zu lassen, hätten die Bauarbeiten für die Mozarttrasse wahrscheinlich zügig durchgeführt werden können. Die jahrelange Verunsicherung aber über das wie und wann der Sanierung – die Trassenpläne schwankten zwischen 40 Meter Breite und annähernd 100 Meter – weckte in der Bevölkerung jedoch Widerstandskräfte, die es bis dahin nicht gegeben hatte. Motor und Wortführer dieses Widerstands war der Arbeitskreis Ostertor im Ortsverein Altstadt der SPD (AKO im OVA), als dessen Sprecher vor allem Olaf Dinné und Carsten Schwertfeger auftraten; in der für Denkmalschutz zuständigen Deputation für Wissenschaft und Kunst hatte diese Gruppe nach den Wahlen von 1971 in Hans-Martin Sixt einen energischen Befürworter der vom AKO vertretenen Positionen. Der AKO meldete sich zu Wort, als 1972 der Entwurf einer neuen Denkmalliste in den Ortsämtern und den Ämtern für Beiratsangelegenheiten[11] zur Diskussion gestellt wurde.

Für eine solche Denkmalliste gab es Vorarbeiten von Gustav Ulrich aus den Jahren 1945 bis 1950[12] und, weit konkreter, von Rudolf Stein, der umfangreiches Material zu einer Liste hinterlassen hat. Auch Karl Dillschneider hatte sich durch eine Reihe von Begehungen darum bemüht, einen Überblick über das Erhaltenswerte zu verschaffen, wobei er, soweit sich dies den Notizen entnehmen läßt, noch ganz der Vorstellung verbunden war, daß das einzelne Haus einen individuellen Denkmalwert aufweisen müsse. Im Sommer 1971, also bald, nachdem der Verfasser die Leitung des Amtes für Baudenkmalpflege übernommen hatte, mußten das vorliegende Material und die Objekte neu gesichtet, geordnet, ergänzt und zum Entwurf einer Denkmalliste zusammengestellt werden, die noch im Herbst desselben Jahres der Deputation für Wissenschaft und Kunst vorgestellt wurde. Die Deputation überwies den Entwurf an einen nichtständigen Ausschuß zur Beratung[13], der ihn nach eingehender Sichtung, auch ersten Ausweitungen, im Sommer 1972 zur Anhörung an die Beiräte freigab. Diese Anhörung nahmen einige Beiräte zum Anlaß, zusätzliche Vorschläge für Denkmalausweisungen vorzutragen. Das galt besonders für den Arbeitskreis Ostertor mit dem hinter ihm stehenden Beirat Mitte, der in der Ausweitung der Liste eine Möglichkeit sah, um die Erhaltung der altstädtischen Struktur und der baulichen Substanz des in seiner Gesamtheit bedrohten Ostertorviertels zu sichern.

Der zur Anhörung vorgelegte Entwurf enthielt bereits einige Ensembles von Bremer Häusern, so die Adlerstraße, die Reederstraße, die Goebenstraße. Die darin zum Ausdruck kommende Zurückhaltung hatte Gründe: Das Amt bestand zu dieser Zeit aus drei, später vier Mitarbeitern, ein weiterer personeller Ausbau war ungewiß, Erfahrungen in der Akzeptanz und in der Behandlung von Denkmalgruppen lagen nicht vor, entscheidende Teile des Ostertorviertels waren beplant, und ob es gelingen würde, die Beihilfemittel der Denkmalpflege so anzuheben, daß die Ansprüche und Erwartungen einer vergrößerten Denkmalliste bedient werden könnten, war offen.

Die Forderung des Stadtteilbeirats Mitte ging dahin, zusätzlich 48 Häuser und Hausgruppen mit 185 Einzelobjekten im Ostertorviertel unter Schutz zu stellen[14]. Die Straßenzüge Beim Steinernen Kreuz, Bleicherstraße, In der Runken, Krefting-, Kreuz- und Weberstraße sollten in vollem Umfang Schutz genießen; Kohlhöker-, Ruten-, Wulwesstraße und der Ostertorsteinweg, soweit die Planung für die Mozarttrasse dadurch nicht behindert würde, denn zu diesem Zeitpunkt war über Bau oder Nichtbau der Trasse noch nicht abschließend entschieden.

Mit dem Antrag verdoppelte sich der Umfang der zur Beratung anstehenden Liste, und nochmals vergrößerte sich der Listenentwurf durch die Eingabe des Stadtteilbei-

rats Östliche Vorstadt, der für große Teile des Fesenfeld – Mathilden-, Herder-, Bessel-, Kepler- und Feldstraße – Denkmalschutz reklamierte.
Unter rein fachlichen Gesichtspunkten war die Ausweitung des Denkmalschutzes zu begrüßen, denn den genannten Straßen kann in der getroffenen engen Auswahl eine wissenschaftliche und heimatkundliche, teilweise auch künstlerische Bedeutung nicht abgesprochen werden. Bedenken, wie eine so voluminöse Denkmalliste von so wenigen Mitarbeitern und einem Etat, der sich einschließlich der Sachmittel[15] bis 1973 in der Größenordnung von 100 000 DM bewegte und für 1974/75 jeweils auch nur bei knapp 250 000 DM lag, praktisch gehandhabt werden sollte, mußten dagegen zurückstehen – wie wahr allerdings diese Befürchtungen waren, sollte die weitere Entwicklung zeigen. Die öffentliche und auch fachliche Meinung setzte jedoch ohne jede Einschränkung auf den Denkmalschutz als Schutz vor zügellosem, in der Regel durch Verkehrsplanungen ausgelöstem Spekulantentum, denn bei dem, was im Vollzug solcher Planungen finanziell bewegt wurde, spielte das Spekulieren auf immer höhere Verdichtungen und damit verbundene Wertsteigerungen eine entscheidende Rolle. Der nichtständige Ausschuß der Deputation, die Deputation selbst und am Ende der Senat stimmten so der erweiterten Denkmalliste zu[16]. Damit standen mit einem Schlag 680 Objekte unter Denkmalschutz.

Die Erweiterung der Denkmalliste

Noch während die Denkmalliste beraten wurde, hatte die Deputation für Wissenschaft und Kunst der Verwaltung den Auftrag erteilt, ein Denkmalschutzgesetz auszuarbeiten und möglichst noch in der 8. Wahlperiode der Bremischen Bürgerschaft, also bis Herbst 1975, zur Verabschiedung zu bringen[17]. Dieser Auftrag wurde erfüllt, so

3 Die Mathildenstraße mit typischen Bremer Häusern wurde 1973 unter Denkmalschutz gestellt

daß am 11. Juni 1975 das „Gesetz zur Pflege und zum Schutz der Kulturdenkmäler" (Denkmalschutzgesetz) in Kraft treten konnte[18]. Seine Erarbeitung war also innerhalb von nur einer Legislaturperiode und quasi als Beitrag Bremens zum Europäischen Denkmalschutzjahr 1975 möglich geworden. Noch im selben Jahr wurden die notwendigen Rechtsverordnungen erlassen[19] und ein Denkmalrat berufen[20], so daß das Gesetz ab 1976 angewandt werden konnte.
Das Echo auf die Denkmalliste und den Erlaß des Denkmalschutzgesetzes in den Jahren 1973 und 1975 war nicht nur in einem landläufigen Sinne positiv, sondern begleitet von hohen Erwartungen an die Fortführung der Denkmalliste[21] und an die Durchsetzung von Denkmalerhaltung nach dem Gesetz. Diesen Erwartungen konnte in den ersten Jahren, also etwa zwischen 1976 und 1980, tatsächlich weitgehend entsprochen werden: In diesen fünf Jahren wurden in Bremen 154 Objekte neu unter Denkmalschutz gestellt und in Bremerhaven – erstmalig – 81. Für einen Außenstehenden sind das niedrige Zahlen; wer sich indes mit hoheitlichen Verwaltungsakten einerseits und der personellen Ausstattung des Denkmalamtes andererseits

auskennt, wird solche Zahlen anders bewerten. Die Eintragungsverfahren nach dem Denkmalschutzgesetz von 1975, also vor der Novellierung von 1989 mit ihren Vereinfachungen des Verwaltungsverfahrens, waren zwar bürgerfreundlich gedacht (lassen wir es hier einmal dahingestellt sein, ob die in jener Zeit allgemein gedachte Bürgerfreundlichkeit konkret immer so bürgerfreundlich war), aber ungeheuer verwaltungsaufwendig, also teuer. Aus dem bremischen Gesetz folgte, daß für jede Eintragung der Eigentümer (oft auch die Nutzungsberechtigten), der Stadtteilbeirat, die Ressorts für Inneres und Bauwesen und der Denkmalrat gehört werden mußten, bevor der zuständige Senator als Obere Denkmalschutzbehörde auf Vorschlag des Landesamtes für Denkmalpflege als Fachbehörde die Unterschutzstellung vollziehen konnte – und bevor im Fall der Anfechtung die Widerspruchs- und Gerichtsverfahren beginnen konnten. Dieser große Verwaltungsaufand war nur zu leisten, solange zwischen allen Stellen Konsens darüber bestand, soviel wie möglich unter Denkmalschutz zu stellen, und akzeptiert wurde, die Eintragung großer Baugruppen mit wenigen Worten zu begründen. So lautete die Begründung für den Denkmalschutz von 18 Häusern im Fehrfeld:
„Die Häuser Fehrfeld Nr. 5 bis Nr. 22 bilden ein zusammenhängendes Ensemble, das 1873 in einem Zug erbaut, nach Lage und Gestalt ein Zeugnis für die Erschließung der Östlichen Vorstadt in den Gründerjahren nach 1870 darstellt. Dies zeigt sich schon darin, wie die Straßenführung in dem überwiegend orthogonalen Erschließungsraster der Östlichen Vorstadt eine historische Wegeführung, die ihre Fortsetzung im Ostertorsweg findet, aufgegriffen hat und wie die ursprünglich aus 19 Häusern, von denen 18 unter Denkmalschutz gestellt werden, bestehende Baugruppe mit geringen Einzelabweichungen in nur zwei Gestalttypen errichtet wurde. Die Formen gehören im einzelnen einer Stilstufe des Historismus an, die sich von der überwiegend klassizistisch orientierten Architektur Bremens durch größeren Formenreichtum abhebt. Trotz einzelner Veränderungen, von denen viele wieder rückgängig gemacht und andere besser angepaßt werden können, gibt diese Straßenfront noch ein Bild von großer Geschlossenheit, das an die ursprüngliche Vorstadtbebauung Bremens erinnert.“[22]

Der Ausweitung der Denkmalliste entsprach zunächst eine Verbesserung der finanziellen Ausstattung, die 1978 mit Haushaltsmitteln in Höhe von 418 000 DM ihren Höhepunkt erreichte; dazu kamen für einzelne Investitionsmaßnahmen (Restaurierung St. Petri-Dom, Wencke-Dock in Bremerhaven, Am Dobben 91) 1 Million DM hinzu[23]. Noch bevor es 1981 zu den großen Einschnitten in den Denkmalhaushalt kam, sank der reguläre Zuschußhaushalt wieder auf weniger als 400 000 DM herab. Zu diesem Zeitpunkt begann dann aber das segensreiche Wirken der *Stiftung Wohnliche Stadt*.

Denkmalschutz und Nostalgie – ein Mißverständnis

Die positiven Aspekte der Arbeit der Denkmalpflege bis zum Beginn der achtziger Jahre werden durch die Tatsache unterstrichen, daß nur wenige der einmal geschützten Objekte später wieder aufgegeben werden mußten[24]. Dagegen drängte bald ein Problem in den Vordergrund, das der Denkmalpflege, und nicht nur der bremischen, immer mehr zu schaffen machte. Bereits während vieler Journalistengespräche, Medienberichte, Debatten nach Vorträgen im Europäischen Denkmalschutzjahr 1975 war Denkmalschutz immer wieder mit Nostalgie erklärt worden, nie mit Geschichte, mit originaler Substanz, mit Urkundserhaltung. Die malerische Bedeutung von Ortsbildern, also von Bildern, stand im Mittelpunkt des Interesses, nicht das historische Zeugnis[25]. Dieses Interesse am Bild wurzelte im Unbehagen an den Hervorbringungen der modernen Architektur, deren Gestaltungsmangel und Maßstabssprünge nicht mehr nur kritisch beäugt, son-

4 Die Besselstraße, 1973 unter Denkmalschutz gestellt, wurde durch solche verunstaltenden Baumnasen entstellt – mittlerweile wurde die Straße neu gepflastert, und dabei konnten auch die Baumpflanzungen neu geordnet werden

dern zunehmend und vielfach pauschal abgelehnt wurden. „Regionalismus" – der in der Baugeschichtsforschung verfestigte Begriff „Heimatstil" war verpönt –, dann auch „Postmoderne" wurden zu neuen Leitideen in der Architektur erhoben. Sie vermochten freilich wenig zu ändern an der Dürftigkeit einer detaillosen Massenarchitektur, die sich letztendlich immer noch an dem so gründlich mißverstandenen Aufsatztitel von Adolf Loos „Ornament als Verbrechen" orientierte. Auch Organisationen, die sich wie der Deutsche Heimatbund oder Europa Nostra dem Denkmalschutz verpflichtet fühlten, förderten die nostalgische Vermarktung des Denkmals als Objekt touristischer Begier. Gesetz hin, Gesetz her, es ist in über zwanzigjähriger Tätigkeit nicht gelungen, deutlich zu machen, daß Denkmalschutz, auch wo er ein Ensemble beschreibt, nicht hinter der äußeren Putzschicht endet, sondern, sofern nicht erkennbar abgegrenzt, nach dem Bremischen Denkmalschutzgesetz immer auch das Innere umfaßt[26]. Der Umgang mit dem Denkmal hat also immer vom Gesamten auszugehen; von dieser Warte aus ist zu prüfen, wie im Einzelfall entschieden werden muß – eine zugegebenermaßen idealistische „Soll"-Beschreibung. Es gibt reihenweise Belege dafür, daß immer Stadtbildpflege gedacht, gemeint war, wenn Denkmalschutz eingefordert wurde: das Abwenden vom Denkmalschutz in dem Moment, in dem die existentielle Gefährdung des Wohnumfeldes oder eines Objektes weggefallen ist, sichtbar an nie abgestimmten und dabei grob verunstaltenden oder zumindest erheblich die Straßenräume ändernden Verkehrsbehinderungsmaßnahmen, das blanke Entsetzen, wenn die zuvor gerufene Denkmalpflege bei Baumaßnahmen Auflagen beschreibt, die Förderbestimmungen der *Stiftung Wohnliche Stadt*, die nur in besonders gelagerten Fällen eine Förderung im Inneren eines Objektes zuläßt. Es ist weiter nie gelungen, wirklich deutlich zu machen, daß eine Auflage oder Bedingung der Denkmalschutzbehörde nach dem Denkmalschutzgesetz materiell nichts anderes ist als eine Auflage oder Bedingung nach Bundesbaugesetz oder Landesbauordnung[27] – auch das übrigens ein länderübergreifendes Problem[28]. Dieses Mißverständnis um den Denkmalschutz als einer Staatsaufgabe mit hohem Anteil an hoheitlichen Tätigkeiten – begünstigende oder belastende Verwaltungsakte gegenüber Denkmaleigentümern und anderen Betroffenen – ist das Kontinuum denkmalpflegerischen Tuns mit dem 1975 erlassenen Denkmalschutzgesetz.

Das Denkmalschutzgesetz

Will man das bremische Gesetz würdigen, muß man wissen, daß es kaum ein anderes Rechtsgebiet geben dürfte, das in den einzelnen Ländern so unterschiedlich ausgestaltet worden ist wie das Denkmalschutzrecht – 16 Bundesländer haben 16 verschiedene Denkmalschutzgesetze, wobei die Unterschiede teilweise von grundsätzlicher Art sind[29]: In Schleswig-Holstein und Baden-Württemberg beispielsweise werden nur die Denkmale von besonderer Bedeutung konstitutiv in Listen erfaßt, während für die anderen Objekte ein ipsa-lege-Prinzip gilt, bei welchem das Denkmal schon aufgrund seiner Eigenschaft als Kulturdenkmal Schutz genießt[30]. Dieses System ist denn auch in den meisten Flächenstaaten eingeführt, weil es zunächst weniger Verwaltungsaufwand hervorruft. Nur wenige Länder arbeiten nach dem konstitutiven Prinzip, nach welchem ein Kulturdenkmal erst nach Abschluß eines gerichtlich überprüfbaren Verwaltungsverfahrens, mitunter verbunden mit dem Eintrag in eine Denkmalliste, Schutz genießt. Verschieden sind auch die Interpretationen, was ein Kulturdenkmal ist – in Rheinland-Pfalz werden selbst paläontologische Befunde durch das Gesetz geschützt –, andere Gesetze gehen detailliert auf Fragen der Zumutbarkeit ein. Es gibt kaum einen Aspekt, der in den 16 Gesetzen einheitlich geregelt wäre. Mehr noch als im Schulwesen entfaltet hier der Länderpartikularismus mit der Kulturhoheit der Länder, einem der wenigen noch nicht vom Bund beschnittenen Hoheitsbereiche, seine Blütenpracht.

Bei der Entwicklung des bremischen Gesetzes wurde das 1917 im „Gesetz zum Schutz von Baudenkmälern und Straßen- und Landschaftsbildern“[31] niedergelegte konstitutive Prinzip, nach welchem also ein Kulturdenkmal in eine Liste eingetragen sein muß, um Schutz zu genießen, beibehalten – bei der baulichen Verdichtung eines Stadtstaates und der Enge eines ausschließlich städtischen Immobilienmarktes wäre es illusorisch gewesen, nach dem ipsa-lege-Prinzip Kulturdenkmale fallweise auszuweisen und die Eigentümer damit überraschen zu wollen. Auch im Zuge der Novellierung 1985/89 wurde nach langem Abwägen der Vor- und Nachteile abermals an dem verwaltungsaufwendigen konstitutiven Listensystem festgehalten. Im übrigen wurde nicht versucht das Rad neu zu erfinden; Vorbilder für das bremische Gesetz waren die Gesetze von Hessen und, damals noch im Entwurfsstadium, Hamburg.

Es gibt viele Kriterien, nach denen sich der Niederschlag eines solchen Gesetzes bewerten läßt.

Im Bereich praktischer Denkmalpflege etwa spielt das Gesetz eher eine vermittelnde Rolle für den Fall, daß sich der Eigentümer eines Kulturdenkmals der nach dem Gesetz gebotenen Zusammenarbeit zu verweigern sucht. Ist es zu einer Zusammenarbeit zwischen Eigentümer und Denkmalpflege gekommen, ist fachliche Überzeugung, unterstützt von „schlicht hoheitlichen Hilfen“, Zuschüssen also, in der Regel wichtiger als der Rückgriff auf das Gesetz – „in der Regel“ bedeutet aber, daß es neben vielen unspektakulären Fällen auch solche gibt, die nur mit Hilfe des Gesetzes in die richtigen Bahnen gelenkt werden können.

Als unverzichtbar hat sich das durchaus auch mit Mängeln behaftete Gesetz jedoch in

5 Schwachhauser Heerstraße 62 – diese prächtige Villa des Architekten Ernst Klingenberg von 1863 wurde 1970 abgebrochen

allen denkmalschutzrechtlichen Fragen erwiesen: bei der Denkmalausweisung, den Beteiligungsverfahren und bei der Durchsetzung der Denkmalerhaltung, die nicht allein als Entscheidung über Erhalt oder Abriß zu verstehen ist, sondern auch als Entscheidung über die Schwere eines Eingriffs in das Denkmal – der kann vom Umbau bis zur Farbgebung reichen.

Das bremische Landesamt für Denkmalpflege gehört zu den wenigen, die nicht allein Denkmalfachbehörde sind, sondern auch Denkmalschutzbehörde[32]. In der Summe ist das für ein Fachamt nachteilig. Jeder Verwaltungsbescheid, etwa in Anwendung des § 10 Denkmalschutzgesetz (DSchG), muß die Ausübung des Ermessens, also die Abwägung der privaten und öffentlichen Belange, erkennen lassen. Fällt das bei mittelschweren Eingriffen in die Denkmalsubstanz, etwa wenn ein als Einfamilienhaus gedachtes Reihenhaus (Bremer Haus) in Klein-Appartements unterteilt werden soll, schon schwer, weil man als Fachmann dabei oft wider besseren Wissens und gegen das fachliche Gewissen entscheiden muß, so um so schwerer, wenn es um die Zustimmung zu einem Abbruch geht. Medien, aber auch Interessengruppen, unterscheiden in solchen Fällen nicht zwischen dem fachlichen Wollen des Amtes und den rechtlichen Bindungen[33], für die es in Flächenstaaten eigene Verwaltungsbehörden gibt. Das Ansehen des Amtes nimmt dann Schaden, ohne daß sich das Amt und seine Mitarbeiter dagegen wirksam zur Wehr setzen können. Wenn fachliche und rechtliche Fragen unentwirrbar miteinander verknüpft sind, kann der Zwang zu einer einheitlichen Behandlung von Vorgängen natürlich auch von Vorteil sein, ist es so doch möglich, den Denkmalschutzbelang deutlicher, prononcierter vorzutragen.

Die Erfassung und Unterschutzstellung von Kulturdenkmalen hatten 1984 eine jähe Unterbrechung erfahren, als das Oberverwaltungsgericht Bremen geurteilt hatte, daß schon bei der Unterschutzstellung eines Kulturdenkmals das Ermessen auszuüben sei[34]. Das Gericht hatte sich aufgrund der

6 Kohlhökerstraße 31, abgebrochen um 1970

Ähnlichkeit der Gesetze von Hessen und Bremen auf ein Urteil des Hessischen Verwaltungsgerichtshofs gestützt[35]. Während dieser jedoch seine Rechtsauffassung wieder korrigierte, blieb es in Bremen bei der für die Eintragungspraxis unglücklichen Entscheidung. Es würde zu weit führen, die Problematik um die Ausübung des Ermessens, um den nur eine Verfahrenspflichtigkeit feststellenden Verwaltungsakt der Eintragung eines Kulturdenkmals in die Denkmalliste, um die Spruchpraxis gerade zu diesem Komplex in anderen Ländern, hier auszubreiten. Die bremische Realität war nach diesem Urteil und anschließenden Pilotverfahren vor dem Verwaltungsgericht die, daß Eintragungen in das Denkmalverzeichnis nur noch im Einvernehmen mit Denkmaleigentümern möglich waren, was das Ende systematischer Denkmalschutzarbeit bedeutete. Den Beteiligten wurde klar, daß das Gesetz dem Tenor des Oberverwaltungsgerichtsurteils angepaßt werden mußte. Gleichwohl dauerte es fünf Jahre, bis das Gesetz, und weitere zwei Jahre, bis die zugehörigen Rechtsverordnungen novelliert waren[36].

In der Zwischenzeit hatte sich in Deutschland die Rechtsprechung auf dem Gebiet des Denkmalschutzes geändert. Die Gerichte fordern zunehmend präzisere Denkmalausweisungen und Denkmalbegründungen, sie differenzieren zwischen „denkmalfähig“ und „denkmalwürdig“, denn bei der Menge dessen, was auf irgendeine Weise Kulturzeugnis ist, muß eine Auswahl solcher Objekte getroffen werden, die im öffentlichen Interesse erhalten bleiben sollen[37]. Eine praktische Folge dessen ist, daß Eintragungen weit strengeren Kriterien unterliegen als in den aufbruchseligen siebziger Jahren. Ein Schlagwort unserer Tage ist der „schlanke Staat“, ein Staat also, in dem Verwaltung möglichst unbürokratisch und möglichst effizient arbeiten soll. Indes: Vor nur 20 Jahren waren die umfangreichsten Begründungen für Unterschutzstellungen zehn Zeilen lang, meist genügte weniger; heute kann das Amt nicht wagen, die Begründung für eine Denkmalausweisung ohne umfassende baugeschichtliche Einordnung und Würdigung und ohne genaue Zustands- und Veränderungsbeschreibung im Umfang von wenigstens drei bis vier Seiten einem Eigentümer zuzuleiten, was vor dem Hintergrund wissenschaftlicher Nachweisung sicher nicht verkehrt ist, andererseits aber so viel mehr Arbeit bereitet, wie fiskalisch, also nach dem Stellenplan, dem Amt nie zugebilligt wird. Und noch etwas bereitet mehr Arbeit: Vor zwei Jahrzehnten brauchte das Amt mit nicht mehr als 10 % Widersprüchen und Klagen zu rechnen, heute dagegen legt jeder dritte Betroffene Rechtsmittel ein, wobei diese Zahl nur dadurch „niedrig“ gehalten wird, daß mit den Eigentümern lange klärende Gespräche geführt werden, um sie von der Idee des Denkmalschutzes zu überzeugen. Unter solchen Umständen ist „Verschlankung“ in der Verwaltung nur möglich, wenn das gesetzlich Geforderte unterlassen wird – was in einigen Fällen sicher angestrebt ist.

So wie sich die Dinge im Umfeld des Denkmalschutzes entwickeln, zeichnet sich ab, daß der Denkmalschutz „in der Breite“, ausgedehnt also auf Objekte anonymer Baumeisterarchitektur, auf Bauten kunstfrei projektierter Industriekultur, jedoch auch anspruchsvolleren Gestaltens, wie es schon bei den Sprossenfenstern der Heimatschutzarchitektur der Fall ist, scheitern und still und leise zurückzuführen sein wird auf das Gebiet, das er von seiner personellen und sachlichen Ausstattung her bewältigen kann, nämlich das der Bewahrung der „Denkmale der Kunst und Geschichte". Die Gründe für diesen offenbar kaum mehr umkehrbaren Trend liegen, soweit es sich nicht um gesamtgesellschaftliche Phänomene handelt, in einem seit etwa 15 Jahren andauernden Rückzug des Bauwesens, der Bauaufsicht (Baupolizei), der Aufsicht über das Baugeschehen in seiner Gesamtheit. Die Folgen sind mannigfach: Durch die Freistellung von Bauvorgängen für Häuser mit drei, einschließlich Dachgeschoß vier Geschossen von der Genehmigungspflicht erfahren einerseits die Denkmalämter immer seltener von beabsichtigten Bauvorgängen, erfährt der Eigentümer eines Kulturdenkmals aber auch nicht mehr, ob seine Bauwünsche mit dem Charakter des Kulturdenkmals vereinbar sind, es sei denn, er wendet sich an die Fachbehörde, ein Schritt, den verständlicherweise nur der Gutwillige tut. Der große Vorteil des Baugenehmigungsverfahrens lag ja nicht zuletzt in der Bündelungsfunktion aller Einzelgenehmigungen bei der Bauaufsichtsbehörde zugunsten des Bürgers, der im Normalfall nur mit einer Dienststelle zu tun hatte. Dieser Service am Bürger wird stillschweigend abgeschafft.

Je nach Gesetzeslage – Bundesgesetze, Ländergesetze, kommunale Satzungen, gesetzesähnliche Normempfehlungen – ist die Bauaufsichtsbehörde dabei „nur" Briefträger oder ein ein eigenes Ermessen ausübendes Amt. Zu den Gesetzen, bei deren Anwendung die Bauaufsicht kein eigenes Ermessen auszuüben vermag, gehört das Denkmalschutzgesetz (§ 10 Abs. 6 brem. DSchG), in dem die Herstellung des Einvernehmens zwischen Denkmalschutz und Bauordnungsbehörde und die Übernahme der Bedingungen und Auflagen nach Abs. 4 zur Vorbedingung gemacht sind. Es handelt sich, juristisch ausgedrückt, also um ein „gebundenes" Einvernehmen. Danach kann die Prüfung der Bauordnungsbehörde nur die Kollision mit anderen Gesetzesnormen umfassen, etwa auf gewerberechtlichen Gebieten und, wenn erforderlich, hier zwischen widerstreitenden Positionen einen einvernehmlichen Ausgleich herbeiführen.

7 Das Lloydgebäude von Johann Georg Poppe, erbaut 1907–1910, wurde 1968/69 abgebrochen

Schlecht und recht hat dieses System bis in die Mitte der achtziger Jahre funktioniert. Seither aber mehren sich die Fälle, in denen das Bauwesen mit oder ohne Bauaufsichtsbehörde autonom über das bauliche Geschehen in der Stadt zu entscheiden und die Denkmalfach- und Denkmalschutzbehörde auch in solchen Fällen auszuschalten sucht, wo Belange von privaten Eigentümern, also keine öffentlichen, berührt sind. Das Bauwesen argumentiert damit, daß es seine Aufgabe sei, öffentliche Belange jeder Art, auch solche, die nicht gesetzlich fixiert, nur politisch gewollt seien, durchzusetzen, auch wenn dabei Kulturdenkmale ganz oder teilweise geopfert werden müßten und auch ohne daß es dafür eigene Rechtsnormen gibt. Solche außergesetzlichen Prioritäten können nach Aussage der Bauverwaltung Energiespar- und Lückenbaukonzepte sein, Wohnraumverdichtungsprogramme (Dachgeschoßausbau) oder „Attraktivitätssteigerungen" in der City – was auch immer darunter zu verstehen ist. Der Katalog solcher Interessen ist, das liegt im Wesen dieser Bestrebungen, nicht begrenzt – er ist tatsächlich auch nicht begrenzbar: Damit aber wird Denkmalschutz unkalkulierbar, willkürlich, im Grunde rechtlos.

Als Fazit wird man sagen müssen: Ohne Denkmalschutzgesetz kann Denkmalschutz heute nicht mehr ausgeübt werden, dazu ist Verwaltung mittlerweile zu stark „verrechtlicht". Vor allem wäre Denkmalschutz nach dem bis dahin geltenden „Gesetz, betr. den Schutz von Baudenkmälern und Straßen- und Landschaftsbildern", in der Fassung der Bekanntmachung vom 30. November 1934[38] nicht mehr praktizierbar gewesen. Dieses Gesetz ging auf das ehemalige preußische Verunstaltungsgesetz zurück, durch welches mit (bau-)polizeilichen Mitteln Gestaltungsnormen aufrechterhalten werden sollten. Es hatte nur abwehrenden Charakter und konnte nur wirksam werden zum Zwecke der Abwehr gegen eine beabsichtigte Verunstaltung eines Baudenkmals, nicht aber um originale Substanz zu erhalten und Gefahren von außen abzuwehren. Die Zuständigkeit für die Anwendung des Gesetzes lag auch in fachlichen Fragen primär beim Bauwesen, und es gab keinen Zugriff auf das Innere der Denkmale – auch bei Rathaus, Dom, Unser Lieben Frauen, Martini endete der Schutz vor der Tür. Ein weiterer Nachteil war, daß das Unterschutzstellungsverfahren durch die Befassung des Senats in jedem Einzelfall – die Eintragung in die Denkmalliste erfolgte durch Rechtsverordnung – so erschwert war, daß Erweiterungen der Denkmalliste nur in größeren Zeitabständen möglich waren. Das alles wurde durch das neue Gesetz verbessert: Es schützt das Objekt als Sachgesamtheit, die bis zur Feststellung, daß ein solcher Schutz nicht erforderlich ist, auch das Innere umfaßt, es regelt eindeutig die Zuständigkeit für den Denkmalschutz und die Denkmalpflege, es vereinfacht das Unterschutzstellungsverfahren, auch wenn dieses immer noch kompliziert genug bleibt. Andererseits kann ein Gesetz, das in seinem rechtlichen Gehalt so ausgehöhlt wird, nicht mehr für die Rechtsklarheit sorgen und für die anwendende Behörde die Hilfe sein, die mit dem Erlaß des Gesetzes intendiert war. Insofern wird der Erwartungshorizont an den Denkmalschutz deutlich niedriger gehängt werden müssen, zumal es, und das macht die Situation in Bremen besonders prekär, dem Amt immer an einer ausreichenden personellen und finanziellen Ausstattung als Äquivalent gemangelt hat.

Das Amt für Denkmalpflege und seine Ausstattung

Ein Problem eigener Art war und ist bei der Aufgabenzuweisung durch Gesetz die personelle Ausstattung eines Amtes. Es ist sicher nicht abwegig, den Personalausbau der Denkmalfach- und Denkmalschutzbehörden in Bremen, dem kleinsten Bundesland, das als Zwei-Städte-Staat eine nur mit Hamburg und Berlin vergleichbare Bebauungsdichte aufweist, mit dem im Saarland, dem zweitkleinsten Bundesland, dessen Bebauungsdichte zwar höher liegen dürfte als die eines großen Flächenstaates, aber doch nicht die eines Stadtstaates erreichen wird, zu vergleichen: Dort nämlich sind in Bodendenkmalpflege, Baudenkmalpflege und Verwaltung 26 Mitarbeiter tätig, davon acht im Bereich der Verwaltung; in Bremen dagegen sind es für dieselben Tätigkeiten 14,5 Mitarbeiter, davon 2,25 in der Verwaltung[39] – und dies unter Wahrnehmung der undankbaren, arbeitsaufwendigen Denkmalschutzaufgaben im Bereich von Bremen durch die Denkmalfachbehörde. Der in der Begründung zum Denkmalschutzgesetz 1975 angesprochene Ausbau des Amtes in personeller Hinsicht, speziell in den Bereichen Verwaltung und Forschung, hat nie stattgefunden und belastet die Arbeit des Amtes darum erheb-

8 Am Dobben 91, Haus Rutenberg, nach der Restaurierung 1982

lich. Schließlich wollen ja nicht nur die Aufgaben des Amtes als Denkmalschutzbehörde bewältigt sein, sondern, im Grunde sogar in erster Linie, die fachlichen, seien es die Denkmalausweisungen, seien es die Beteiligungsverfahren bei der Denkmalerhaltung, seien es die Organisation und Überwachung von Restaurierungsarbeiten, die das eigentliche Tagesgeschäft in der Denkmalpflege ausmachen (sollten). Gerade das Fehlen von Mitarbeitern in der Grundlagenerarbeitung – Denkmalausweisung, Inventarisation, Erarbeitung von Denkmalkonzepten – konnte nicht ohne Auswirkung auf die Qualität der laufenden Arbeit des Amtes bleiben.

Über die Entwicklung des Personalstandes im Amt wurde in den Berichten über die Tätigkeit der Denkmalpflege immer wieder Rechenschaft abgelegt[40]. Danach waren dem Amt 1975, also zum Zeitpunkt des Inkrafttretens des Gesetzes, 5,5 Planstellen zugewiesen; 1978 kam eine weitere Stelle für Dokumentationsarbeiten hinzu. Es dauerte dann bis 1992, bis, nachdem die zuletzt genannte Stelle zwischenzeitlich zwei Jahre vakant war, endlich die Stelle eines Inventarisators als tatsächliche personelle Erweiterung des Amtes eingerichtet wurde. Dieser kann indes nicht im klassischen Sinne an einer Inventarisation der bremischen Kulturdenkmäler arbeiten, sondern muß sich ausschließlich mit der Erfassung und Unterschutzstellung von Denkmälern befassen. Das Amt hat zum jetzigen Zeitpunkt also 7,5 Planstellen[41].

Ein Kontinuum unter den Problemen, mit denen sich bremische Denkmalpflege seit je her mehr als alle anderen vergleichbaren Institute auseinandersetzen muß, ist die schwache Stellung von Denkmalpflege im bremischen Kulturhaushalt. Wie alles, hat auch sie ihre Vorgeschichte: Das Landesamt für Denkmalpflege ist 1972 hervorgegangen aus der Position des Landeskonservators, der in Personalunion Direktor des Focke-Museum (Landesmuseum für Kunst und Kulturgeschichte) war, und dem Amt für Baudenkmalpflege, das im Oktober 1945 auf Betreiben von Jonny Prüser vom Senator für das Bauwesen eingerichtet[42], seit 1956 dem Senator für Bildung, Wissenschaft und Kunst unterstellt war und neben dem Landeskonservator als ein dem Vollzug im Denkmalschutz näherstehendes Amt fungierte. Innerhalb des Museumsetats war das Aufgabengebiet „Landeskonservator" nur marginal ausgewiesen, die einzelnen Haushaltsansätze waren im Verständnis der Museumsführung ausschließlich für den Museumsbetrieb gedacht[43]. Bei der von Werner Kloos, dem zweiten und letzten Direktor des Focke-Museums, der dieses Doppelamt innehatte, seit 1956 angestrebten Auflösung der Personalunion im Jahre 1972[44] wuchsen daher dem neu gegründeten Landesamt für Denkmalpflege weder personelle noch finanzielle Ressourcen zu. Das Amt für Baudenkmalpflege galt dagegen als ein der Praxis und dem Bauwesen verpflichtetes Denkmalschutzvollzugsamt[45], das im Hinblick auf die Einrichtungen im Focke-Museum keine wissenschaftliche Ausstattung benötigte, dessen Mitarbeiter an keinen Kontakten nach Auswärts teilzunehmen brauchten, für das man keine Fotoausrüstung oder Bibliothek anzuschaffen brauchte. Bei der Installierung des eigenständigen Landesamtes für Denkmalpflege sollte dies alles eigentlich berücksichtigt werden. In den schon damals sakrosankten Eckwerten waren solche überplanmäßigen Haushaltsansätze jedoch nicht vorgesehen und unterzubringen, und so blieb das Amt von Anfang an finanziell unzureichend ausgestattet, und zwar sowohl im Verhältnis zu anderen, länger etablierten Instituten als auch im Vergleich zu anderen Denkmalämtern – der in Bremen beliebte Hinweis auf die Kleinheit des Landes verkannte und verkennt dabei, daß mit der Zuweisung einer Aufgabe Grundkosten anfallen, die mit der Größe des Landes und seiner Ämter wenig zu tun haben. Im Falle Bremens liegen diese Kosten wegen der beschriebenen Doppelfunktion als Fach- und als Schutzbehörde sogar höher als bei anderen, muß doch, um nur ein einziges Beispiel herauszugreifen, die Bibliothek zusätzlich eine Abteilung für Verwaltungsrecht haben, müßte sie sich wenigstens eine einschlägige Zeitschrift dieses Faches halten können – beides ist nicht der Fall. Auch hätte ein solches Amt einen verwaltungskundigen Sachbearbeiter für die denkmalschutzrechtlichen Aufgaben, die aus dem Gesetz resultieren, haben müssen. Gegen eine geringere materielle Ausstattung des Amtes wäre in einer Aufbauphase nichts einzuwenden gewesen, wenn das anfängliche Manko im Laufe der Zeit durch überproportionale Steigerungen aufgefangen worden wäre. Das aber ist, obwohl immer wieder angesprochen, nie erreicht worden. Einmal unzureichend etatisiert, fiel die Ausstattung des Amtes proportional mit den jährlichen Haushaltsanhebungen, die alle Institute gleichmäßig erreichten, von Jahr zu Jahr weiter zurück. Dieser Mangel betraf die technische Ausstattung, die Amtsbibliothek, die Dienstreisen, worunter Stadtfahrten fallen wie die Teilnahme an Verbands- und Fachtagungen, die Mittel für Gutachten und für die Erforschung der Denkmale (Inventarisation) und natürlich die für Zuschüsse für die Erhaltung der Kulturdenkmale.

Nach welchen Kriterien müßte der Haushaltsansatz für Zuschüsse für die Erhaltung von Denkmalen gestaltet sein? Als der Verfasser 1971 das Amt übernahm, belief sich der Haushaltsansatz für Erhaltung von Baudenkmalen auf gerade einmal 15 000 DM – für den unrentierlichen Teil der Instandsetzung der Gaststätte „Zum Storchennest" mußten zu diesem Zeitpunkt aber bereits 17 000 DM aufgebracht werden[46]. Es liegt auf der Hand, daß, zumal die Denkmalliste auch damals bereits über 50 Positionen umfaßte, der Haushaltsansatz nicht ausreichen konnte. Nach der Listenaktion von 1972/73 standen 680 Objekte unter Denkmalschutz, von denen die meisten privaten Eigentümern gehörten, für die es also eine unmittelbare Zuschußverpflichtung bei denkmalschutzbedingten Mehraufwendungen gab. Der Etat wurde, wie beschrieben, in der Folgezeit auch angehoben[47] und erreichte 1978 den Höhepunkt mit 418 000 DM, um bis 1982 auf 95 000 DM abzufallen. Zu diesem Zeitpunkt setzten zwar die ausgleichenden Zuwendungen der *Stiftung Wohnliche Stadt* ein, die aber nur nach den Kriterien der Stiftungssatzung vergeben werden dürfen. Als man etwa ab 1989 glaubte, die Verhältnisse der Denkmalpflege wieder konsolidieren zu können, also die Mittel für die kontinuierliche Objektbetreuung wieder etatisieren zu können, gab es Denkmodelle, die den Zuschußbedarf an bestimmte Konstanten binden wollten, etwa an die Einwohnerzahl des Landes – eine Mark pro Einwohner ergäbe einen Zuschußetat von 720 000 DM im Jahr – oder an einem Verhältnis von Zuschußbedarf je Denkmal und Jahr – 500 DM für jedes Denkmal summieren sich bei 1400 Denkmalen auch auf etwa 700 000 DM jährlich –, doch ging die Entwicklung nach 1991 über alle solche Modelle hinweg.

Unter solchen Auspizien wundert es nicht, daß schon der in den im Rückblick „reichen“ siebziger Jahren im engen Kontakt mit der Behörde des Senators für Wissenschaft und Kunst entwickelte Investitionsplan „Bremische Denkmalpflege 1976 bis 1979, Ein Programm“[48] Makulatur geblieben ist: Die Restaurierung der Innenräume einer großbürgerlichen Villa am Osterdeich ist bis heute unterblieben, anderes wurde später zwar instandgesetzt, mangels gewichtiger Zuwendungen seitens der Denkmalpflege aber auf eine Weise, an die man als Denkmalpfleger nicht gern erinnert wird.

Andererseits wurden mit Hilfe der im Jahre 1980 etablierten *Stiftung Wohnliche Stadt*[49] seit 1981 Instandsetzungen und Restaurierungen gefördert, die von ihrem Kostenvolumen her vorher nicht einmal angedacht werden konnten: Die Instandsetzung einer Scheinfassade, die Förderung der Sprossenteilung eines Wohnblocks der zwanziger Jahre mit mehr als 100 Fenstern, die Restaurierung eines niederdeutschen Bauernhauses von 1667, die Arbeiten an und in den Häusern Am Dobben 91 und Sandstraße 3, Gerichtshaus und Rathaussäle und vor allem

9 Das Haus Parkallee 115 wurde während der Beratungen über die Denkmalliste 1973 abgebrochen

die dauernde Unterstützung der Arbeit an den Ensembles und an den Windmühlen sind hervorragende Beispiele für die bereits 17 Jahre währende Unterstützung der Denkmalpflege durch die Stiftung; die meisten der im Katalog angesprochenen Maßnahmen konnten nur mit Hilfe dieser Stiftung durchgeführt werden.

Denkmalschutz und Steuerrecht

Indes, auch bei weit besserer Finanzausstattung, als sie in Bremen jemals gegeben war und gegeben sein kann, wäre die Erhaltung einer so großen Zahl von Baudenkmalen, wie sie hier wie auch anderenorts unter den gewandelten Vorstellungen von Denkmalpflege nach 1970 geschützt wurden, illusorisch geblieben, wäre es nicht zur Einbeziehung der Altbauerhaltung in das Steuerrecht gekommen. Noch zu Beginn der siebziger Jahre war die Steuergesetzgebung ausschließlich auf die Förderung von Neubauten, von neuem Wohnraum, hin orientiert. Für Grundstücke, auf denen neuer Wohnraum entstand, entfiel die Grunderwerbsteuer in Höhe von 7 % des Kaufpreises, und die Kosten für den Neubau oder die neuen Wohnungen konnten im Rahmen des geradezu zu Berühmtheit gelangten § 7 b EStG begünstigt abgeschrieben werden. Beide Vergünstigungen waren zwar an bestimmte Wohnungsgrößen und Fristen gebunden, aber darauf hatten sich gemeinnützige und private Investoren mit ihren Architekten eingestellt: Der Wohnungsbau war geprägt von den Bestimmungen und Durchführungsverordnungen des Steuerrechts und der Wohnungsbauförderung. Dem gegenüber gab es keine oder kaum Hilfen für Erhaltung und Modernisierung von Altbauten, altem Wohnraum, der über „Verluste aus Vermietung und Verpachtung" hinausging. Das betraf Herstellungskosten, besonders solche im anschaffungsnahen Zeitraum, aber auch Erhaltungs- und Herstellungsaufwand an eigengenutztem Wohngut. Dazu ein praktisches Beispiel: Wenn in einem vermieteten Altbau erstmalig Zentralheizung und Bäder eingebaut werden sollten, um die Wohnungen an allgemein üblich gewordene Wohnstandards heranzuführen, dann konnten – damals – diese hohen Aufwendungen nur mit jährlich 2 % abgeschrieben werden, statt mit den anfänglichen 5 % des Wohnungs(neu-)baues.

Solchen Begünstigungen aus dem Steuerrecht hatte die Denkmalpflege nicht nur in Bremen nichts entgegenzusetzen. Wenn ein mit einem schönen Eckhaus bebautes Grundstück „freigeräumt" für 150 000 DM den Besitzer wechselte, fielen, wenn das Grundstück wider Erwarten nicht freigeräumt, das Haus also nicht abgebrochen werden durfte, 10 500 DM Grunderwerbsteuer an. Wenn dann weiter statt mühsam abgeteilter zwei bis drei Wohnungen sieben oder acht entstehen konnten und steuerlich begünstigt wurden, erreichten die steuerlichen Vorteile Dimensionen, mit denen das Zuschußwesen der Denkmalpflege nicht konkurrieren konnte. Direkte Zuwendungen können auch nie die Vorteile steuerlicher Hilfen ersetzen, weil sie nur für einen unmittelbaren Zweck, also die Mehrkosten aus Auflagen der Denkmalpflege, geleistet werden dürfen, nicht aber, um andere Nachteile, Wettbewerbsverzerrungen etwa, auszugleichen. Die Folge war, daß die Ausweisung eines Kulturdenkmals per se als unzumutbar empfunden wurde, eine Vorstellung oder Fiktion, die auch nach der Einführung vieler steuerlicher Begünstigungen für Kulturdenkmale bestehen blieb.

Mit der Einbeziehung von Altbauten in die Förderung nach § 7 b EStG ab 1977 und die Ausdehnung der mit dem Städtebauförderungsgesetz geschaffenen steuerrechtlichen Begünstigungen für Sanierungs- und Modernisierungsmaßnahmen auf Kulturdenkmale ab 1978[50], schließlich auch noch die Beseitigung der unendlich vielen Befreiungstatbestände im Grunderwerbsteuerrecht[51], verbunden mit einer Senkung der Grunderwerbsteuer, wurden die beschriebenen Ungleichheiten im Steuerrecht schrittweise aufgehoben.

Bei aller Problematik, die die weitgehende Begünstigung baulicher Maßnahmen an einem Baudenkmal zur Folge haben kann (und zum Teil auch hat), wirkt sich die Einführung dieser Sonderregelungen segensreich für die Erhaltung der Baudenkmale aus. Probleme treten vor allem da auf, wo die beabsichtigten Maßnahmen den engeren Rahmen restauratorischer Arbeiten überschreiten, denn begünstigt werden alle Arbeiten, die für die Erhaltung und sinnvolle Nutzung als Baudenkmal erforderlich sind. Diese Formulierung schließt alle sinnvollen Aufwendungen für die Sanierung, Modernisierung und Umnutzung eines Baudenkmals ein, etwa die Aufwendungen, die erforderlich sind, um eine große Villa in mehrere Wohnungen mit mehreren Wohnungseingängen, Küchen und Bädern aufzuteilen oder, meist besser für das Baudenkmal, einer Büronutzung anzupassen. – Der allgemeine Abbau steuerlicher Vergünstigungen wird künftig aber auch hier zu Einschnitten führen.

Erträge der Forschung

Zu den wichtigsten, auch vornehmsten Aufgaben von Denkmalfachbehörden gehört nach dem Gesetz[52] die Erforschung der Kulturdenkmale. Es war schon beschrieben, daß dem Amt erst 1992 die Stelle eines Inventarisators bewilligt worden ist. Das wichtige Kapitel Forschung mußte also bis dahin von anderen, termingebundenen Arbeiten abgezweigt werden – entsprechend wenig wissenschaftliche Arbeit, sei es für die Denkmalerfassung, sei es für die bremische (niedersächsische/niederdeutsche) Kunst- und Baugeschichte, konnte deshalb geleistet werden.

Zwei größere Forschungskomplexe sind aber zu nennen: die zweimalige Edition des Bremen-Teils des Dehio Bremen-Niedersachsen und der Versuch einer Denkmaltopographie für Bremen.

Die Ausgabe des Dehio von 1977[53] basierte, was den bremischen Part betraf, auf einem Manuskript, das Rudolf Stein in den Jahren 1962–65 in der ihm eigenen Diktion und Gewichtung erarbeitet hatte. Fast zehn Jahre, von heute aus betrachtet möchte man sagen das entscheidende Jahrzehnt des Umbruchs in der deutschen Denkmalpflege, schlummerte sein Text bei Heinz Rudolf Rosemann, Ordinarius für Kunstgeschichte an der Universität Göttingen, der von der Vereinigung zur Herausgabe des Dehio-Handbuchs als wissenschaftlicher Mentor gewonnen worden war, mit der Herausgabe des Bandes aber nicht weiterkam, weil die niedersächsischen Beiträge nur allzu schleppend hereinkamen. 1974 wurde der Verfasser schließlich gebeten, das sprachlich schöne, inhaltlich aber überholte Manuskript innerhalb kürzester Frist, gedacht war an sechs Wochen, zu überarbeiten. Es blieb zwar nicht bei diesen wenigen Wochen, aber auch nicht bei den damals nur etwa dreißig maschinenschriftlichen Seiten. Die Neubearbeitung war darum nur zu schaffen, indem Wolfgang Brönner und Ingrid Weibezahn als Mitarbeiter gewonnen werden konnten. Trotz dieser Hilfe war an Forschung nicht zu denken, vielmehr wurde, auch aus Respekt vor dem Wirken von Rudolf Stein in Bremen, soviel wie möglich von der Steinschen Bearbeitung erhalten und nur das zwischenzeitlich zu Denkmalwürdigkeit Herangewachsene angearbeitet. Die abermalige Bearbeitung in den Jahren 1988–90 wurde von Peter Hahn redigiert[54]; jetzt war es auch möglich, die Früchte vieljähriger Beschäftigung mit den bedeutenden Monumenten von Bremen und Bremerhaven zu verarbeiten. Davon profitierten insbesonders die Beschreibungen von Dom, Rathaus, Schütting und Böttcherstraße.

Durchaus zwiespältig sind die Ergebnisse und Erfahrungen mit den drei Stadtteilheften zur Denkmaltopographie Bundesrepublik Deutschland, Baudenkmale in der Freien Hansestadt Bremen, deren Bearbeitung und Erscheinen, allen Widrigkeiten zum Trotz, zwischen 1982 und 1984 ermöglicht wurde[55].

Die Erarbeitung einer Denkmaltopographie schien für Bremen besonders sinnvoll, weil – darin hat sich bis heute nichts geändert – es in Bremen, als einzigem Bundesland, noch kein Inventar der Kunstdenkmale gibt und auch nicht abzusehen ist, wer in welchem Zeitraum ein (Groß-)Inventar, und sei es auch nur für die wichtigsten Denkmale, erstellen könnte. Vor diesem Hintergrund war es verlockend, wenigstens einen nach topographischen Gesichtspunkten geordneten, beschreibenden Katalog der Bauten, die als Baudenkmale anzusprechen sind, zu erhalten. Dabei stand die Kunsttopographie Schleswig-Holstein, herausgegeben von Hartwig Beseler[56], vor Augen. Beseler war es auch, der 1971 die Idee zu einer nach einheitlichen Richtlinien zu erstellenden deutschen Denkmaltopographie vorgetragen und seit 1976 vehement vorangetrieben hatte[57]. Als dann im Kreise der Landeskonservatoren und ihrer in der Inventarisation tätigen Mitarbeiter das Modell Denkmaltopographie entwickelt wurde, war man davon ausgegangen, daß das Unternehmen nicht von den Ländern allein finanziert werden müßte, sondern daß unter anderem die VW-Stiftung sich an den Kosten beteiligen würde, und man war in den Kalkulationen davon ausgegangen, daß die Erarbeitung der Denkmaltopographie für die gesamte (damalige) Bundesrepublik nicht mehr als sechs Jahre in Anspruch nehmen würde. Beide Voraussetzungen erwiesen sich bald als illusorisch: Die VW-Stiftung sah sich außerstande, zugunsten der staatlichen Denkmalpflege Aufwendungen in der Größenordnung mehrerer Millionen zu übernehmen, und der Zeitplan war bereits im allerersten Anlauf – Landkreis Lüneburg[58] – nicht einzuhalten gewesen.

Für die Arbeit in Bremen bedeutete das, daß zu einem Zeitpunkt, als die Finanzschwäche Bremens offenkundig wurde, das Unternehmen Denkmaltopographie ohne Unterstützung von außen begonnen werden sollte und daß ein erheblich längerer Zeitraum für die Durchführung angesetzt werden mußte. Die knapperen Mittel hatten als erstes zur Folge, daß keine Stelle für einen die Arbeit kompetent koordinierenden Wissenschaftler bewilligt, auch keine längerfristigen Werkverträge geschlossen werden konnten. Also mußte die gesamte Arbeit in die Hände von nur einer ABM-Kraft ohne Berufserfahrung gelegt werden, die zudem, und das erwies sich zuletzt als das größte Hindernis, nicht einmal während der vier Jahre, die für die Erstellung der drei bremischen Topographie-Bände benötigt wurden, kontinuierlich gehalten werden konnte. Sie mußte vielmehr auf komplizierteste Weise und unter Einschaltung privater Vereine zwischen den eng befristeten ABM-Zeiten werkvertraglich schlecht und recht abgesichert werden. Die Unmöglichkeit, die wissenschaftliche Bearbeitung der Denkmaltopographie personell langfristig absichern zu können, war am Ende ausschlaggebend dafür, daß die Arbeiten an der Denkmaltopographie Bremen schweren Herzens eingestellt wurden. Erleichtert wurde dieser Schritt allerdings auch dadurch, daß sich die Form der Denkmaltopographie, in der alles erfaßt sein soll, was für den Denkmalpfleger und für planende Behörden von Interesse ist, mit dem hier gültigen Denkmalschutzrecht reibt. Es gehört zwar zu den gedanklichen Grundlagen der Denkmaltopographie, daß sie nichts aussagt über den rechtlichen Status der dort dargestellten Objekte, daß also nur etwas über Denkmalwürdigkeiten ausgesagt wird, doch reagiert die Öffentlichkeit anders: Sie erwartet, daß der Denkmalbenennung auch die Denkmalausweisung folgt. Hier haben es die Länder, deren Gesetze auf dem ipsa-lege-Prinzip fußen, leichter.

Die seit 1978 in unregelmäßigen Folge vorgelegten Berichte „Die Denkmalpflege in der Freien Hansestadt Bremen“[59] sind keine Forschungsarbeiten im engeren Sinne, sondern Chronistenarbeit, doch gehört das gewiß auch zu den Aufgaben eines Denkmalpflegers und sei daher wenigstens am Rande vermerkt. Ebensowenig waren die gemeinsam mit dem Büro Bremen-Werbung herausgegebenen Hefte zu Themen der Denkmalpflege[60] keine Forschungsarbeiten, sondern Publikationen, durch die das Amt um Verständnis für seine Arbeit warb.

Der Blick auf die Denkmale

10 Eine historistische Decke in einer Garage am Stavendamm nach der Sicherung 1976

Der Umgang mit den Denkmalen

Aus den großen oder kleinen, wichtigen oder weniger bedeutsamen Fällen, mit denen die Denkmalpflege in den vergangenen 25 Jahren befaßt war, können nur wenige herausgegriffen und vorgestellt werden. Bei der Auswahl sollen nicht nur die wissenschaftlich oder restauratorisch ergiebigen oder die problematischen Fälle herausgesucht werden, sondern auch die „Normalfälle", wie sie der denkmalpflegerische Alltag mit sich bringt, und auch nicht nur die „schönen" Fälle, deren man sich mit Stolz erinnert. Schließlich wurde der Katalog nicht hierarchisch gegliedert, sondern – soweit das bei den vielen zeitlichen Überschneidungen und Bauabschnitten möglich war – chronologisch. Das zeichnet ein besseres Bild vom Wechsel der Fälle in der Tagesarbeit, dem sich in einem so kleinen Amt wie dem bremischen keiner entziehen kann. Vor allem sollte niemand denken, die Arbeit der Denkmalpflege hätte sich in einem Vierteljahrhundert in diesen wenigen, hier vorgestellten Objekten erschöpft. Es wurden viele Hundert Bremer Häuser und andere private Gebäude, oft mehrmals, betreut und gefördert; es wurden, oft bis an die Grenze des dem Amt und seinen Mitarbeitern Möglichen, die Umbauten und Instandsetzungen des Kitohauses, der Lesumer Apotheke, der Egestorff-Stiftung, des Oberverwaltungsgerichts, der Glocke, der Ratsstuben, der Waldbühne, von Haus und Orangerie Landruhe, um nur wenige Beispiele zu nennen, betreut und im Rahmen des Möglichen beeinflußt – die getroffene Auswahl ist also wirklich nur eine exemplarische.

Die Arbeit im bremischen Amt wies größere fachliche Unterschiede auf gegenüber vergleichbaren an anderen Orten. So war es aus personellen und finanziellen Gründen fast nie möglich, der praktischen Denkmalpflegearbeit intensive Forschungen oder Voruntersuchungen voranzustellen. Das hat den Umgang mit den uns anvertrauten Denkmalen mitunter erheblich erschwert. Daß diese darunter gelitten hätten, sollte man daraus aber nicht automatisch ableiten, denn die unvergleichlich größere Nähe zum Denkmal hatte eine so dichte Aufsicht zur Folge, wie sie anderenorts nur allerbedeutendste Denkmale erfahren. Und noch etwas war in der Vergangenheit in Bremen anders: Einigemale – so bei den Restaurierungen im Rathaus, im Beinkeller von Unser Lieben Frauen, dem Spiegelhof, dem Gewächshaus im Hasse-Park oder der Scheinfassade – konnte das Denkmalamt die baulichen und restauratorischen Arbeiten in eigener Zuständigkeit durchführen, beginnend mit Planung und Auftragsvergabe bis hin zu Bauaufsicht und Mittelbewirtschaftung. Das aber sicherte den Denkmalen eine Intensität der Betreuung, die manches Defizit in der vorbereitenden Forschung ausgleicht und selbst durch größeren finanziellen Aufwand nicht erreicht werden kann.

Was den finanziellen Rahmen betrifft, so war dieser immer bedrängend eng. Daß es von sehr wenigen Ausnahmen abgesehen nie Gelder für Forschung oder Voruntersuchung gab, war schon gesagt. Daß aber auch die Mittel für die einzelnen Restaurierungen

11 Das Gewächshaus im Hasse-Park

immer unvergleichbar eng waren, muß doch noch einmal betont werden – um so wichtiger war es, daß auch Arbeiten direkt vom Amt beauftragt werden konnten, weil dadurch Mittel stärker als üblich auf das für das Denkmal Unerläßliche konzentriert wurden.

Unter den Objekten, die hier angesprochen werden, fällt die große Zahl von Innenräumen auf. Bis zur ersten Änderung der bremischen Denkmalschutzbestimmungen vor Erlaß des Denkmalschutzgesetzes von 1975 gab es keinen Denkmalschutz für das Innere von Denkmalen, und soweit die Aktenlage ein Spiegel der Tätigkeit des Amtes, der Amtsleitung und der Mitarbeiter ist, wurde auch kein Innenraumschutz praktiziert: Werner Kloos war als Landeskonservator beratendes Mitglied einer Rathauskommission und dadurch bei Arbeiten in der Oberen Rathaushalle angesprochen (nicht im Neuen Rathaus!), doch hielt sich diese Ansprache im Rahmen von Konsultationen, und in noch engerem Rahmen hielt sich die Beteiligung des Landeskonservators und des Baudenkmalpflegers bei den Arbeiten an und in den Kirchen[1]. Vor diesem Hintergrund war der ab 1971 erhobene Anspruch der Denkmalpflege nach Mitsprache bei (Um-)Gestaltungen von historischen Innenausstattungen ein Novum, das nicht nur rechtlich behauptet sein wollte, sondern auch fiskalisch, denn es bestand anfangs keine Neigung, für die Restaurierung von Innenräumen Mittel zu bewilligen. Es hat auch lange gedauert, bis die Denkmalpflege in Bremen Zuschüsse für diesen wichtigen Teil ihrer Arbeit bereitstellen konnte.

Weil in der Vergangenheit durch die Beschränkung des denkmalpflegerischen Handelns auf das Äußere der Denkmale viele Ausstattungen verlorengegangen waren (und nicht nur infolge der Kriegszerstörungen), hat das Amt dieser Aufgabe besondere Pflege angedeihen lassen. – Es wäre dennoch eine Illusion glauben zu wollen, daß nach 25 Jahren der Schutz des Äußeren und des Inneren als gleichgewichtig angenommen wäre. Daß man in diesem Punkt in Bremen vielerorts nie über das Jahr 1909 hinausgekommen ist, hat jedenfalls eine Prüfung des Rechnungshofs deutlich gemacht. Dennoch gelang es, Raumgestaltungen zwischen 1840 und 1930 zu bewahren, unter Überfassungen zurückzugewinnen, zu restaurieren. Oft standen sie in nur unterge-

12 Die Lesumer Apotheke nach Umbau und Restaurierung 1992/93

13 Haus Osterdeich 17, Zustand 1994

ordneten Funktionen, wie das Vestibül im Hause Rembertiring 46 (nach 1850), dem ehemaligen Schwesternhaus der Rembertigemeinde, oder es waren einzelne hervorgehobene Räume in Häusern, deren übrige Raumfassungen keinen denkmalpflegerischen Aufwand mehr rechtfertigen, wie das Sitzungszimmer im Rembertistift (vor 1850) oder die konstruktivistische Ausmalung eines Zimmers im Haus Am Dobben 58 (nach 1920, Georg Rohde) oder das Klassenzimmer der Reformschule Helgolander Straße (1926, Christian Arnold). Selbst eine Bauernstube konnte in ihrer Vielgestaltigkeit zwischen Biedermeier und Neuzeit erhalten werden.

Der Rückblick auf mehr als 25 Jahre Umgang mit den Denkmalen offenbart aber auch eine bedenkliche Leichtfertigkeit öffentlicher Stellen, wie der Öffentlichkeit (Medien), im Umgang mit dem uns anvertrauten Kulturerbe. Zwar wird bei passenden Gelegenheiten immer wieder daran erinnert, daß wir nur Sachwalter seien für unsere Nachkommen – ein Gedanke, der, im Europäischen Denkmalschutzjahr 1975 formuliert, sich besonders im Naturschutz festgesetzt hat –, in der Praxis aber sind unsere Denkmale mehr denn je schutzlos der Willkür von Zeitgenossen ausgesetzt, denen ein Freibrief für jede Art zerstörerischen Handelns ausgestellt zu sein scheint. Es sind die (Be-)Schmierer und Sprayer, in den Medien schlimmerweise nur zu oft als Graffiti-Künstler hochgejubelt, die massenhaft auch

14 Der Roland, obwohl seit 1983 umgittert, wurde schon mehrfach wieder beschmiert (links)

15 Schmierereien in der Innenstadt, hier in der Sandstraße (rechts)

die bedeutendsten Kunstobjekte und Kulturdenkmale nicht nur verschandeln, sondern auch materiell schwer, oft unheilbar beschädigen. Kein freistehendes Kunst- oder Kulturzeugnis bleibt von ihnen unberührt, und selbst Sicherungsvorkehrungen, wie die Anpflanzung von Ilex um den Rosselenker in den Wallanlagen – wahrlich keine schöne Maßnahme – oder die Umgitterung des Roland nach historischem Vorbild, schützen nicht vor dieser Art Vandalismus. Daß der dabei kein Naturereignis ist, sondern sehr wohl zu tun hat mit der geistigen Verfaßtheit einer Gesellschaft, erkennt man, wenn man sieht, daß es nicht wenige Städte gibt, die gegen diese Verunstaltung vorzugehen wissen, sie zumindest in engeren Grenzen zu halten vermögen. Es ist jedenfalls erstaunlich, daß es in Bremen offenbar unmöglich sein soll, Sprayer festzustellen, um sie den Schaden, den sie verursacht haben, soweit materiell überhaupt möglich, wieder gutmachen zu lassen.

Nicht weniger bedenklich ist aber auch, wie viele Eigentümer oder Nutzer mit den ihnen anvertrauten Denkmalen nach deren Restaurierung, die ja nicht selten mit großem öffentlichem Aufwand durchgeführt wurde, umgehen. Wie sehen nur vier Jahre nach Abschluß der Restaurierung Paneele und Türen im Festsaal des Rathauses wieder aus, wie ungepflegt sind die mit größter Sorgfalt wiederhergestellten technischen Details am Gewächshaus im ehemals Hasse-Park, ohne die das Denkmal auf Dauer aber Schaden nehmen wird – Interesselosigkeit, fehlende Bauunterhaltungsmittel, Personalmangel werden als Entschuldigungsgründe genannt, doch die eigenen vier Wände oder Möbel würde niemand so behandeln. – Der Trost ist gering, daß diese Beobachtung allerorten zu machen, daß die Denkmalpflege nicht nur in Bremen dagegen annähernd machtlos ist.

16 Blumenthal, Haus Blomendal, Decke im großen Saal mit der Fassung von 1618 nach der Restaurierung von 1977

Haus Blomendal, Auestraße 9

Ehem. Burg Blomendal. 1354 von den adligen Familien von Oumünde und Steding errichtet, seit 1436 als bremisches Eigentum vom Rat verpachtet und verpfändet; später Drostei, Gericht und Landratsamt. [...] Im Obergeschoß drei bemalte Holzdecken: Im sog. Hoyer-Saal eine Balkendecke en grisaille um 1580, die Balkenfelder mit üppigem Rankenwerk und mittigen Medaillons (u. a. die Wappen der Familien Hoyer und Stenow); restauriert 1976. Im sog. Gerichtssaal Balkendecke en grisaille, dat. 1618, die Deckenfelder mit kleinteilig dichtem Rankenwerk und mittigen Medaillons (7 Tugenden, 4 Elemente); restauriert 1975. In Zweitverwendung die Decke im Treppenhaus mit einfachen Blattranken, 18. Jahrh., aus dem Hoyer-Saal.
(Georg Dehio, Handbuch der Deutschen Kunstdenkmäler, Bremen-Niedersachsen, 1992)

Der Beschreibung im DEHIO wäre hinzuzufügen, daß das noch in den zwanziger Jahren als Landratsamt genutzte Haus nach 1945 als Flüchtlingsheim dienen mußte und in acht Wohnungen unterteilt worden war, in denen bis zu zwölf Parteien lebten. Damit nicht genug, kam es, als man schon geglaubt hatte, die nötigsten baulichen Erhaltungsprobleme gelöst zu haben, 1969/70 durch den Bau der B 74 zu schweren Setzungsschäden. Vor diesem Hintergrund – bauliche Notsicherungen an allen Ecken und Enden, keine erhaltene originale Ausstattung von Treppen und Türen – ist der geringe Anteil restauratorischen Handelns zu sehen. Er beschränkte sich auf die Erhaltung von drei während der Bauarbeiten zutage getretenen bemalten Decken des 16., frühen 17. und 18. Jahrhunderts[2] und im weiteren Sinne auf die Neuausstattung des Hauses mit Treppe und Türen in Zweitverwendung[3].

Die Decken waren unter Putz auf Rohrmatten versteckt. Die des kleineren als „Hoyer-Saal" bezeichneten Raumes war zusätzlich durch eine barocke Bretterdecke überdeckt. Die Freilegungen erfolgten im „Hoyer-Saal" 1969 und im großen Saal 1972; die Restaurierungen führte, nachdem Restaurator Reinhard Meyer-Graft die kleinere Decke gesichert hatte, der Tübinger Restaurator Dr. H. D. Ingenhoff in den Jahren 1975 und 1976 durch.

Die Bemalung der kleineren Decke gehört zwei Zeitstufen an. Eine ältere Fassung mit großen, ausgreifenden Ranken dürfte „um 1500" entstanden sein. Sie wurde überlagert von einer Ausmalung, die durch die bei der Reinigung lesbar gewordenen Wappen der Familien Hoyer und Stenow und in Verbindung mit den Brustbildern eines Paares in die Zeit „um 1578/80" datierbar ist. Indem es sich bei beiden Malschichten um farblich nur wenig auseinanderliegende Grisaillen handelt, fallen die Fehlstellen der jüngeren Schicht wenig auf; sie werden aufgefangen von der älteren Fassung. Dadurch war es, auch unter dem Aspekt, daß der Raum nicht museal genutzt wird, möglich und konservatorisch erwünscht, beide Bemalungen neben- und übereinander stehenzulassen. Die Restaurierung konnte deshalb auf die Schritte Vordokumentation, Reinigung, Festigung und Schließen von Fehlstellen durch Retuschen beschränkt bleiben. Das Ergebnis überzeugt durch das unaufdringliche, gleichwohl historisch korrekte Übereinander der beiden Stil- und Zeitstufen.

Die Decke des benachbarten großen Saals zeigt, eingebettet in dichtes Rankenwerk mit lichten Blütenpunkten, Medaillons mit Darstellungen von Tugenden und Elementen; eines ist infolge der baulichen Eingriffe in seinem Umfang gemindert. Auch bei dieser Bemalung handelt es sich um eine Grisaillefassung, die aber wegen des in den Medaillonfiguren unterlegten Blau und reichlich weißen Höhungen an den Ranken sowie der roten Blütenpunkte farbiger erscheint als die Decke des Nebenraumes. Im Bild der „Fides" ist die Decke auf das Jahr 1618 datiert – damals war Dietrich Hoyer Herr

17 Blumenthal, Haus Blomendal, Südansicht mit Erker 1974 (oben) und 1996 (rechts)

auf Blomendal und als Bürgermeister einer der Auftraggeber des Rathausumbaus von 1608–12.

Die Decke wies umfangreiche Schadstellen und Einschnitte auf. Eine Treppenöffnung von fast 2 m^2 Größe betraf sowohl ornamental gefaßte Einschubbretter wie auch ein Medaillon und Teile eines Balkens. Weitere Beschädigungen waren durch das Glätten der Balkenunterseiten vor Anbringung der Rohrgewebematten als Träger des Deckenputzes geschehen.

In diesem künftig als Festsaal zu nutzenden Raum war es unumgänglich, die Fehlstellen durch Ergänzungen zu schließen; auf eine Rekonstruktion figürlicher Teile wurde verzichtet. Die Ergänzungen lassen sich ablesen. So wurde ohne weitere Schädigung der Originalsubstanz, die überall dort, wo sie nicht in der beschriebenen Weise beschädigt worden war, erstaunlich gut erhalten war und nur geringer Retuschen bedurfte, ein geschlossener Eindruck erzielt.

Die 1969 aus dem „Hoyer-Saal“ ausgebaute barocke Bohlendecke zeigt fast unifarbenen blaugrünen Akanthus auf hellem Grund. Ihre Anbringung kann möglicherweise im Zusammenhang mit der Übernahme von Haus Blomendal durch den Kurfürsten von Hannover 1741 gesehen werden, wurde doch dadurch eine Decke aus Bremer Zeit abgedeckt – das fände seine Entsprechung in der Zerstörung der Schlüssel der bremischen Wappen am Giebel des Querflügels.

18 Blumenthal, Haus Blomendal, Medaillon aus der Decke im sogenannten Hoyer-Saal, um 1578/80, restauriert 1976

Unter die Decke waren im 19. Jahrhundert Rohrmatten genagelt worden als Träger für eine einfache Putzdecke. Der zwischen die Rohrmatten getretene Kalk überlagerte das Rankenbild so stark, daß sowohl die Malerei als auch der neutrale Grund neu zu fassen waren. Auch mußten die Bohlen neu geordnet werden, weil der neue Anbringungsort, die Treppendiele, eine andere Grundrißfigur als der kleine Saal aufweist und es keine zugehörigen Deckenbalken gab. Das Schicksal, zu einer neuen Decke zusammengesetzt zu werden, hatten die Bohlen übrigens schon anläßlich der Fassung um 1741 erfahren, denn schon damals handelte es sich um eine Zweitverwendung der Decke, die auf der Gegenseite eine blaugrüne Bemalung mit, soweit erkennbar, beschlagwerkähnlichen Motiven aufweist. – Die Restaurierung dieser Decke wurde von Restaurator Georg Skrypzak durchgeführt.

Zu dem Zeitpunkt, zu dem die Denkmalpflege bei der Wiederherstellung des Hauses eingeschaltet wurde – das war 1969 nach der Entdeckung der bemalten Decke im „Hoyer-Saal" –, gab es keine weiterverwendbaren Einbauten, Treppen und Türen mehr. Statt solche neu herzustellen, griff das zuständige Bauamt Bremen-Nord auf Teile zurück, die beim Abbruch des Hauses „Krähnholm" zugunsten des Baus der B 74 geborgen worden waren. Das Haus war 1896/97 in St. Magnus, in der Nähe von Schloß Mühlenthal, von den Architekten Eduard Gildemeister und Wilhelm Sunkel für W. Kulenkampff, einem Schwiegersohn von Baron von Knoop, gebaut worden[4]. Beim Abbruch 1969/70 wurden das Fachwerk des Obergeschosses und alle Holzeinbauten geborgen. Letztere fanden im Haus Blomendal Verwendung, ersteres wurde am Raschenkampsweg als Unterkunft für das Gartenbauamt Bremen-Nord in reduzierter Form wieder aufgebaut.

19 Sandstraße 3,
Zustand 1987

Sandstraße 3

Backsteingiebelhaus mit traufenständigem Flügel zur Straße; ehem. mittelalterliche Domkurie. 1579 gründliche Instandsetzung des verfallenen Giebelhauses durch den erzbischöflichen Kanzler Gideon Eggeling; aus dieser Zeit erhalten der zum Hintergiebel gelegene Saal mit einer bemalten, 1580 dat. Bohlenbalkendecke (Beschlag- und Rollwerkbänder, Kartuschen mit figürlichen Allegorien u. a. der Tugenden und fünf Sinne, nach Stichvorlagen). Nach 1744 Ersetzung des Vordergiebels durch einen nunmehr traufenständigen, dem Altbau über Eck angeschlossenen zweigeschossigen Neubau, urspr. mit 2 Dachgauben zur Straße; die Fassadensymmetrie betont durch das mittige, sparsam ornamentierte Sandsteinportal.
(Georg Dehio, Handbuch der Deutschen Kunstdenkmäler, Bremen-Niedersachsen, 1992)

Das Haus, bekannt als Wohnhaus von Bürgermeister Christian Abraham Heineken (1752–1818), war mit den Häusern des Verein Vorwärts in den sechziger Jahren von der Stadt angekauft worden, um an der Stelle dieser neben dem Schnoor letzten Altstadtzelle eine Hochgarage errichten zu können. Infolge der Neubewertung des Ranges innerstädtischen Individualverkehrs wurde das Projekt 1972 zunächst zurückgestellt, um Jahre später in verkleinerter Form verwirklicht zu werden. Dadurch und durch die nochmalige Betonung des Denkmalcharakters konnte das Haus erhalten bleiben und dem Denkmalamt als Amtssitz zugewiesen werden[5]. Zu diesem Zweck mußte das Haus, das jahrelang leergestanden hatte, abschnittsweise saniert und ausgebaut werden.

Der erste Bauabschnitt umfaßte die vorderen und mittleren Räume und die Dielen im Erd- und Obergeschoß. Der Ausbau der beiden zur Violenstraße gelegenen Räume, von denen der untere jahrzehntelang einer

20 *Sandstraße 3, der ehemals eingebaute hintere Giebel*

Druckerei gedient hatte, mußte zurückgestellt werden. Während es im Erdgeschoß Türen gab, die der Heineken-Zeit zugeordnet werden können, gab es in den Wohnungen im ersten Stock nur ein Sammelsurium von Türen der Jahrhundertwende bis zur Nachkriegszeit. Nun besaß das Denkmalamt in seinem Lagerbestand mehrere Türblätter des 18. Jahrhunderts aus Abbrüchen in der Bremer Altstadt, die trotz der schweren Kriegsverluste noch durchgeführt worden waren, um ein mittlerweile überholtes Verkehrskonzept verwirklichen zu können. Von diesen Türblättern wurden einige in das neu eingerichtete Amt eingebaut; leider waren bei den Abbrüchen nur die Türblätter geborgen worden, und es war nicht notiert worden, woher die Türen kommen – mündlicher Überlieferung nach sollen zwei Zweiflügeltüren, jetzt im oberen Stockwerk eingebaut, aus dem Haus Domshof 21, das 1956 abgerissen wurde, stammen, andere aus Häusern der Buchtstraße (jetzt Violenstraße).

Der zweite Abschnitt umfaßte die Sanierung der beiden hinteren Räume. Bei einer statischen Untersuchung der Decke in diesem Teil des Hauses war, verdeckt durch eine zu der Zeit bereits schwer beschädigte Stuckdecke aus der zweiten Hälfte des 18. Jahrhunderts, eine bemalte Balkendecke zutage getreten[6]. Sondierungen zeigten bald, daß

21 Sandstraße 3, bemalte Balkendecke von 1580 während der Freilegung 1979 mit der Mittelrosette der Stuckdecke von 1740

diese Decke hervorragend erhalten war. So wurde ihre Freilegung beschlossen. Die nun war verbunden mit der Translozierung von Resten der Stuckdecke in den darüberliegenden Saal sowie dem Einbau einer über die Breite des Hauses freigespannten Plattenbalkendecke. Die Holzbalkendecke ist in einem Medaillon auf das Jahr 1580 datiert. Dieses Datum bestätigt die Nachricht, wonach der erzbischöfliche Kanzler Gideon Eggeling die damals wohl abgängige Domkurie gründlich instand gesetzt habe[7]. Bei der Malerei handelt es sich um einen Leimfarbenauftrag auf ungrundierten Eichenbalken und Nadelholzdielen. Dargestellt sind die Kardinaltugenden, zwei der sieben freien Künste, die fünf Sinne und auf einem Feld eine der Musik zuzuordnende Darstellung, alles gerahmt von Akanthus-Ranken, Masken und Tieren.

Abgesehen von einem in den Bohlenbelag eingesenkten Überzug war die Decke unbeschädigt, und die dort herausgenommenen Teile waren bis auf einen für den Gesamteindruck unerheblichen Rest in die Einschübe gelegt. Daraus ergab sich die Chance, die Erhaltung der Decke und ihrer Malerei auf rein konservatorische Maßnahmen zu beschränken und jede Restaurierung zu unterlassen – eine solche hätte nur den Eindruck der Decke verfälscht.

Im Zuge eines dritten, über einen längeren Zeitraum verteilten Abschnitts wurden Fußböden im Erdgeschoß saniert sowie das Mauerwerk, besonders das Kellermauerwerk, das Hauptgesims, das Dachwerk und zuletzt die Gewände von zwei Renaissancefenstern instand gesetzt.

Für den der Sandstraße zugewandten Bauteil von 1745 gab es für die Erneuerung des hölzernen Gesimses und der Farbgebung auf dünner, die Textur des Backsteins nicht überdeckender Schlämme genügend Befunde, an die die Restaurierung anknüpfen konnte. Auf die Erneuerung von zwei Gauben, die bei Reparaturen nach dem Krieg aufgegeben worden waren, mußte verzichtet werden. Die Hoffront, die bereits früher überstrichen war, wurde im Ton des barocken Hausteils belassen. Die nach Osten gewandte Langseite, die bis dahin weder verschlämmt noch (insgesamt) gestrichen war – warum auch, war sie doch bis zum Abbruch der Häuser an der Bucht-(Violen-)straße nie zu sehen gewesen –, wurde jetzt, nachdem diese Front zu einem schon von weitem auffallenden Blickfang geworden war, ebenfalls rot gestrichen. Der Giebel zur Violenstraße (ehemals Buchtstraße), der früher ebensowenig frei gestanden hat, wurde allerdings in seinem Rohzustand belassen, um auch künftig deutlich zu machen, daß das Haus nicht immer so frei stand wie das heute der Fall ist.

Die Arbeiten wurden stets auch genutzt, um Aufschlüsse über die bauliche Entwicklung der Liegenschaft zu gewinnen. Die Befunde dazu erwiesen sich als verworren vielfältig, aber auch wieder nicht als so dicht, daß eine Geschichte der Bebauung auf der Parzelle geschrieben werden könnte. Da das weitere Umfeld an der Violenstraße, dem Bauwich zum Haus Nr. 2, dem Durchgang zwischen den Häusern Sandstraße Nr. 3 und 4 und entlang der Front zur Sandstraße „befundfrei“ gestört ist, sind, bis auf drei noch nicht ergrabene Raumkompartimente innerhalb des überbauten Grundrisses, keine weiteren Erkenntnisse zu erwarten. Ganz besonders enttäuschend war, daß selbst die in Plänen des 18. Jahrhunderts an der Langseite des Hauses erkennbare Grube bereits im vorigen Jahrhundert ausgeräumt, gereinigt und mit Zement abgedichtet worden war, um mit dem Bau der Kanalisation ganz aufgegeben zu werden.

Immerhin lassen sich folgende Aussagen machen: Der mit einer tief ansetzenden Tonne gewölbte Keller, der in der Breite nur die Hälfte des darüber aufgehenden Baus einnimmt, ist älter als der dahinterliegende, durch vier Kreuzgratgewölbe auf einem Mittelpfeiler gedeckte Kellerraum[8]. In den ragt wiederum ein älterer, durch Fäkalien der oben genannten Grube stark versalzener Mauerblock. Dieser Keller scheint, wofür auch Baunähte sprechen, der Bauphase von 1579/80 anzugehören. Dendrochronologische Untersuchungen am Dachstuhl in diesem hinteren Teil des Hauses stützen weiter die Annahme, daß das Haus in dieser Zeit von Grund auf erweitert wurde.

22 Sandstraße 3, die bemalte Balkendecke von 1580, Ausschnitt

Grabungen in dem kleinen Raum zwischen Kellerniedergang und Saal brachten in einer Tiefe von etwa 15 cm und 40 cm zwei Fußbodenhorizonte zutage, von denen der untere aus grünglasierten Tegeln in regelmäßigem, diagonalem Verband bestand, während der obere mit Ziegeln im Klosterformat, gemischt mit unglasierten quadratischen Platten, ausgelegt war. Der obere Boden wird dem Bau von 1745 angehört haben.

Der Fußboden des großen Zimmers links des Eingangs mußte wegen Schwammbefalls bis unter die Sohle des barocken Vorderhauses ausgehoben werden[9]. Dabei kamen mehrere Mauerzüge und eine Durchfahrtpflasterung zum Vorschein, die verschiedenen Bauphasen vor 1745 angehören und sich nicht zu einem Gesamtbild früherer Bauzustände zusammenschließen. Im Auffüllschutt von 1745 fanden sich sodann neben Scherben der üblichen Haushaltswaren des 14. bis 18. Jahrhunderts auch Scherben chinesischen Porzellans, die sich anhand von Markenzeichen auf Bodenstücken in das frühe 18. Jahrhundert datieren lassen.

23 St. Petri-Dom, die Vierung mit der wiederhergestellten Ausmalung von Hermann Schaper

St. Petri-Dom

Ev. St. Petri-Dom, ehem. der hl. Maria und St. Petrus geweiht. Auf einer Düne liegend, beherrscht der Dom mit seiner mächtigen Zweiturmfront den nach O durch einen Vorplatz erweiterten Markt und bildet mit Unser Lieben Frauen und Rathaus eine Baugruppe, in der das Zusammenwirken von weltlicher und kirchlicher Macht sichtbaren Ausdruck gefunden hat. – Der Dom ist ein aus einer Pfeilerbasilika gebundenen Systems hervorgegangener Bau mit einem Querhaus im O, 2 Chören über Krypten im O und W, Mittelschiff, einem von Kapellen begleiteten südl. Seitenschiff und einer über einem abgegangenen nördl. Seitenschiff errichteten Halle. –
[...]
Restaurierungen
1. [...]
2. 1972–81 und 1982–87, veranlaßt durch Kriegsschäden und dem Wunsch, die 1928 eingebrachte Aussteifung der Vierungspfeiler, die unter der Last des Oktogons nachgegeben hatten, wieder zu beseitigen. Dabei Schließung der Öffnungen zwischen der Nordschiffhalle und dem nördl. Querhaus bis auf einen Durchgang, Vereinfachung der Gestaltung im Ostchor, nachdem durch Torkretierung des Gewölbes die Schapersche Ausmalung bereits beseitigt war, Erneuerung der Ausmalung unter rekonstruierendem Rückgriff auf Schaper. Umsetzung von Epitaphien und Kunstwerken und Ausbau der südl. des Chors liegenden Räume (früher Bleikeller-Museum) zu einem Dommuseum.
(Georg Dehio, Handbuch der Deutschen Kunstdenkmäler, Bremen-Niedersachsen, 1992)

Die letzte Restaurierung des St. Petri-Doms, ihre Zielsetzung und Durchführung, haben aus der Sicht der beteiligten Architekten Friedrich Schumacher[10] und aus der Sicht der Denkmalpflege 1982 Hans-Christoph Hoffmann und Wolfgang Brönner in getrennten Beiträgen[11] beschrieben. Die danach durchgeführten Restaurierungen in der Ostkrypta und im ehemaligen Bleikeller (der Raum südlich der Ostkrypta) fanden dagegen ihren Niederschlag nur in den Berichten über die Tätigkeit der Denkmalpflege[12] und in einem Beitrag von Frau Ingrid Weibezahn in den Dom-Nachrichten[13].

Das Ziel der Denkmalpflege war seit Beginn der tatsächlichen Bauarbeiten im Jahre 1972, bei Eingriffen in den Boden keine Befunde unerforscht zu zerstören und, am aufgehenden Bau, soviel wie möglich von der zu Beginn der Restaurierung noch vorhandenen historistischen Gestalt des Raumes über diese Phase der Neuorientierung durch die bröckelnde Front der Gegner jener Stilepoche hinüberzuretten, in der Gewißheit, daß die nächste oder übernächste Generation das Wirken am Ausgang des 19. Jahrhunderts gelassener und unvoreingenommener betrachten würde[14].

Die Zustimmung zur Grabung wurde von der Bauherrschaft bereitwillig gegeben und, obwohl alle Termine durch die Grabung durcheinander gerieten, immer wieder verlängert. Der Landesarchäologe hatte so die Möglichkeit, von November 1973 bis Mai 1976 seine Untersuchungen durchzuführen[15]. Bauherrschaft, Gemeinde und das Landesmuseum für Kunst und Kulturgeschichte wurden für die Verzögerung und die Mühen durch die bei der Grabung gewonnenen Erkenntnisse und Funde reichlich entschädigt[16].

Das Erreichen des anderen Ziels, die Erhaltung der letztüberlieferten Fassung, war zu dieser Zeit weit schwieriger, als man sich das heute vorzustellen vermag. Daß Architekten, deren Ausbildung um 1930 abgeschlossen war, unabhängig davon, ob sie mehr dem traditionalistischen Zweig der gegenwärtigen Architektur zuneigten oder dem avantgardistischen, eher einer schlicht-modernen Lösung das Wort geben würden und natürlich dem Primat des Gestaltens vor dem des Erhaltens, wundert nicht, muß eigentlich als selbstverständlich angesehen werden.

24 St. Petri-Dom, das Mittelschiff nach Osten mit der Ausmalung „im Geiste Schapers“ und dem an die nordseitige Arkade versetzten Epitaph ‚Hasbergen', Zustand 1997

Soweit sie in diesem Sinne „schöpferische“ Denkmalpflege betrieben, befanden sie sich auch in Übereinstimmung mit namhaften Kunst- und Bauhistorikern sowie Denkmalpflegern: Gerade letztere waren, mehr noch als die nur verbal tätigen Kunsthistoriker, aktiv Beteiligte an der verbreiteten Tilgung des historistischen Erbes[17]. Günther Grundmann, Rudolf Wesenberg und Hans Thümmler[18] hatten sich gutachterlich zu den Restaurierungsplänen von 1966–70 geäußert und die beabsichtigten Eingriffe, selbst solche, die in Jahrhunderten gewachsene Strukturen des Baues und seiner liturgischen Nutzung eingreifen sollten, gutgeheißen. Es war darum ein langer Weg, bis das Argument der neueren Denkmalpflege, daß die Fassung, die der Dom außen und innen mit der Restaurierung von 1888–1901 erhalten hatte, die letzte authentische, letzte historische und auch einzig belegte und belegbare ist und ihr deshalb Urkundscharakter zukäme, von der Dombaukommission als eine der Vorgaben für die Restaurierung akzeptiert worden war. Und das wäre auch kaum geschehen, hätte es in dieser Kommission nicht ein ausgeprägtes beharrendes Element gegeben, das bestrebt war, den Dom auch nach der Restaurierung noch als Bremens Dom erkennen zu können.

Die Denkmalpflege befand sich in dieser Diskussion um die Gestaltfindung lange in der Defensive, konnte sie doch nur wenige diesen Dom und seine letzte Gestaltung speziell betreffende Daten vortragen. Nicht nur, daß die Architekten und die Bauherrschaft gegenüber der Denkmalpflege einen mehrjährigen Vorsprung in der Kenntnis der Probleme um diese Restaurierung besaßen, galt das vorhandene Archiv- und Planmaterial als nicht vorhanden oder auffindbar, als nicht geordnet oder zugänglich[19]. Die Kenntnis dieser Bestände hätte die Argumentation der Denkmalpflege im ganzen zwar nicht beeinflußt, wohl aber im Detail. Immerhin läßt sich eine Entscheidung anführen, die vermutlich anders ausgefallen wäre, wäre schon damals bekannt gewesen, warum die Ausmalung von Hermann Schaper punktuell so unbunt ausgefallen war: Alle an den Entscheidungen der siebziger Jahre Beteiligten waren überzeugt, daß die blaugrauen Ornamente an den Gewölben Vereinfachungen der Nachkriegszeit seien in dem ansonsten farbbetonteren Kontext der Ausmalung – aus den Quellen ergab sich aber, daß sich Schaper bewußt dort zurückgehalten hatte, wo das farbige Licht der starkfarbenen Verglasung zuerst auftrifft, nämlich an den Gewölben und den Wänden, und er stärker mit Farben gestaltete, wo dieses Licht nicht hinschien oder der Raum eine Überhöhung brauchte, wie an den Laibungen der Arkadenbögen, im Westchor, an der Vierung und im Ostchor.

Mit dem Begriff „im Geiste Schapers“ wurde eine Brücke zwischen den divergierenden Positionen gefunden – ein Kompromiß gewiß, der aber für alle Teile tragbar schien. So wurde die ehemals in Leimfarbe ausgeführte Ausmalung bis auf die Gurtbögen und die Fassung im Westen in Mineralfarben erneuert, wobei die Wandfassung bestmöglich in der Art von Schaper ausgeführt wurde[20]. Sehr frei behandelt wurden Farbigkeit und Detail der Ornamente an den Gewölben, erfunden werden mußte auch die Ausfüllung des zerstörten Südfensters im Querhaus. Im Bereich von Westvierung und Westchor, die bei früherer Gelegenheit schon weiß überstrichen worden waren, kamen schließlich die besten Befunde zum Vorschein, so daß dieser Bereich den Intentionen Schapers und der Ausführung von 1901 am nächsten kommt.

Zu einem Lehrstück in bezug auf die Folgen von Veränderungen an in sich stimmigen Ausstattungen entwickelte sich die Neugestaltung des Ostchors. Die auf Hermann Schaper zurückgehende grüne Marmorinkrustation erschien der Gemeinde unerträglich pompös. Indem es sich mit dem Altar um einen der Denkmalpflege teilweise entzogenen liturgischen Bereich handelt, wurde, wenn auch widerstrebend, der Abnahme der Marmorverkleidung zugestimmt. Ein neues Gestaltungskonzept lag zu diesem Zeitpunkt allerdings nicht vor. Das wurde erst in Zusammenarbeit mit den Kirchenmalern aus Essen gesucht und gefunden, indem das Grün des beseitigten Marmors zur

25 St. Petri-Dom, das Epitaph ‚Hasbergen' an der nordseitigen Arkade, Zustand 1997

Grundlage einer Marmorimitation in der Art von Schaper angetragen wurde. Es war dieses das Ergebnis vieler Proben, bei denen sich immer deutlicher zeigte, daß es sich bei der von Schaper entwickelten Chorgestaltung um ein ausgewogenes Gesamtkunstwerk gehandelt hat, bei dem jedes Detail das andere stützt.

Unstrittig waren dagegen die Veränderungen im Mittelschiff, nachdem die Idee, die Kanzel an den Pfeiler vor die Vierung zu versetzen, „vom Tisch“ war – in diesem Punkt war der Widerstand aus Kreisen der Baukommission genausogroß wie der der Denkmalpflege. Es ließ sich aber nicht abstreiten, daß der Gemeindealtar bei der Kanzel, nachdem man gewillt war, an der Zentrierung des großen Raumes festzuhalten, unerträglich beengt war und daß diesem Altar ein Raum vor dem der Kanzel benachbarten Pfeiler eingeräumt werden mußte. Dieser Pfeiler war aber besetzt durch das Epitaph Hasbergen, das aus diesem Grund an die gegenüberliegende Seite versetzt wurde. Bei dieser Gelegenheit konnte das Denkmal in engster Abstimmung mit der Denkmalpflege restauriert werden.

26 St. Petri-Dom, das Gewölbe im Westchor während der Freilegung der Ausmalung von Hermann Schaper, die um 1952 übertüncht worden war

Schon während der Bauarbeiten traten im ehemaligen Bleikeller vereinzelt Fragmente spätmittelalterlicher Malerei zutage; sie wurden, um sie nicht dem Baustaub auszusetzen, erst ab 1985 freigelegt und restauriert[21]. Sie lassen sich in die Zeit „um 1400" datieren, wobei sie möglicherweise mit der Stiftung einer Marienkapelle „unter" der Tresekammer durch Bürgermeister Hemeling und zur Zeit von Erzbischof Johann Slamstorp (1406–20) zusammenhängen.

Die Restaurierung bewegte sich im Grenzbereich des Zulässigen. Die Kalk-Malerei, aufgetragen in Sekko-Technik und mit Kasein gebunden, war stellenweise doch nur sehr fragmentarisch erhalten und bedurfte einiger Interpretation, um zu deutbaren Bildern zusammengezogen zu werden. Zwar wurde die Ergänzung fehlender Ornamente und Bildfelder unterlassen, doch gibt es immer Bereiche, die ohne Hilfe, ohne die Anfeuchtung der Wand keine Bildzusammenhänge mehr erkennen lassen, deren Ausdeutung also immer eine Gratwanderung darstellt – man muß dem Restaurator und dem verantwortlichen Bauherrn zugute halten, daß sie sich verantwortungsvoll zurückgehalten haben, zumal mancher in der Gemeinde gern mehr für die für die Restaurierung aufgewandten Gelder gesehen hätte. Auch so ist die Ausmalung dieses Raumes die umfangreichste einer bremischen Kirche und nur zu vergleichen mit dem Fund im Beinkeller von Unser Lieben Frauen.

Nicht unumstritten blieb leider die Restaurierung der Ostkrypta. Deren bauliche Rekonstruktion beruhte auf Befunden vor Ort und Analogien zur Krypta der Klosterkirche in Limburg/Haardt und ist in sich nicht unschlüssig[22]. Ärgerlich war dagegen die bautechnische Ausführung, die alles vermissen ließ, was von einem Handwerksbetrieb, der einen so denkmalpflegerisch geprägten Auftrag übernimmt, erwartet werden muß, und nicht weniger ärgerlich war, daß im Zuge einer übertriebenen Steinreinigung der noch in größeren Partien erhaltene Putzüberzug beseitigt wurde, um den Raum steinsichtig erscheinen zu lassen, obwohl viel dafür spricht, daß Wand- und Gewölbeflächen dünn überschlämmt waren.

Hier wie bei anderen Gelegenheiten wurde die Arbeit des Denkmalpflegers wiederholt von einer Gruppe behindert, die von ihrem beruflichen Selbstverständnis her eigentlich ganz dem Denkmal, seinem Zeugniswert,

27 St. Petri-Dom, das Gewölbe im Westchor nach der Freilegung 1979 (links)

28 St. Petri-Dom, Christus als Weltenrichter, begleitet von den vier Evangelistensymbolen, Gewölbemalerei „um 1400" im Dom-Museum (Bleikeller) nach der Freilegung 1985 (rechts)

seiner originalen Materialität, verpflichtet sein sollte: den Restauratoren. Aus ihrem Munde hört, aus ihrer Feder liest man zwar viel über die Charta von Venedig und die hehren Grundsätze, die bei der Erhaltung von Denkmalen und ihren Überfassungen zu berücksichtigen seien, in der Praxis indes gilt wie bei Handwerkern: „Wes Brot ich eß ...". So diente einer der größten und aktivsten norddeutschen Restaurierbetriebe den Architekten eine frei zu erfindende weiße Fassung mit ebenso frei zu erfindendem Gewölbezierat in „handwerklich guter, mittelalterlicher Art" an, wie es den Architekten vor Augen stand, und sie führten dieses auf einer Rundfahrt zu Kirchen in und um Lippstadt vor. Auch polnische Restauratoren boten, obwohl in Gesprächen ausdrücklich auf die Forderung der Denkmalpflege nach Erhalt der historistischen Fassung hingewiesen, ausschließlich eine weißgrundige Fassung an, die zum Beweis ihrer Fähigkeiten mit roten Linien gequadert werden sollte. Ein westfälischer Steinrestaurator wiederum überarbeitete die Westempore, ohne sich an irgendwelche Absprachen mit der Denkmalpflege zu halten, und baute die Empore anschließend seitenverkehrt wieder ein. Die Liste solcher sich an den Wünschen des zahlenden Auftraggebers orientierenden Verstöße gegen die Ethik dieses Berufsstandes ließe sich fortsetzen. Die Weigerung der Denkmalpflege, vereinbarte Zuschüsse dann nicht zur Auszahlung zu bringen, fällt wiederum angesichts der Kosten, die bei solchen Restaurierungen ohnehin anfallen, nicht schmerzhaft genug ins Gewicht.

29 Kaisersaal im Postamt I an der Domsheide zu Beginn der Restaurierung 1976

Der Kaisersaal im Postamt I an der Domsheide

Ehem. kaiserliche Oberpostdirektion, jetzt Postamt I. 1875–78 nach Entwürfen von Karl Schwatlo, Berlin. [...] – Im zweiten Obergeschoß über dem Eingang der sog. Kaisersaal (ursprünglich Empfangssalon in der Dienstwohnung des Oberpostdirektors), repräsentativ dekoriert u. a. mit den 4 Büsten des Kaiserpaares und Kronprinzenpaares und Wandgemälden (Kentauren/ Hippokampen mit Nereiden) von A. Fitger; 1976/77 restauriert. – [...]
(Georg Dehio, Handbuch der Deutschen Kunstdenkmäler, Bremen-Niedersachsen, 1992)

Die Erhaltung des Kaisersaals ist ein Beispiel dafür, wie im Auf und Ab der Konjunkturen der Denkmalpflege oft unerwartete Chancen zuwachsen[23].
Als 1970 der Anbau am Postamt I greifbar wurde, bestanden einerseits so umfangreiche Umbaupläne innerhalb des Altbaus, daß an eine Erhaltung des Kaisersaals so wenig zu denken war wie an eine Bezuschussung einer Instandsetzung. Die Überlegungen kreisten deshalb in den Jahren 1971/72 mehr um die Frage, was aus dem Saal geborgen werden könnte, wie das Geld dafür aufgebracht und wo die geborgenen Gegenstände verbleiben sollten. Rückblickend erwies es sich als günstig, daß von den angesprochenen privaten Spendern sich nur zwei bereiterklärt hatten, jeweils eines der Gemälde von Arthur Fitger zu übernehmen. So geschah zunächst gar nichts, zumal im Rahmen des Bauvorhabens der Bereich um den Kaisersaal erst zu einem späteren Zeitpunkt in die Baumaßnahme einbezogen werden sollte. In dieser Zeit erfuhr die Post eine „Talsohle", was zur Folge hatte, daß die Planung im Bereich des Altbaus reduziert wurde. Dadurch konnte der Kaisersaal im räumlichen Gefüge des Altbaus erhalten bleiben.
Als dann 1974 die Oberpostdirektion die Denkmalpflege aufforderte, sich definitiv zu erklären, ob sie sich an der Wiederherstellung des Kaisersaals mit einem nennenswerten Zuschuß beteiligen könne, konnte die bremische Denkmalpflege zum ersten Mal ein höheres Zuschußangebot machen, das es der Deutschen Bundespost erlaubte, der Wiederherstellung des Saales zuzustimmen.
Der Saal ist ein Festraum des späten 19. Jahrhunderts, wie es sie häufig gegeben hat. Das Besondere an ihm ist seine Einbindung in die Wohnung des Oberpostdirektors: Ein Salon gehörte zwar zum Wohnprogramm gehobener Schichten, doch war es nicht selbstverständlich, daß eine Dienstwohnung einen Festsaal dieser Größenordnung aufwies. Das erklärt sich möglicherweise aus der Tatsache, daß das Postamt das erste reichseigene Gebäude in Bremen war, der Oberpostdirektor zeitweilig der ranghöchste Reichsbeamte. Als man den Festsaal durch die Aufstellung der Büsten des Kaiser- und des Kronprinzenpaares ikonographisch eng mit dem Reichsgedanken verband, war zwar sicher nicht daran gedacht, daß der Kaiser selber in diesem Saal einmal den Senat empfangen würde, sondern daß der Saal durch das Figurenprogramm mit dem Reichsgedanken verbunden wurde.
Innerhalb des bremischen Denkmalbestandes kommt dem Kaisersaal auch deshalb eine besondere Bedeutung zu, weil er zusammen mit dem Kaiserzimmer im Bremer Ratskeller in Bremen das letzte Beispiel eines Festraumes ist, an dessen Ausstattung Arthur Fitger selber mitgewirkt hatte. Weder die Börse mit ihren reichen Fresken von Fitger, noch das Haus Seefahrt mit den Gemälden seiner Hand sind erhalten, noch die Ausstattungen großbürgerlicher Häuser. So kommt diesem Raum im Rahmen der Darstellung der Kulturgeschichte Bremens in den Gründerjahren eine Bedeutung zu, die nicht allein an der Würdigung der fünf Bilder von Arthur Fitger in diesem Raum gemessen werden darf. Im Rahmen des Gesamtwerkes von Fitger sind nämlich diese Bilder Frühwerke, deren Qualität jedoch Generalpostmeister Stefan so überzeugt hat,

30 Kaisersaal im Postamt I an der Domsheide nach der Restaurierung 1976, 1998

daß er Fitger zur Ausschmückung weiterer Postgebäude herangezogen hat[24].

Der Erhaltungszustand des Saales war nicht gut, nachdem es bald nach der Eröffnung des Postamts keine dem ursprünglichen Zweck angemessene Nutzung für diesen Raum gab und mit Beginn des neuen Jahrhunderts die Bedeutung Fitgers, wie die anderer Historienmaler, und der Rang der die Bilder umgebenden Raumausstattung unterschätzt, abgelehnt, zeitweilig sogar verabscheut wurden. So ist eher erstaunlich, daß der Saal, der besonders in den Jahren nach 1945 verschiedenste Nutzungen erfuhr (hier war die alliierte Postzensurstelle untergebracht), überhaupt erhalten geblieben ist. Von den aufgetretenen Schäden war die Übermalung aller dekorativen Teile durch ein Militärgraugrün der geringste. Viel schlimmer waren die baulichen durch eindringende Feuchtigkeit aus dem Dachfuß, durch die es zu erheblichen Rißbildungen und Putzschäden gekommen war, das Herausbrechen der Voute und großer Teile des Kranzgesimses. Schäden zeigte auch das Holzwerk, etwa an den Spiegeln, wo die Konsolen teilweise verlorengegangen waren, den Heizkörperverkleidungen, der Tür und anderer dekorativer Holzteile. Mit Ausnahme der Voute war aber nichts unwiederbringlich verloren, konnte vielmehr alles aus vorhandenen Teilen abgeformt und wiedergewonnen werden.

Bei der Befundvoruntersuchung wurde festgestellt, daß der Saal vor der Jahrhundertwende, vermutlich 1893, als der Lichthof umgebaut worden war, bereits eine neue Farbfassung erhalten hatte. Die ältere war in den Farben schwerer und feiner im Spiel von Farbnuancen; die ornamentale Bemalung der Pilasterspiegel, der Felder im Sockel und der Deckenrandstreifen war vielfältiger und eleganter als die entsprechende zweite Fassung. Endlich war die stärkere Tonigkeit reich durch Gold gehöht.

Die Entscheidung, auf die Wiederherstellung der ersten, die Gemälde von Fitger prunkvoll rahmenden Fassung zugunsten der freigelegten zweiten Fassung zu verzichten, fiel nicht leicht. Ausschlaggebend war, daß die erste Fassung nur bruchstückhaft erhalten war, daß man also große Teile hätte neu konstruieren, zum Teil auch neu erfinden müssen. Der zweite Grund war der, daß die Wiederherstellung der älteren Fassung den mühsam ausbalancierten Kostenanschlag gänzlich verworfen hätte. Positiv ausgedrückt sprach für die Erhaltung der zweiten Fassung, daß sie fast lückenlos erhalten war und ebenfalls noch dem Historismus, wenn auch einer nuanciert anderen Stilstufe, angehört.

Die jetzt sichtbare Fassung beruht auf Befunden, doch mußte das meiste farblich neu angelegt werden, da die originalen Farben sich nur an versteckten Stellen in ihrer ursprünglichen Leuchtkraft erhalten hatten. Eine reine Freilegung hätte also nicht die Wiedergewinnung des historistischen Zustandes bedeutet, sondern hätte einen Verfallzustand freigelegt. Das konnte aber in einem Raum, der öffentlich genutzt werden soll und dessen Hauptstücke die Bilder von Fitger sind, nicht der Sinn konservatorischer Maßnahmen sein.

Große Probleme hat es um die Ausbildung der Voute gegeben. Da sie fehlte und es auch keine Abbildung des Saales in seiner ursprünglichen Form gab, war davon ausgegangen worden, daß an dieser Stelle, aus welchen Gründen auch immer, das verbindende Glied fehlte und durch Malerei überspielt worden war. Der Farbton war durch Pigmente am Rande der Kehle bekannt. Dennoch, so sehr auch probiert wurde, eine befriedigende Lösung gab es nicht. So wurde das Problem zurückgestellt, um nach Fertigstellung der Decke und der Wände nach einem richtigen Weg zu suchen. In dieser Zwischenzeit wurde durch einen pensionierten Mitarbeiter der Post, der den Saal noch in alter Gestalt kannte, bekannt, daß die Kehle ausgefüllt war mit einer kassettierten Voute. So wurden denn Kassetten aus dem vorhandenen Formrepertoire entwickelt und an dieser Stelle eingebaut, wodurch sofort derjenige verbindende Effekt erzielt wurde, der mit Farben nicht zu erreichen war.

Aus der Sicht des Restaurators bestand das Hauptproblem der Wiederherstellung des Saals in der Restaurierung der Fitgerschen Fresken. Der Zustand der beiden fensterseitigen Bilder war, seit sich die Denkmalpflege des Saales angenommen hatte, schlechter geworden. Unglücklicherweise wurde das bis dahin am besten erhaltene Bild in der Mitte der Ostwand während der Bauarbeiten durch einen versehentlich vorgenommenen Durchbruch fast ganz zerstört. Nur dem Umstand, daß die Bruchstücke nicht zusammengekehrt wurden, sondern ein Restaurator geholt wurde, der alle Bruchstücke fachmännisch aufsammeln konnte, ist zu verdanken, daß auch dieses Bild wiederhergestellt werden konnte – das geschulte Auge sieht natürlich, daß eine Reihe von Ergänzungen vorgenommen werden mußte und daß das Bild von unendlich vielen Sprüngen überzogen ist. Die beiden inneren Bilder waren so gut erhalten, daß die Restaurierung sich im wesentlichen mit der Reinigung begnügen konnte. Sie dienten denn auch als Anhalt für die notwendigen Ergänzungen an den anderen Bildern.

31 Kaisersaal im Postamt I an der Domsheide, Kentaur mit Nereide von Arthur Fitger, 1876, eines der fünf Bilder in diesem Saal

Nach der Wiederherstellung zeigt der Saal ein gutes Bild seines ursprünglichen Aussehens. Wenn oben gesagt wurde, daß abgesehen von der Kehle nichts endgültig verlorengegangen war, so bezieht sich diese Aussage nur auf die fest mit dem Raum verbundene plastische und malerische Ausstattung, nicht aber auf die Beleuchtungskörper, die Fensterbekleidungen und das Ameublement. Von diesen Teilen ließ sich einzig die Fensterbekleidung mit gerafften Vorhängen, die auch der Akustik des Raumes zugute kamen, näherungsweise wieder beschaffen. Nicht mehr beschaffbar waren ein entsprechender Beleuchtungskörper und die Möblierung. Für die Beleuchtung wurde darum eine festliche Leuchte gewählt, die längere Zeit im Rathaus an der Stelle der vier Leuchter im Senatssaal hing. Die Möblierung wurde den heutigen Anforderungen angepaßt.

Die Restaurierung wurde von Georg Skrypzak aus Bremen/Berne in Zusammenarbeit mit Otto Völker auf der Grundlage wissenschaftlicher Beratung durch Wolfgang Brönner durchgeführt.

32 Am Dobben 91, Festsaal von Lüder Rutenberg, 1864, nach der Restaurierung von 1987–90

Am Dobben 91

Am Dobben 91, ehem. Villa Rutenberg, jetzt Ortsamt. Freistehendes großbürgerliches Vorstadthaus, von L. Rutenberg 1862–64 für sich selbst erbaut, 1890 Umbau. Zweigeschossiger Rohziegelbau mit reicher Werk- und Kunststeingliederung, die linke Achse mit breiterer Fenstergruppe vorgezogen und mit flachem Stufengiebel überhöht. Bedeutende Reste der reichen Ausstattung an Holzwerk, Wand- und Deckenmalerei in Erd- und Obergeschoß, darunter Festsaal mit Musikempore (1978–90 restauriert). (Georg Dehio, Handbuch der Deutschen Kunstdenkmäler, Bremen-Niedersachsen, 1992)

Das Haus, nach Kauf durch die Stadt im Jahre 1920 von Gewerbeaufsichtsamt und anderen Dienststellen genutzt, stand nicht unter Denkmalschutz, als im Herbst 1976 über einer abgehängten Zwischendecke eine gut erhaltene Ausmalung von 1864 entdeckt wurde[25]. Der Fund und die anschließenden Bauuntersuchungen erklärten die in der vorhandenen bremischen Architektur singuläre Erscheinungsform. Lüder Rutenberg schreibt in seinem „Denkbuch" über den Hausbau:

„1860/61 kaufte ich von H. Lampe das große Grundstück am Steinthor und Fehrfeldeck [...] für 35 500 Thaler. Es war beschlossen, daß der Dobben [...] zugeschüttet und eine breite Straße angelegt werden sollte; auch war die Kreftingstraße neu angelegt. Da wählte ich mir den besten Platz von dem Areal zum eignen Wohnhause und setzte es so, daß die Kreftingstraße nicht allein eine freie Aussicht, sondern zugleich eine gute Zufahrt für den Lager- und Zimmerplatz bieten mußte. Zwar dachte ich von vornherein noch nicht daran, das Stallgebäude an die Straße zu setzen, sondern hatte es, wie am Häfen, nahe hinter dem Hause placirt, so daß der Garten vom Hause durch den Hof getrennt worden wäre, da aber die Verhältnisse es erlaubten, indem die Geschäfte gut

33 Am Dobben 91, Detail der Decke im Salon aus der Ära Leisewitz, 1890/91, nach Freilegung und Restaurierung 1979

gingen (Mai 1862 war mein Vermögen Tl. 330 000) erlaubte ich mir den Luxus der jetzigen Anlage.
Mein Wohnhaus sollte etwas Außergewöhnliches werden und wurde es auch als solches allgemein anerkannt. Wenn ich bei meinen Bauten nie etwas copirt habe, bei dem Grundsatze, daß es verdienstlicher ist, etwas weniger Gutes selbständig zu schaffen, als etwas Schönes, oder doch allgemein als schön anerkanntes nachzuahmen, so sollte mein eigenes Haus diesem Grundsatz erst recht nachkommen und daß es mir dabei gelungen ist, den Ziegelbau mit Sandstein und Cementguß derart in Verbindung zu bringen, daß ein harmonisches Ganze[s] entstanden, wird allgemein anerkannt. Zu Weihnachten 1864 bezogen wir das Haus."[26]

Die weitere Geschichte des Hauses, nämlich sein Übergang an Lambert Leisewitz und seine Frau Helene, einer Tochter Lüder Rutenbergs, im Jahre 1890 und der anschließende „modernisierende" Umbau durch den Schwiegersohn traten in allen Einzelheiten zutage, als 1977, im Zuge von Umbauarbeiten im Erdgeschoß, interessante, für die Zeit um 1890 sogar bedeutende Dekorationssysteme zutage traten. Aus ihrer Verteilung ergab sich ein in sich schlüssiges Restaurierungskonzept.

Die Eheleute Lüder und Mathilde Rutenberg hatten ihre Wohnräume, auch die Schlafzimmer, im Hochparterre. Zu dieser Wohnung gehörte auch der Platz der jetzigen Treppe, die zuvor anstelle des heutigen Vestibüls lag. Im Obergeschoß gab es, beiderseits eines mittleren Flurs, jeweils zwei Zimmer und an

34 Am Dobben 91, Diele im ersten Obergeschoß in der Fassung von Lüder Rutenberg, zwischen 1864 und 1880, restauriert 1980

dessen Ende, über die ganze Tiefe des Hauses reichend, einen Saal mit einer Empore, den man als Ball- oder Festsaal ansprechen darf[27]. Das Dachgeschoß war, außer durch zwei Mädchenkammern und jener Empore, nicht ausgebaut, gleichwohl wegen der Belüftung des Festsaals in den Bodenraum hinein bedeutsam.

Der innere Ausbau von Rutenberg zeichnete sich durch wertvolle Mahagonitüren und -vertäfelungen und eine eher einfache, schablonierte Farbfassung von Decken und Wänden aus. Letztere wurden stellenweise mehrfach überfaßt, wobei sie jedesmal etwas bereichert wurden.

Der Umbau, den Lambert Leisewitz 1890–91 durchführte, griff erheblich in das bauliche Gefüge des ererbten Hauses ein: Die Treppe wurde unter Opferung von zwei Zimmern an die Rückseite verlegt, um an ihrer statt ein geräumiges Vestibül schaffen zu können. Das Hochparterre enthielt jetzt nur noch Wohnräume, die mit Stuckdecken, Bespannungen und Vertäfelungen im Geschmack der Zeit gestaltet wurden. Im Flur wurden zwar die kostbaren, gekoppelten Türrahmungen erhalten, doch wurden die Wandflächen zwischen ihnen neu gefaßt, so daß auch hier ein anderer Raumeindruck einkehrte. Noch größer waren die Eingriffe im oberen Geschoß, indem der Festsaal aufgegeben wurde. Das geschah in der Form, daß die Empore und alle raumhaltigen Dekorationsteile entfernt, etwas höher als die ehemalige Empore eine Decke eingezogen und der Raum mittig geteilt wurden. Dabei hat man die Holzteile – Mahagonitüren, Vertäfelungen und Parkette – wiederum erhalten, wobei sie den neuen Raumverhältnissen angepaßt werden mußten. – Nach der Jahrhundertwende erhielten einige Räume Jugendstilfassungen, andere hat man weiß überfaßt.

Aus diesem Entwicklungsprozeß, der Befundlage Anfang 1977 und der Widmung des Hauses an das Ortsamt Mitte schälte sich folgendes Restaurierungskonzept heraus: Im Hochparterre wurden die Fassungen von Leisewitz erhalten und restauriert sowie stellenweise rekonstruiert, während im Obergeschoß der Festsaal mit der Ausmalung der Rutenbergzeit wieder hergestellt werden sollte. Bei jeder anderen Lösung hätte man schmerzliche Verluste hinnehmen müssen, hatte doch Leisewitz das Hochparterre baulich so verändert, daß ein Rückbau, selbst wenn ältere Befunde zutage gekommen wären, nicht mehr möglich gewesen wäre. Anders im Obergeschoß – aus der Umbauphase von Leisewitz hatten sich keine Ausstattungen jener Zeit erhalten, dafür aber gab es über der Zwischendecke des ehemaligen Festsaals und in anderen Räumen unter mehrschichtigen Übermalungen Fassungen der Rutenbergära.

Die Instandsetzung des baulich lange vernachlässigten Hauses, das eigentlich für andere Nutzer hergerichtet werden sollte, mußte auf drei Abschnitte verteilt werden[28]: Zuerst, 1977–79, wurde das Erdgeschoß restauriert, 1980–83 konnten die Decken- und Wandfassungen im Treppenhaus und im oberen Flur zurückgewonnen und das Äußere des Hauses instand gesetzt werden; 1987–90 gelang endlich die Rekonstruktion des Festsaals. Auch danach blieben noch vier Räume unrestauriert, unter deren weißen Decken elegante Farbfassungen, darunter eine der Jahrhundertwende, aufgefunden wurden. Der Wintergarten, den Leisewitz angebaut hatte, konnte auch nur notdürftig nutzbar gemacht werden.

Die meisten Decken- und Wandfassungen waren, oft mehrfach, mit Binderfarbe überstrichen worden. Die läßt sich nicht mehr abwaschen, ohne die darunterliegende Farbschicht zu zerstören, jedenfalls nicht wenn es sich um Leimfarbe handelt – eine klassische Freilegung der originalen Malerei ist in diesen Fällen also kaum möglich, jedenfalls nicht mit vertretbarem Aufwand. Selbst bei subtilstem chemisch-mechanischem Farbabtrag könnte die Schädigung der originalen Oberfläche nicht verhindert werden. Deshalb wurde durch Abbeizen und Abwaschen soviel von den Anstrichen beseitigt, wie die originale Substanz, ohne Schaden zu nehmen, verträgt. In diesem Zustand ist das Original unter einem dünnen, grau-weißen Schleier gut zu erkennen. Anschließend wurden mechanisch „Fenster" freigelegt, um Schichtaufbau und Farben analysieren und die Flächen analog der ursprünglichen Malweise überfassen zu können. Das Original bleibt auf diese Weise erhalten und könnte, sollte sich die Möglichkeit der Freilegung von Malereien unter Binderfarbanstrichen verbessern, freigelegt werden.

Zu den schwierigsten Rekonstruktionen, die das Amt durchzuführen hatte, zählte die Wiedergewinnung des Festsaals in diesem Haus.

In gutem Zustand waren die gefaßten Decken des in den Bodenraum reichenden Saals und der von dort aus zugänglichen Empore; erhalten waren weiter zwei von drei Doppelflügeltüren, Teile der Lambris und die Parkettplatten. In durchweg erkennbaren Resten waren darüber hinaus alle Fassungen der halbgeschoßhohen Emporenzone und der Nischen um die Türen und auf der Gegenseite der leeren Mittelfelder überliefert sowie die Textur der Wandflächen. Gesimse und andere körperliche Gliederungselemente, die es nach Lage der Befunde gegeben haben muß, fehlten dagegen; sie waren beim Umbau von 1890/91 erkennbar abmontiert worden. Nachdem klar war, daß der Raum über zwei Achsen symmetrisch aufgebaut war, lag das Problem darin, aus der Fülle zu beachtender Befunde, die nach der Demontage des dekorativen Schmucks zurückgeblieben waren, die sich aber infolge der Unkenntnis der ursprünglichen Detailform immer wieder zu widersprechen schienen, Formen zu finden, die mit dem Zeit-

35 Am Dobben 91, Festsaal von Lüder Rutenberg, 1864, nach der Restaurierung von 1987–90

und Gebäudestil, den konstruktiven Möglichkeiten und den örtlichen Befunden in Übereinstimmung zu bringen waren.

Die Stilfrage wurde gelöst, indem auf den Formenkanon des Hauses zurückgegriffen und keine Formen anderer Objekte hierher übertragen wurden. Konstruktiv wurde, nachdem die Möglichkeiten der Befestigung von Bauteilen an Wänden und Decke geprüft waren, leichter Hohlkörperstuck in Fertigbauteilen angesetzt. Es ist ja bekannt, daß um 1860 Pappmachéformen dünn mit Stuck überzogen und als Fertigteile in Innenräumen angesetzt sowie Dekorationselemente, um sie leichter zu machen, um geknülltes Papier gezogen wurden. Auch hier mußte, den Nagelspuren zufolge, fertiger, leichter Stuck zum Antrag gekommen sein. Die Anpassung an die Farbabbrüche war schließlich ein Herantasten der aus den Befunden verstandenen Formen an eben diese Farbabbrüche und -kanten. Das Ergebnis überzeugt auch in Hinblick auf den Kompromiß, der wegen der heutigen Nutzung geänderten Verbindung zwischen Saal und Hinterraum, und in Hinblick auf die moderne Beleuchtung, die anstelle von Wandarmen, deren Aussehen sich nicht mehr ermitteln ließ, zur Ausführung kam. Für andere Räume konnten dagegen Leuchter aus dem Kunsthandel beschafft werden, so daß wenigstens in den wichtigsten Räumen die Hängung büroüblicher Leuchtstofflampen vermieden werden konnte.

36 Oberneuland, Landhaus Caesar-Ichon, das Gartenzimmer mit der von Theodor Eggers entworfenen Ausmalung von 1840

Landhaus Caesar-Ichon

Oberneulander Landstraße Nr. 70, Landhaus Caesar-Ichon, 1843 von Th. Eggers mit einem Hofmeierhaus des 18. Jh. verbunden. Zweigeschossig mit einem flachübergiebelten Mittelrisalit auf der freien Langseite; am Hofmeierhaus der übergiebelte Erker um 1880 mit Wappen der Holler. Die Raumdisposition im Erdgeschoß der Villa ebenso erhalten wie die bedeutende dekorative Ausmalung der Gartenzimmer und des Saales (restauriert 1975/77); beide nach pompejanischen Vorbildern entworfen von Eggers. Der seit 1768 nachweisbare Park (u. a. G. Altmann) ab 1829 in einen Landschaftsgarten verwandelt. –
(Georg Dehio, Handbuch der Deutschen Kunstdenkmäler, Bremen-Niedersachsen, 1992)

37 Oberneuland, Landhaus Caesar-Ichon, illusionistischer Ausblick im Gartenzimmer

Als 1967 nach dem Tod des letzten privaten Eigentümers, Dr. Theodor Ichon, das fast sieben Hektar große, mit Landhaus und landwirtschaftlichen Nebengebäuden belegte Anwesen testamentarisch an den Bürgerpark-Verein fiel, sah der sich vor die Notwendigkeit gestellt, etwa die Hälfte des Grundstücks abzutrennen und als Bauland zu veräußern sowie anschließend das Inventar des Hauses zu verkaufen.

Wenn ersteres sowohl in Hinblick auf Belange des Natur- wie des Kulturschutzes[29] hinnehmbar erschien, so bedeutete die Veräußerung des Inventars, besonders des fest eingebauten Zubehörs, einen nicht wieder gutzumachenden Verlust für die bremische Kultur: Figürliches Zubehör und ein fest eingebauter Kamin aus dem pompejanischen Gartensaal gehörten ebenso dazu wie zeitgenössische Leuchter und gußeiserne Öfen, zu schweigen von den teilweise kostbaren Möbeln aus bremischem Familienbesitz – in Folge war das Gut in Händen der Familien von Post, Retberg, Caesar, Holler und Ichon[30] –, Silber, Glas, Porzellan und anderem historischen Hausrat, den man indes nicht als Zubehör zum heutigen Kulturdenkmal bezeichnen darf.

Das Versäumnis war, daß zwar jeder um die historische Bedeutung des Landguts wußte[31], aber niemand daran dachte, es unter Denkmalschutz zu stellen, auch wenn dieser sich streng formalistisch nur auf das Äußere des Hauses hätte beziehen können – mindestens das Mitspracherecht bei allen das Erbe verändernden Maßnahmen hätte dadurch gesichert werden können. Nach Einleitung des Unterschutzstellungsverfahrens im Jahre 1972[32] wurde die Denkmalpflege tatsächlich auch regelmäßig an allen Verfahrensschritten, auch solchen, die nur das Innere betrafen, beteiligt. Sie kreisten vor allem um die Fragen, was mit dem Landhaus und dem gestalteten Park vor und zu Seiten des Landhauses geschehen kann und was geschehen muß, um die schon stark angegriffene Ausmalung der beiden zentralen Zimmer zu erhalten.

Auf die Frage nach Nutzung und Trägerschaft wurde bald eine Antwort gegeben: Unter Einbeziehung des Landhauses sollte für die Bremer Heimstiftung ein Altenheim

38 Oberneuland, Landhaus Caesar-Ichon, Gartenfront

gebaut werden; dieses Projekt wurde mit starker politischer Unterstützung und mit Hilfe der Sparkasse in Bremen bis 1977 verwirklicht. Damit war die Frage, was mit Landhaus und Park werden solle, zwar grob umrissen, aber eben nur grob. So war eines der bei der Realisierung auftretenden Probleme, daß eine Planung für den Umbau des Landhauses nicht vor 1975 vorliegen, der Umbau nicht vor 1976 erfolgen konnte, die Sicherung der Ausmalung aber nicht solange warten konnte – hier mußte sofort etwas geschehen. Die ersten Sicherungsarbeiten wurden deshalb schon im Herbst 1973 durchgeführt.

Die Restaurierung hätte danach eigentlich erst nach dem Umbau des Hauses durchgeführt werden sollen. Da wurden dem Amt jedoch Mittel aus dem ersten Konjunkturförderprogramm zur Verfügung gestellt, die bis Ende 1974 abzurechnen waren. So mußte denn gegen alle Vernunft die Restaurierung der Ausmalungen vorgezogen werden.

Bei diesen handelt es sich um pompejanische Malereien, und zwar in dem größeren, als Saal bezeichneten Raum um solche des dritten Stils – strenger, geometrisch-flächenhafter Aufbau in Verbindung mit einem System zierlicher Ornamente – und im Mittelraum, dem „Gartenzimmer“, um solche des illusionistischen vierten Stils, beide umgesetzt in der Sprache des Bau- und Zimmermeisters Anton Theodor Eggers[33]. Nach Aussage der Restauratoren besteht die Aus-

39/40 Oberneuland, Landhaus Caesar-Ichon, das sogenannte pompejanische Zimmer und Detail der Ausmalung

malung aus Leimfarben auf Kalkputz, deren Bindewirkung verlorengegangen war. Im Saal hatten darüber hinaus großflächige Salzausblühungen, von einem schadhaften Regenfallrohr eingedrungene Feuchtigkeit und die Versottung eines Kamins zu so großen Verlusten an der Malerei geführt, daß die Fassung weitgehend erneuert werden mußte. Der Restbestand war aber immer noch so groß, daß kein Teil neu entwickelt werden mußte. Im mittleren Raum, der gern als „Gartenzimmer" bezeichnet wird, wurde die Malerei weitgehend nur konservatorisch behandelt[34].

In die Raumstruktur des Hofmeierhauses aus dem 18. Jahrhundert, das mit der Villa von 1843 eine bauliche Einheit bildet, wurde so stark eingegriffen, daß nur noch für den Kenner der Zusammenhang zwischen der speziellen Form des niederdeutschen Hallenhauses, wie sie sich für stadtnahe Güter herausgebildet hatte, und dem vorgestellten, stets jüngeren Herrenhaus erkennbar ist[35].

41 Bremerhaven, Hafenstraße 14, Decke im Salon, 1877

Fünf Denkmale in Bremerhaven

Ehem. Trockendocks am Geesteufer (Deichstraße). Reste zweier um 1840 angelegter Dockkammern auf den früheren Werftplätzen von Johann Lange und Friedrich Wencke. 1977–78 Rekonstruktionsarbeiten am Dockhaupt des bis 1866 vergrößerten und modernisierten Wencke-Docks.
Kalkofen (Weichselstraße 7). Flaschenförmiger Backsteinkörper um 1850, betrieben bis um 1870. 1980 gründlich instand gesetzt.
Ehem. Stadtvilla eines Bauunternehmers und Stukkateurs, heute Standesamt (Hafenstraße 14). Zweigeschossiger, aufwendig gründerzeitlich-klassizistisch dekorierter Putzbau von 1876/77. Im Erdgeschoß reiche historistische Ausstattung mit Getäfel, Stuckierung, Wand- und Deckenmalereien. 1981–82 restauriert.
(Georg Dehio, Handbuch der Deutschen Kunstdenkmäler, Bremen-Niedersachsen, 1992)
Ehemaliges Haus des Handwerks und Wasserturm Geestemünde nicht im Dehio.

Bremerhaven war für den von Bremen aus tätigen Landesdenkmalpfleger immer ein steiniger Acker. Nach der Zerstörung der Stadt und ihrem Wiederaufbau, also zwischen 1941 und 1965, gab es für die vor 1970 tätigen Denkmalpfleger, abgesehen von einigen älteren Kirchen, in der Tat auch nichts, was des staatlichen Schutzes bedurft hätte. Dieses Bewußtsein bestimmte das Denken der Stadtplanung in Bremerhaven noch weit in die Zeit hinein, in der anderenorts Denkmalpfleger im Namenlosen und Anonymen Schützenswertes entdeckt hatten[36]. Mühsame Vorarbeit war deshalb nötig, um bei der Sitzung des Denkmalrats am 24. Mai 1976 die Zustimmung für die Unterschutzstellung von wenigstens 90 Kulturdenkmalen zu erlangen, unter denen neben vier Kirchen viele Objekte von hafengeschichtlicher Bedeutung längst musealen Wert hatten, ihre Unterschutzstellung also eher von musealer Bedeutung war.
Vor diesem Hintergrund kam den ersten von der Denkmalpflege fachlich betreuten und geförderten Wiederherstellungen und Restaurierungen Signalwirkung zu. Es waren 1976 die Arbeit am ehemaligen „Haus des Handwerks“ an Bürgermeister-Smidt-Straße und Martin-Donandt-Platz, 1976–77 Erhaltung und Wiederherstellung des Geestemünder Wasserturms und ein erstes Mal die des Kalkofens in Bremerhaven-Lehe und ab 1977 die des Wencke-Docks an der Deichstraße; ihren Höhepunkt erreichte diese Phase denkmalpflegerischer Betreuung Bremerhavens in der Adaptierung des Hauses Hafenstraße 14 für das Standesamt ab 1979[37].
Das Bauen in Bremerhaven unterschied sich ursprünglich stark von dem in Bremen. Nicht vertreten war das traufenständige Reihenhaus bremischer Prägung. Statt dessen gab es von der Gründung der Stadt an und der Zeit der ersten Ausdehnung bis etwa 1870 den Typ des zweigeschossigen, giebelständigen Kleinstadthauses, wie er etwa im Oldenburgischen und darüber hinaus in den kleinen Küstenstädten verbreitet war. Nachdem das Königreich Hannover an Preußen gefallen war, orientierte sich das Bauen in der aufstrebenden Stadt unter dem Eindruck der preußischen Nachbarstädte Geestemünde und Lehe an mehr großstädtischen Formen. Eine vergleichbare Bebauung, wie sie sich am Martin-Donandt-Platz, der Bürgermeister-Smidt-Straße, der Goethestraße und anderen Teilen der Stadt am Ende des 19. und Beginn des 20. Jahrhunderts, den Jahren der größten Prosperität der Seehafenstadt, entwickelt hatte, gab es in Bremen jedenfalls nicht einmal, als sich nach 1900 der Mietwohnungsbau auch da auszubreiten begann.
Das ehemalige Haus des Handwerks wurde 1905 als Hotel erbaut, weil darauf spekuliert wurde, daß der damals projektierte Hauptbahnhof von Bremerhaven an dem davor gelegenen Platz zu stehen käme. Als sich diese Hoffnung zerschlagen hatte, wurde das

42/43 Bremerhaven, das Alte Haus des Handwerks am Martin-Donandt-Platz vor und nach der Restaurierung von 1976

Haus in Wohnungen unterteilt. Später zog die Kreishandwerkerschaft in das Haus und gab ihm den Namen „Haus des Handwerks" – die Kammer zog um 1970 in einen Neubau um.

Krieg und Nachkriegszeit hatten dem Haus mit seinem üppigen, maritimen Dekor arg zugesetzt: Beschädigter Stuck war abgeklopft, Balkongitter waren beseitigt und durch gemauerte Brüstungen ersetzt, das Erdgeschoß verfließt und Holztüren durch solche aus Aluminium ausgetauscht. Während der Instandsetzung 1976 hat der damalige Eigentümer, Inhaber eines Baugeschäfts, fast keine Kosten gescheut, um das Gebäude, soweit das noch möglich war, wieder in den alten Zustand zu versetzen, und die Denkmalpflege konnte ihn mit nicht mehr als der halben Mehrwertsteuer, die auf die Kosten angefallen war, unterstützen – einen geringen Ausgleich stellte daneben die Hergabe einiger passender Gitter und Türen dar.

Einem vergleichbar großzügigen privaten Bauherrn begegnete die Denkmalpflege in Bremerhaven nicht wieder, auch blieb die Signalwirkung aus, und besonders enttäuschte, daß nach Jahren ein neuer Eigentümer einen Teil der noch alten, feingliedrigen Fenster gegen Kunststoffenster austauschte, was die Erscheinung des Hauses stark beeinträchtigt.

„Nach eingehender Prüfung der Angelegenheit sehen wir uns nicht mehr in der Lage, die Eintragung des Geestemünder Wasserturms in die Denkmalliste weiter zu verfolgen. [...] Wie uns mitgeteilt wurde, ist der Zustand des Turmkopfes so schlecht, daß die Entscheidung über Abbruch oder Restaurierung jetzt fallen muß. Die Frage der Finanzierung ließe sich bis dahin nicht klären. Wir werden deshalb auf dieses Objekt verzichten. [...]" – mit dieser Stellungnahme des Denkmalamtes zum Abbruchbegehren der Stadtwerke Bremerhaven schien 1976 das Schicksal des Geestemünder Wasserturms besiegelt[38]. Vorausgegangen war der Versuch, den 1891 nach dem System Intze erbauten Wasserturm[39] unter Denkmalschutz zu stellen, weil er ein anschauliches Beispiel für diesen Typ von Wassertürmen ist und weil er wegen der schwierigen Versorgung Bremerhavens mit Trinkwasser in der Vergangenheit auch heimatgeschichtliche Bedeutung hat[40]. Durch die der Eintragung als Kulturdenkmal vorausgegangenen Eigentümeranhörung war dem Amt bekannt geworden, daß der Turm so schadhaft sei, daß seine Erhaltung nicht mehr möglich erschien. Die Stadtwerke, vor die Wahl gestellt, den Turmkopf mit hohem Aufwand zu reparieren, wobei er noch weiter, als nach 1945 schon geschehen, vereinfacht worden wäre, oder den Turm niederzulegen, hatten sich für

44 Bremerhaven, der Geestemünder Wasserturm, Zustand 1998

45 Bremerhaven, der Kalkofen im Garten der Weichselstraße 7 nach der Restaurierung von 1981

letzteres entschieden. Den Ausschlag hatte schließlich gegeben, daß der Wasserturm für die Wasserversorgung der Stadt entbehrlich war.

Der Beschluß löste indes unerwartet heftige Proteste aus; es verging kaum ein Tag, an dem in der Nordsee-Zeitung nicht ein Artikel oder wenigstens ein Leserbrief erschien, der sich für die Erhaltung des für die Bürger Geestemündes so vertrauten Wahrzeichens ausgesprochen hätte[41]. Diese Reaktionen gaben der Denkmalpflege wieder Raum zu eigenem Handeln. Auf Einladung des Amtes besuchte Rainer Slotta, der sich mit der Erarbeitung der „Technischen Denkmale in der Bundesrepublik Deutschland“ einen Namen gemacht hatte, Bremerhaven, um sich zur Erhaltungswürdigkeit des Turms zu äußern[42]. Gleichzeitig befaßte sich die Stadtverordnetenversammlung Bremerhavens mit dem Problem, denn mittlerweile lag auch ein Kostenanschlag vor, in dem ein Aufwand von bis zu 400 000 DM genannt war, der nötig sei, um den Turm wiederherzustellen und funktionsfähig zu erhalten. Ein Posten über 35 000 DM galt dabei der Wiederherstellung der vier übergiebelten Zwerchhäuser, die aus dem Kegeldach hervortreten – ihn übernahm die Denkmalpflege, die sich an der Sanierung wenigstens mit einem symbolischen Betrag beteiligen wollte.

Im April 1977 war die Finanzierung der Sanierung gesichert: Die Stadt und die Stadtwerke gaben jeder 200 000 DM, die Denkmalpflege 35 000 DM. Schon im Mai konnte mit den Sicherungsarbeiten begonnen werden, die wie so oft erst einmal Abbruch bedeuteten, denn das den Wasserbehälter ummantelnde Mauerwerk mußte bis zur Höhe der Auskragung abgetragen und neu aufgeführt werden. Alte Pläne und genaue Aufmaße sicherten eine optisch originalgetreue Ausführung der Maurerarbeiten, die im Bereich der auskragenden Bogenblenden den Maurern viel abverlangten. Die Giebel wurden in Beton ausgeführt. Mit dem Aufsetzen der kupfernen Spitze wurde die Wiederherstellung des Wasserturms im Dezember 1977 abgeschlossen.

46 Bremerhaven, das Wencke-Dock vor den Sicherungsarbeiten von 1978/79

Im gleichen Jahr fielen Sicherungsarbeiten am Kalkofen an der Weichselstraße an. Er war 1976 unter Denkmalschutz gestellt worden, weil es sich bei diesem wenig auffallenden, versteckt liegenden Bauwerk um ein mittlerweile seltenes Beispiel eines technischen Denkmals handelt, das, um 1850 errichtet, die nahen Baustellen des wachsenden Hafens mit Muschelkalk bediente[43]. Als sich zwanzig Jahre später Naturzement im Baugewerbe durchgesetzt hatte, wurde die Fabrikation von gebranntem Kalk an diesem Ort eingestellt. Üblicherweise wurden solche Fabrikationsanlagen danach niedergelegt, hier nun blieb das bombenförmige Gebilde mit seinem kurzen Schornstein erhalten.

Anläßlich einer Instandsetzung wurden 1977 der Schornsteinkopf abgetragen und erneuert und der Ziegelmantel mit Dampfstrahl gereinigt, um Algen und Flechten, die den Baukörper überzogen hatten, zu entfernen. Die Sanierung war indes nicht gründlich genug vorbereitet und durchgeführt worden: Schon nach drei Jahren wurden wieder größere Schäden gemeldet. Ein zu Rate gezogener Ingenieur stellte fest, daß die Fugen so stark ausgewaschen waren, daß Wasser in den Stein eindringen konnte und auf der Innenseite des Mauerwerks zu Abplatzungen einer durch die Hitzeeinwirkung während der Betriebszeit zwischen 1850 und 1870 angesinterten und versprödeten Schicht führte. Darum mußten im zweiten Anlauf alle Fugen, die Stoß- und Lagerfugen, tief ausgekratzt und neu verfüllt, dazu die Innenflächen des Bauwerks von losen Teilen gesäubert und mit Kalkputz neu gefestigt werden. – Der Aufwand dieser zweiten Restaurierung, der im wesentlichen von der Denkmalpflege getragen werden mußte, handelt es sich bei dem Kalkofen doch um ein kaum nutzbares und dauernd unrentierliches Objekt, war entsprechend hoch.

Vom Morgenstern-Museum am linken Geesteufer hat man den besten Blick auf das ehemalige Wencke-Dock, das auf der Bremerhavener Seite der Geeste um 1840 nach englischem Vorbild als „dry-dock“ angelegt worden war[44]. Es war neben und nach dem von Johann Lange das zweite Trockendock, das an der deutschen Küste gebaut worden war, und ist heute das älteste, das noch einen ansehnlichen Gestaltwert besitzt mit der landseitigen Dockmauer, in die eine Inschrifttafel eingelassen ist, dem wasserseitigen, spitzen Dockhaupt und dem Dockbecken, dessen Form im aufgeschütteten

Gelände der Deichstraße markiert wurde. Die Inschrift erinnert daran, daß das Dock zwischen 1856 und 1860 umgebaut, erweitert und modernisiert worden war. Damals hat man die hölzernen Beckenwandungen durch gemauerte ersetzt, und anstelle eines hölzernen Stemmtores verschloß von da an ein schwimmfähiges Pontontor, das durch Fluten und Lenzen ein- und ausgefahren werden konnte, das Dock.

Wenckes Dock war nicht das einzige und auch nicht das bedeutendste an der Geeste. Flußabwärts lag die bekannte Werft von Johann Lange mit gleich zwei Docks, und flußaufwärts auf der Gegenseite reihten sich Tecklenborg und Schau & Oltmann mit je einem Dock; wieder auf der Bremerhavener Seite gab es die Werften von Rickmers und Tecklenborg, beide mit Helgen und ohne Dock, Ulrichs, wieder mit einem Dock, und noch weiter binnenseits die erst in diesem Jahrhundert entstandene Schichau-Werft – sie schloß vor wenigen Jahren ihre Tore. Zu jeder Werft, ob mit oder ohne „dry-dock", gehörten schließlich verschiedene Bauten von festen Häusern bis zu einfachen Schuppen. Sie bildeten zusammen und zu beiden Seiten der Geeste eine Industriezone, die das Bild der Stadt von Süden geprägt hat. Sie verschwand im Gefolge der Wirtschaftskrise von 1930, der Zerstörung der Stadt und ihrer Industrien im Krieg 1939–45, der Neuordnung der Stadt im Zuge ihres Wiederaufbaus und zuletzt dem Zusammenbruch der Werftindustrie an der Unterweser. Nach und nach wurde ein Werftplatz, ein Dock nach dem anderen eingeebnet; es blieben nur Ausbuchtungen am Ufer der Geeste, mit Ausnahme eben des Wencke-Docks, das zwar auch nach 1945 mit Trümmerschutt verfüllt wurde, dessen Ufermauern aber nicht aufgegeben werden konnten, weil sie ein Teil der Uferbefestigung der Geeste sind.

Der Umbau des Wencke-Docks und wohl auch der anderen „dry-docks" an der Geeste in den Jahren um 1860 stand ganz unter dem Eindruck, den Baurat Buchholz aus Geestemünde von einer Studienreise nach England 1857 gewonnen und über die er ausführlich berichtet hatte[45]. Die Reise diente der Erkundung der neuesten Dock- und Schleusenbauten in England und ihrer Abschlußvorrichtungen. Eingehend beschrieb Buchholz den Bau von „Caissons" zum Abschluß der Schleusen- und Dockeinfahrten in den Kriegshäfen von Portsmouth und Devonport bei Plymouth. Das Verfahren, die Einfahrt in ein Dock durch einen aus- und einschwimmbaren Caisson zu verschließen, fand denn auch vor 1860 Eingang in Bremerhaven.

47 Bremerhaven, das Wencke-Dock nach den Sicherungsarbeiten von 1978/79 bei Niedrigwasser, Zustand 1998 – an den senkrechten Anschlag zwischen den Schrammborden wurde das Docktor angedockt

Die Restaurierungsarbeiten am Wencke-Dock wurden durch den Verfall der Ufermauern ausgelöst: Hätte man die Dockmauern nicht erhalten wollen, hätte eine neue Spundwand geschlagen werden müssen. Die wäre aber praktischerweise gerade gezogen worden, hätte also keine Rücksicht auf das Dock genommen, das dann ganz zugeschüttet worden wäre.

Der Wunsch und bald auch Beschluß, die Dockmauern zu erhalten, verband sich nach Beginn der Sanierungsarbeiten am Mauerwerk mit dem Verlangen, auch das von seiner Bauart her bekannte schwimmfähige Docktor wieder herzustellen, und war das erst einmal getan, das Dock wieder auszugraben, zu rekonstruieren und mit einem

Museumsschiff zu belegen – der Gewinn an Anschaulichkeit der Arbeit in einem solchen Dock schien den Aufwand, mit zwei Millionen DM hätte man rechnen müssen, zu rechtfertigen.
Doch wurde daraus nichts. Mit großem Aufwand gelang es zwar bis 1979, das Mauerwerk zu beiden Seiten des Docktors zu sanieren[46], auch erste Aufschlüsse über den Verlauf der nach 1945 verschütteten Dockmauern zu gewinnen, doch dann verbot die finanzielle Entwicklung Bremens die Fortführung der Rekonstruktion. Es gelang am Ende nur, die Form des Docks im parkartigen Gelände sichtbar zu machen. – Angesichts der Aufwendungen, die derzeit getätigt werden sollen, um den Neuen Hafen zu einem Show-Park umzuwandeln, muß diese Entwicklung besonders bedauert werden, besäße doch das Dock einen so unvergleichbar größeren Anschauungswert als alles, was neu entsteht, und wären dadurch die nicht unerheblichen Reste des Docks auch dauerhaft gesichert, was bei dem derzeitigen Zustand nicht gewährleistet ist.
Das Haus Hafenstraße 14 in Bremerhaven wurde 1976 als erstes Gebäude in Bremerhaven unter Denkmalschutz gestellt[47] – alles denkmalpflegerische Tun in dieser Stadt spielte sich bis dahin unterhalb der Ebene gesetzlichen Handelns ab, basierte auf Freiwilligkeit.
Das Haus hatte sich um 1877 der Bauunternehmer Seedorff erbaut. Seine Gestalt ist noch stark einer klassizistisch geprägten Baumeisterarchitektur verpflichtet, die noch sparsam mit gründerzeitlichen Elementen umging. Wie stark sich Seedorff an seinem Haus an tradierte Formen hielt, wird besonders augenfällig im Vergleich zu dem zwei Jahrzehnte jüngeren neobarocken Stadthaus von H. F. Kistner, Hafenstraße 50; auch Kistner war Bauunternehmer.
Bald rückte auch das Innere des Seedorffschen Hauses in das Blickfeld und damit die Frage, wie das bis dahin kaum veränderte, nur von einer älteren Dame bewohnte Haus sinnvoller und das heißt heute eben intensiver und ertragbringender genutzt werden könnte. Es war allen Beteiligten klar, daß eine Erhaltung des Hauses auf Dauer nur gewährleistet werden konnte, wenn es modernisiert und unter Einbeziehung aller bisher nicht genutzten Räume umgebaut würde. Das aber hätte die bis dahin sehr gut erhaltene Ausstattung nicht unberührt gelassen. Über sie urteilte seinerzeit Wolfgang Brönner: „Die stammt aus der Bauzeit um 1880 und ist an den Decken durchgehend und an den Wänden zum Teil erhalten. Der sehr reiche Deckenstuck der Wohnzimmer und Flurräume ist vollständig farbig angelegt. Holzmalerei, bunte Blüten und lebendig bemaltes Beschlagwerk wechseln einander ab. Die freien Deckenspiegel sind in feinster Dekorationsmalerei mit Putten, Fabelwesen und dergleichen gefüllt. Die Gesamtwirkung der Malerei hat einen tonigen, warmen Farbklang und entspricht in Stil und Farbgebung den damals beliebten Renaissancevorbildern. Ein Blick in die Muster- und Vorlagewerke der Zeit, die damals in großer Zahl in Deutschland und Frankreich veröffentlicht wurden, macht deutlich, daß die Dekorationsmalerei in der Villa Seedorff nach Qualität und Reichtum zum Besten der Epoche zu zählen ist.“[48] Das Denkmalamt sprach deshalb, während die Genehmigung für den nutzerhöhenden Umbau erteilt wurde (werden mußte), erstmals die Umnutzung des Hauses an. Das Echo ließ nicht lange auf sich warten: Lange schon sollte das Standesamt schönere, repräsentativere Räume erhalten.
Der Weg dahin war dornen-, am Ende aber erfolgreich. Die Stadt wollte das Haus nicht anmieten, um es letztlich doch auf eigene Kosten herrichten zu lassen und baulich zu unterhalten. Andererseits klafften bei Kaufverhandlungen die Preisvorstellungen so weit auseinander, daß auch keine Verständigung möglich schien. In dieser Situation ließ die Denkmalpflege den Wert der plastischen und malerischen Ausstattung durch Restauratoren ermitteln, weil dieser in den Richtlinien für die Ermittlung von Gebäudewerten keinen Platz hat. Wichtiger war dann, daß sich die Denkmalpflege bereit erklärte,

die Hälfte des so ermittelten zusätzlichen Wertes zu übernehmen. Damit wurden die so weit auseinanderliegenden Positionen überbrückt.
Konnte die Denkmalpflege an diesem Falle helfend wirken, wobei deren Hilfe dem entspricht, was nach dem Bayerischen Denkmalschutzgesetz üblicherweise der Entschädigungsfonds leistet[49], so endete die Hilfsbereitschaft des Amtes im Falle einer einwandfreien Restaurierung der Räume mit einem Desaster. Nichts beleuchtet die Dramatik der finanziellen Situation Bremens ab 1981 deutlicher, als der Zwang, die mehr oder minder feste (formaljuristisch aber noch nicht bindende) Zusage über einen Zuschuß in Höhe von 90 000 DM gegenüber Bremerhaven nicht mehr einhalten zu können, wobei es sogar nur noch um 60 000 DM ging – und natürlich wirft es ein Licht auf den politischen Stellenwert der Denkmalpflege in dem Moment, in dem die öffentlichen Kassen nicht mehr so gefüllt waren wie noch wenige Jahre zuvor, denn nicht überall wurde der Haushalt so rigoros zusammengestrichen wie bei der Denkmalpflege.
Die Restaurierung wurde gleichwohl durchgeführt[50] – die noch junge *Stiftung Wohnliche Stadt* war in die Bresche gesprungen –, doch ist es ja alles andere als gleichgültig, von wem ein Zuschuß kommt, und es war auch nicht mehr wie im Hause Am Dobben 91 in Bremen möglich, historische Beleuchtungskörper und eine zum Haus und seine Ausstattung passendere Einrichtung anzuschaffen. Darunter leidet das Haus nicht unbeträchtlich.
Im März 1982 konnte das Standesamt seine Arbeit in der Villa Seedorff aufnehmen.
Den denkmalpflegerischen Part hatten bei diesen Instandsetzungen die für Bremerhaven zuständigen Bezirkskonservatoren Wolfgang Brönner (bis Ende 1979) und Peter Hahn (ab 1980) inne. Unterstützt wurden sie bei ihrem Tun von Heinz-Werner Stürzer, einem Journalisten, der sich mit Verstand und Herzblut der Erhaltung des alten Bremerhaven verschrieben und immer wieder in der Nordsee-Zeitung seine Stimme erhoben hatte, um die Erhaltung eines Denkmals anzumahnen oder Abbrüche zu geißeln. Seine Artikel waren für die Arbeit der Denkmalpflege oft hilfreicher als mancher amtliche Schriftsatz, und gern hätten wir ihn mit einem Preis für Denkmalschutz ausgezeichnet gesehen.

48 Bremerhaven, Hafenstraße 14, Flur im Originalzustand von 1877 (links)

49 Bremerhaven, Hafenstraße 14, Villa Seedorf, erbaut 1877

50 Bremer Haus in der Mathildenstraße, erbaut 1871/72 von Lüder Rutenberg, ein besonders aufwendig gestaltetes Haus dieses Typs

Das Bremer Haus

Vorstädte. Die Entwicklung der bremischen Vorstädte der 2. H. 19. Jh. vom Einfamilienreihenhaus bestimmt. Ursache waren die enge, das Einfamilienhaus begünstigende Bauordnung von 1853 (u. a. Verbot der Hofbebauung für Wohnzwecke), wirtschaftspolitische und -geografische Umstände sowie der schlechte Baugrund. Bis 1860 war der Typ des sog. Bremer Hauses entwickelt: ein weitgehend standardisiertes, von Unternehmern einzeln oder in Gruppen errichtetes, in der Regel dreiachsiges Haus mit Küche und Wirtschaftsräumen im Souterrain, mit Hochparterre, Obergeschoß und ausgebautem Dachgeschoß. Weil auf dem Baugrubenaushub angelegt, war das Straßenniveau höher als das der rückwärtigen Gärten. Stilistisch bestimmend blieb bis zur Jahrhundertwende ein Baumeisterklassizismus, vielfach ergänzt durch romantische oder historisierende Formen. Ab 1900 trat daneben ein englisch beeinflußter Jugendstil (Cottagestil) auf.
Verbreitungsgebiete des Bremer Hauses waren die Ostertor- und die Östliche Vorstadt bis zum Peterswerder, die Buntentors- und Südervorstadt auf der Neustadtseite, Utbremen und Walle im W sowie das vordere Schwachhausen. [...]
(Georg Dehio, Handbuch der Deutschen Kunstdenkmäler, Bremen-Niedersachsen, 1992)

Wer von der Kunsthalle aus seine Schritte nicht stadtwärts lenkt, sondern in die gegensätzliche Richtung, wer also mehr erkunden will als Markt, Böttcherstraße oder Schnoor, wird, sobald er die vorstädtische Geschäftsstraße verläßt, in Wohnstraßen kommen, die auffallend gleichförmig und wenig großstädtisch sind. Diese bremische Reihenhausvariante, es handelt sich in der Tat um nichts anderes als Einfamilienreihenhäuser, hat bis in unser Jahrhundert die Wohnviertel Bremens geprägt, und zwar in

51 Bremer Haus in der Mathildenstraße, Figur „Gewerbe" (Technik), Terrakotta der Firma C. Walter in Trier, während der Restaurierung 1975

allen Stadtteilen, die zwischen 1850 und 1910 angelegt worden sind. Infolge Kriegszerstörung und Stadtumbau ist der Bestand der Bremer Häuser stark reduziert worden, zählt aber immer noch nach Tausenden.
Schon die ersten Entwürfe der neuen Denkmalliste sahen vor, einige Ensembles mit Bremer Häusern unter Denkmalschutz zu stellen; bis zur Verabschiedung dieser Liste durch den Senat waren daraus 21 Gruppen mit 430 Häusern geworden – das Bremer Haus bildet seitdem, besonders als zwischen 1976 und 1980 weitere Straßenabschnitte mit 83 Objekten unter Schutz gestellt wurden, den Schwerpunkt der bremischen Denkmalliste und darum auch der Arbeit im Denkmalamt[51]. Die Unterschutzstellung wenigstens einer Auswahl dieser Häuser und der von ihnen gebildeten Ensembles rechtfertigt sich aus ihrer bau- und stadtbaugeschichtlichen, wirtschafts-, sozial-, auch heimat- und in einigen Fällen selbst kunstgeschichtlichen Bedeutung[52].
Der Schutz kam nicht zu früh. Als die Lücken, die der Krieg gerissen hatte, geschlossen waren (es gibt nicht wenige

52 Bremer Häuser in der Bulthauptstraße

Häuser, denen man nicht ansieht, daß sie im Krieg ausgebrannt waren und wieder aufgebaut wurden), begannen Wohnungsbauunternehmer, einzelne Bremer Häuser oder auch zusammenhängende Gruppen aufzukaufen und abzureißen, um die so gewonnenen Lücken neu zu bebauen, wobei meist zwei Wohnebenen zusätzlich anfielen. Mit dem Slogan „Wohnen wo Bremen am Bremischsten“ warben die Unternehmer für den Kauf neu erbauter Wohnungen inmitten alter Bremer Häuser. Alt gewordene Hausbesitzer, nicht selten durch Währungsreform und Lastenausgleich belastet, trennten sich damals für beschämend wenig Geld von ihren Häusern, die oft ihr letzter Besitz waren, weil dieser zur Last geworden war. Um diesem Trend entgegenzuwirken, entstand 1974 die kleine Broschüre „Das Bremer Haus“ als Werbeschrift für diesen Haustyp und für die Denkmalpflege[53].

Zwei Mitarbeiter, Volkmar Schöning (1974–95) und Gudrun Spengler (seit 1977), waren fast ausschließlich mit der Betreuung der vielen unter Schutz gestellten Bremer Häuser befaßt – die unausweichliche Nähe der Mitarbeiter zu „ihren“ Objekten bringt es mit sich, daß sie sich intensiver um diese kümmern, kümmern mußten und auch kümmern können als in einem Flächenstaat. Die Schwerpunkte ihres Wirkens lagen im Osterviertel, im Fesenfeld und in Schwachhausen. Eigentümer und Mieter lernten so ihre Betreuer kennen und wandten sich immer wieder an sie. Diese stete, gute Beratung (oft genug auch Betreuung) half vielen Besitzern darüber hinweg, daß die Zuschüsse für die Instandhaltung der Häuser nie üppig waren – aber es gab sie doch trotz aller Engpässe kontinuierlich. Es muß indes auch zugegeben werden, daß der denkmalpflegerisch bedingte Mehraufwand sich bei diesem Haus in den meisten Fällen in Grenzen hielt: Mehrkosten fallen an diesen Häusern am ehesten an, wenn die durchnäßten Treppen zum Hochparterre in alter Form wieder her-

gestellt, fehlender Zierat ergänzt, Eisenteile – Gitter, Wintergärten, Fensterteilungen – repariert oder erneuert werden müssen oder dekorative Ausmalungen in Vestibül und Treppenhaus (ganz selten in Wohnräumen) wieder zurückgewonnen werden sollen. So gesehen sind die Häuser in Bremen anspruchsloser als die in Bremerhaven.
Aber was konnte denn in einem Vierteljahrhundert so umfassender persönlicher und materieller Zuwendung tatsächlich und bleibend erreicht werden?
Zunächst einmal konnte in den Straßenzügen, die unter Denkmalschutz gestellt wurden, die Abbruchwelle gestoppt, in anderen Bereichen eingedämmt werden. Das allein war schon als Erfolg zu werten. Als ein anderer greifbarer Erfolg erwies sich die Unterschutzstellung des Fehrfeld, das baulich und sozial verelendet war und nicht die Förderung eines Sanierungsgebiets genoß. Nachdem aber 18 Häuser dieses Straßenzugs geschützt waren, der Denkmalpflege auch eigens für dieses Ensemble Zuschußmittel zur Verfügung standen, stabilisierten, ja erholten sich die Verhältnisse dort binnen weniger Jahre – heute kann sich niemand, der nicht dort gelebt hat, mehr vorstellen, wie die Straße 1976 aussah.
Und daneben gab es eben die erwähnten Hunderte von Beratungen und Unterstützungen, von denen jede für sich genommen ein kleiner Erfolg gewesen sein mochte, aber nur selten als großer in Erscheinung trat. Wenn eine Eingangstreppe statt mit Waschbetonstufen wieder mit Sandstein ausgeführt wurde, ein altes Gitter erhalten, ein Wintergarten instand gesetzt und ein Haus stimmig gestrichen werden konnten, so waren das Dinge, die im Straßenbild nicht (negativ) auffallen, dadurch aber auch untergehen. Alle Beratungen waren zudem getragen von dem Bemühen, ungeachtet der gesetzlichen Grundlage denkmalpflegerischen Tuns, so wenig amtlich wie möglich zu erscheinen. Das zeigte sich besonders bei den Farbberatungen, bei denen den Eigentümern viel Spielraum gelassen wurde. Ursprünglich waren diese Häuser alle mehr oder weniger weiß, farbliche Akzentuierungen gab es nicht oder doch nur in dem Maße, wie sie sich durch Staubablagerung auf hervortretenden Bauteilen ergaben. Die in den siebziger Jahren ausgeprägte Farbenfreude, die das Amt bewußt nicht bremste, hat sich auch von allein wieder gegeben, und ein wenig passender Anstrich wird irgendwann auch wieder erneuert.
Das Gesamtbild der Hauszeilen hat sich aber deutlich verbessert, weil viele Beschädigungen, die oft noch auf den Krieg zurückzuführen waren, erst nach Jahren, in denen es Wichtigeres gab als die Instandsetzung einer stuckierten Fassade, repariert werden konnten. Spektakulär waren diese Maßnahmen eigentlich nie, es war immer ein Wirken im stillen – um so höher ist die Bereitschaft zu werten, der Denkmalpflege seit 1974 jährlich über den ordentlichen Haushalt und über die *Stiftung Wohnliche Stadt* Mittel für Zuschüsse zu bewilligen.
Über manchen Ärger, den die Denkmalpflege mit den vom Denkmalschutz Betroffenen hat, haben die Mitarbeiter gerade bei diesem Teil ihrer Arbeit aber auch viel Dank erfahren – und das mag am Ende als größter Erfolg zu werten sein.

53 Veranda an einem Bremer Haus in der Delmestraße nach der Wiederherstellung 1991

54 Horn, Horner Heerstraße 19, Diele von 1870 nach der Wiederherstellung von 1980/81

Bagatellen: vier Interieurs

In Georg Dehio, Handbuch der Deutschen Kunstdenkmäler, Bremen-Niedersachsen, 1992, nicht genannt.

Die Topographie des alten Rembertiviertels ist kaum wiederzuerkennen. Da, wo die dem hl. Rembert geweihte, nach ihm benannte Kirche stand, rauscht der Verkehr des Rembertirings; Rembertistraße und Fedelhören wurden für den Durchbruch der Nordtangente zerschnitten. Von dem lauschigen Platz um die von dem bekannten Architekten Heinrich Müller in neugotischen Formen erbaute Kirche[54] blieb nur ein Torso: die Südwestflanke des Rembertistifts, das Pfarrhaus und das Gemeindehaus, das ein frühes Beispiel dieses vom Pfarrhaus losgelösten Bautyps ist. Es ist das letzte Haus, das von der Bebauung der Ostseite des Platzes erhalten blieb und steht deshalb ein wenig unmotiviert am Rande des Verkehrsstroms.
Es ist, auch wenn es ursprünglich in einer Hausreihe eingebunden war, nicht das, was man als „Bremer Haus" bezeichnet; der teilweise öffentliche Charakter des um 1860 erbauten Hauses ist jedenfalls unverkennbar. In diesem Haus, das im Zuge der Sanierung des Ostertorviertels nicht ohne Geschick modernisiert wurde, verbirgt sich hinter einem engen Windfang ein kleines, reizvolles Vestibül in Formen, die man dem „Louis Philippe" gutschreiben möchte, auch wenn die Zeitstellung nicht ganz zutrifft – bremische Baukunst tritt häufig mit einer Verspätung von einer Generation auf[55]. Das feingliedrige Ornament der den Raum auf der inneren Seite abschließenden Tür mit einer Caritas als Supraporte – Material Holz und Holzmasse –, die zierlichen Säulchen der Türeinfassungen, ihre Kapitelle und Bekrönungen lassen erkennen, daß Bremen in der Mitte des vorigen Jahrhunderts über einen Stamm guter, solide arbeitender Handwerker verfügte. Dieses Vestibül nun wurde nach Befunden restauriert und präsentiert sich noch nach 20 Jahren als ein schönes Beispiel eines bürgerlichen Interieurs. – Die Restaurierung führte 1977 Georg Skrypzak, Bremen/Berne, durch.
Ab 1842 wurden die Gebäude des Remberti-Pröven-Stifts von 1547 von dem Baumeister Dietrich Christian Rutenberg durch neue, zweiachsige und zweigeschossige, traufenständige Häuser ersetzt, die die Zeilenstellung des 16. Jahrhunderts aufgreifen[56]. Bis 1869 entstand die noch heute erhaltene, fast geschlossene Vierflügelanlage. Im ersten Abschnitt, der der Rembertistraße zugewandt ist, liegt der durch einen Risalit mit Rundbogenfenstern und einfachstem plastischen Zierat hervorgehobene Hauptzugang. Hier war von Anbeginn an die Wohnung des Stiftsvogts mit einer bescheidenen Verwaltung. Sie bestand aus einem Vor- und einem Sitzungszimmer für den Stiftsvorstand. Dieser dreiachsige Raum von geringer Tiefe war, mit Ausnahme einer leicht vortretenden Ofennische und wenigen schmalen Leisten, nur mit den Mitteln ornamentaler Malerei gegliedert und gestaltet: Die drei Innenwände sind horizontal durch einen in Solbankhöhe umlaufenden Sockel unterteilt, dem ein schmales Band unter der Deckenvoute entspricht, und in der vertikalen Abwicklung durch jeweils drei hochrechteckige Felder, die durch gemalte Schattenkanten getieft erscheinen. Die den Fenstern gegenüber liegenden Wandflächen sind weiter durch rund geschlossene Felder belebt. Diese und rechteckige Felder im Sockel sind lebhaft marmoriert, während die Wandflächen vor heller, graugrüner Rahmung in zartem Lichtgrün gehalten sind. – Der Raum repräsentiert spätes Biedermeier in schlichtester Form; die Wiederherstellung dieser zwischenzeitlich überstrichenen Fassung war für uns wichtig, weil sich in dieser so stark von Krieg und Modernisierung heimgesuchten Stadt nichts Vergleichbares erhalten hat, obwohl es in solcher Schlichtheit Ähnliches gegeben haben wird. – Die Restaurierung dieser Fassung wurde von der Malerfirma Hans Horr ausgeführt.
Weit kostbarer sind die Räume im Haus Horner Heerstraße 19, das 1870 Architekt Boll-

55 Rembertiring 46, Vestibül im ehemaligen Gemeindehaus der Remberti-Gemeinde, um 1860, restauriert 1978

mann für den Apotheker Friedrich Herrmann Henschen als Landhaus und Apotheken-dependance erbaut hatte. In dem durch spätere Aufstockung sehr ungünstig veränderten Gebäude erhielten sich einige reich stuckierte Wohnräume, die um eine durch Erd- und Obergeschoß reichende zentrale Halle mit bekrönendem Oberlicht gruppiert sind. Allerdings war es in dem von Henschen an die Stiftung Mädchenwaisenhaus vererbten Haus um dieser Nutzung Willen zu Veränderungen gekommen, die die ursprüngliche Schönheit der Räume überdeckten.

1980/81 ging der damals amtierende Vorstand daran, die Zimmer, vor allem aber die Halle als das prachtvolle Herzstück des Hauses wieder von Einbauten zu befreien. Stuckierungen mußten in der Folge wieder ergänzt, die zierlichen gußeisernen Treppendocken wieder sichtbar gemacht, Wände und Decken nach Befund historistisch neu gefaßt werden. Der Gewinn liegt in einem Raum, der in seiner lichten beigefarbigen Tonigkeit geradezu als ein Musterstück für die Naturfarbigkeit oder besser Naturtonigkeit des Historismus gelten darf[57].

Historistisches konnte auch in anderen Häusern dokumentiert, manchmal auch erhalten und konserviert und in dem einen oder anderen Fall schließlich auch restauriert werden[58]. In vielen Fällen waren es wirklich nur Bagatellen, die uns aber wichtig waren, weil sie eine Vorstellung vermitteln, wie reich die Häuser der Stadt ausgeschmückt waren und wieviel durch Krieg und Zeitgeist – dieser schon seit dem Aufbruch zur Moderne vor dem Ersten Weltkrieg – zerstört worden ist.

Aber auch Jüngeres konnte, bis heute wenigstens, vor dem Untergang bewahrt werden. Zwischen 1912 und 1959 wohnte der bekannte Glasmaler Georg K. Rohde im Haus Am Dobben 58[59]. Dort überfaßte er in den zwanziger Jahren eine historistische Raumausstattung mit einer farbkräftigen, kubistisch-expressionistischen Wand- und Deckenmalerei[60]. Dabei handelt es sich einmal um eine Deckenfiguration aus vier versetzten Feldern und auf das Zentrum bezogene geometrische Formen. Die vier Felder sind durch abgestufte, ins Blau spielende Grautöne gegeneinander abgesetzt, die geo-

56 Rembertistift, Haus 1, Sitzungszimmer des Rembertistifts, um 1842, restauriert 1982 (links)

57 Am Dobben 58, Detail der konstruktivistischen Ausmalung von Georg K. Rohde (rechts)

metrischen Figuren Viertelkreis, Dreieck und Quadrate stehen dagegen mit unvermischtem Rot, Gelb und Blau. Das Grau der Decke greift sodann, die Raumhöhe abmildernd, über die Kehle auf die Wand über und ist gegen deren starkfarbene Flächen durch einen kräftigen Strich abgesetzt. Die Farben der Wand – Ultramarinblau, Ocker und zweimal Grün – sind hart und unvermittelt vertikal gegeneinander gesetzt.

Die Ausmalung war zwar nicht überstrichen, aber in einem fortgeschrittenen Verfallstadium: Risse an Decke und Wänden, Wasserschäden durch Leitungs- und Regenwasser, eine Schornsteinversottung und starke Verschmutzung durch die Heizung hatten die Farben stark angegriffen, sie gelöst.

Ziel der Restaurierung war, die vorhandene konstruktivistische Fassung nach ihrer Konservierung zu säubern und so einzuretuschieren, daß wieder ein geschlossenes Bild entsteht. Wegen des schlechten Erhaltungszustands war das aber nur partiell möglich. Am Ende lief es auf eine Sicherung der vorgefundenen Malerei, eine großflächige Isolierung der Wasserflecke und Versottungen – dieses teilweise mehrfach – und die weitgehende Rekonstruktion des Vorgefundenen mit zeitgemäßen Pigmenten hinaus.

So wie später die Ausmalung in der Schule Helgolander Straße wurde also auch diese Innenraumdekoration weitgehend erneuert – man darf dabei schließlich nicht vergessen, daß es sich nicht um einen musealen Raum handelt, sondern um einen bewohnten, dessen Wand- und Deckenflächen, wenn sie denn schon so weit von der Norm abweichen, wenigstens intakt zu sein haben. Die Restaurierung lag 1987 in Händen von Klaus Thönes[61].

58 Goetheplatz 4, Villa Poppe-Ichon, Ansicht von den Wallanlagen

Goetheplatz 4 –
Villa Poppe-Ichon

In Georg Dehio, Handbuch der Deutschen Kunstdenkmäler, Bremen-Niedersachsen, 1992, nicht genannt.

Fast gäbe es dieses Haus als Baudenkmal nicht mehr: nicht nur, weil es in den sechziger Jahren beinahe abgebrochen worden wäre, um einem schon bemerkenswert disproportionierten Neubau Platz zu machen, sondern weil Sanierung und Restaurierung des Hauses 1980/81 aus Geldmangel zum Erliegen gekommen waren und eine Hausbesetzung drohte, die das Interieur des in dem Moment schutzlosen Hauses nicht überstanden hätte.

Das Haus hat eine bewegte Geschichte: Der in dem gegenwärtigen Bau kaum mehr ablesbare Kernbau wurde 1849 errichtet[62]. Die anschließenden Häuser der Bleicherstraße hat Baumeister H. Depken nur wenig früher erbaut – vielleicht also hat er auch den Platz vor der Ostertorsakzise bebaut. Die älteste Bauakte zu diesem Haus ist aus dem Jahre 1853 überliefert; sie nennt den Katasterbeamten und Kontrolleur der direkten Steuern Dr. Daniel Schultz als Besitzer und Bewohner. Wenig später erweiterte dieser sein Haus nach zwei Seiten. In den sechziger Jahren wechselte das Anwesen häufig den Besitzer, bis es 1871 ein Privatier Feuerstein erwarb, der es durch Johann Georg Poppe, dem wohl berühmtesten bremischen Architekten der Jahrhundertwende, umbauen ließ[63]. Poppe verwandelte das vormärzlich-baumeisterliche „Normalhaus“ bremischer Vorstädte, das es bis dahin zweifellos war, in eine in der Größe zwar bescheidene, von ihrer Gestalt her aber charaktervolle Stadtvilla, deren Formrepertoire aus italienischer, aber auch französischer Renaissance entwickelt war. Das Innere besticht durch abwechslungsreich geschnittene, wohltuend dimensionierte und fein dekorierte Räume, die auf englische Wohnideen in Verbindung mit einem großzügigen Lebensstil schließen lassen. 1893 erwarb Poppe selber das so unvergleichlich schön und nach drei Seiten hin frei gelegene Objekt, von dem aus der Blick über die Wallanlagen auf die Kunsthalle und die Stadt reicht. Er selbst nahm noch manche Veränderungen an und in dem Haus vor, gab ihm vor allem das letzte Gepräge. Nach dem Tod Poppes bleibt das Haus noch für zehn Jahre im Besitz der Familie, bevor es 1925 an die Bremer Theatergesellschaft fiel, die seit 1912 Nachbar Poppes war. Neuer Bewohner war Theaterdirektor Johannes August Wiegand. Von ihm übernahm es Dr. Theodor Ichon, dessen Bruder Dr. Eduard Heinrich zusammen mit Wiegand das Theater gegründet und geleitet hatte. Nach dem Tod Theodor Ichons erwarb eine Immobiliengesellschaft den Bau, um an seine Stelle ein 19-Familien-Haus zu setzen. Ein Grundstückstausch mit der Stadt verhinderte dies, wobei für die Stadt nicht der Erhalt des Hauses im Vordergrund stand, sondern die Absicht, sich das Grundstück neben dem Theater für eine Theatererweiterung zu sichern. Das Theater bezog das Haus

59 Goetheplatz 4, Villa Poppe-Ichon, das von Johann Georg Poppe entworfene Treppenhaus

60 *Goetheplatz 4, Villa Poppe-Ichon, Decke im Festsaal*

denn auch nur mit Ateliers und Nebenstellen der Verwaltung – an der Erhaltung des Objekts und besonders der empfindlichen Ausstattungsdetails war niemand interessiert, geschweige denn besorgt.

Aber es gehörte zu den Objekten, die 1973 unter Denkmalschutz gestellt wurden und um die sich die Denkmalpflege so gut es ging bemühte, die schließlich, in diesem Falle nicht zuletzt auf Betreiben der Denkmalpflege, in die Obhut der Bremischen Gesellschaft für Stadterneuerung, Stadtentwicklung und Wohnungsbau gegeben wurden, damit es nach einer dringend notwendigen Sanierung einer neuen Nutzung zugeführt werden könnte.

Die Zusammenarbeit zwischen der Denkmalpflege und dieser Gesellschaft, die von der Stadt mit der Durchführung der Sanierung im Ostertorviertel und im unteren Vegesack beauftragt war, war insgesamt gut. Manches schwierige Objekt wurde im besten Einvernehmen, Hand in Hand zwischen „Bremischer“ und Denkmalpflege, saniert. In den Jahren bis 1981, als der Denkmalpflege für die Ensemblearbeit jährlich um 200 000 DM zur Verfügung standen, gab es eine partnerschaftliche Zusammenarbeit. An diesem Objekt aber versagte sie; nicht aus bösem Willen, nicht etwa, weil das Haus nicht erhalten werden sollte, aber es lief nicht so wie bei anderen Objekten. Vieles kam zusammen: Die verspätete Räumung des Hauses durch das Theater zwang dazu, das Dach im Herbst und Winter zu reparieren, wobei nicht unerhebliche Schäden ent-

61 Goetheplatz 4, Villa Poppe-Ichon, Auschnitt aus einer bemalten Decke im Parterre des Hauses

standen, der Nachbau verrotteter Fenster fiel unbefriedigend aus, so daß nachgearbeitet werden mußte, ein Einbruch hatte unersetzliche Verluste und Schäden zur Folge, die Verhandlungen mit einem Pächter, der das Haus gastronomisch nutzen wollte, kamen nicht voran, scheiterten am Ende, weil das Nutzungskonzept so große Eingriffe voraussetzte, daß die Denkmalpflege dem nicht zustimmen konnte. Vor allem aber hatten die ersten, den Bau nur sichernden Arbeiten bereits einen so großen Aufwand verursacht, daß weitere Instandsetzungen eingestellt werden mußten. In dieser Situation drohte auch noch die Besetzung des Hauses. Ihr begegneten das Liegenschaftsamt und die Denkmalpflege durch die Erteilung kleinster Aufträge an Handwerker, die dafür sorgten, daß die Baustelle nicht brach lag, sowie mit nächtlicher Bewachung des Hauses – die Denkmalpflege gab alles, was sie zu Beginn der großen Haushaltskürzungen überhaupt noch aufbringen konnte[64].

Ein Gespräch mit Dr. Klaus Hübotter brachte im Sommer 1981 die Wende. Er hatte schon lange die Probleme, die es um das Haus gab, erkannt und erklärte sich spontan bereit, die Villa in Erbpacht zu übernehmen und in engster Abstimmung mit der Denkmalpflege instand zu setzen, wobei ihm keine teure Umbaunutzung vor Augen stand, sondern ein Haus, das einem Dutzend kulturell tätiger Vereine ein Domizil sein könnte.

So wurde das Haus dann doch noch gerettet und instand gesetzt. Mit Ausnahme einer schönen Stuckdecke im Obergeschoß, deren einfache, für das Bild aber wichtige Fassung mit linearen Ornamenten erneuert werden mußte, wurden die Restaurierungen in großen Teilen des Hauses nach dem so selten praktizierten Grundsatz „konservieren, nicht restaurieren“ durchgeführt – vieles blieb so fragmentarisch.

Das sehr persönliche Engagement von Dr. Hübotter wurde 1984 mit der Verleihung des „Deutschen Preises für Denkmalschutz“ an ihn und seine Mitstreiter, die „Initiativgruppe zur Erhaltung der Villa Ichon“, gewürdigt – sie haben diese Ehrung verdient.

62 Die Scheinfassade in der Besselstraße nach der Wiederherstellung

Die Scheinfassade in der Besselstraße

In Georg Dehio, Handbuch der Deutschen Kunstdenkmäler, Bremen-Niedersachsen, 1992, nicht genannt.

63 Die Scheinfassade in der Besselstraße, Detail vom Vorzustand

Die Kunstgeschichte kennt Beispiele dafür, daß ein reicher Bauherr seinen Garten, seinen nächsten Wohnbereich durch einen architektonisch gestalteten point-de-vue abzuschließen sucht, der die eigene Welt abschirmt gegen die Banalität der Alltagswelt[65]. In diese Richtung wird auch der Eigentümer des 1893 erbauten Hauses Besselstraße 91, dessen Hauptfront der Bismarckstraße zugewandt ist, gedacht haben, als er von seinem Haus und Garten auf den ungestalteten Giebel des Hauses Besselstraße 89 mit seinem Weißbäckerbetrieb blicken mußten. Aber was heißt schon ungestaltet? Die letzte Brandmauer einer Hauszeile sieht eben aus wie der Schnitt durch ein Haus ohne Binnenzeichnung, und daß die Front so ganz ohne Schmuck geblieben ist, kann auch daran gelegen haben, daß die Zeile ursprünglich nach einem der vielen Projekte für diese Ecksituation bis an die Bismarckstraße reichen sollte[66] – dagegen hatte sich die Deputation für Stadterweiterung (aus ihr ging später das Planungsamt hervor) allerdings verwahrt, denn die Bismarckstraße sollte eine repräsentative Straße werden.

Der Eigentümer des besagten Reihenendhauses, der eine Feinbäckerei betrieben hat, hatte offenbar Teile seiner Backstube in den Hof hineingebaut. Das mag für den Eigentümer des großen Eckhauses Anlaß gewesen sein, den Blick auf diese Nachbarschaft zu verdecken: So baute er vor die Giebelwand eine pompöse – anders läßt sich das nicht ausdrücken – Schaufront. Das war möglich, weil der Grundstückstreifen, auf dem das zweckfreie Bauwerk zu stehen kam, zum Grundstück Besselstraße 91 gehörte, zugleich aber mit einem Überwegungsrecht zugunsten des Hauses Herderstraße 86 belastet war. Das wird entweder zugleich mit der Erbauung des Hauses geschehen sein oder bald darauf, denn der Charakter der Architektur unterscheidet sich wenig von dem des Haupthauses, für das Fritz Dunkel den Entwurf gefertigt hatte[67].

Aus dieser Vorgabe entwickelte sich die Tiefe der Fassade, die nämlich den Gang in voller Breite nutzen mußte, damit trotz der Stärke der Pfeiler ein Durchgang blieb. Über diesem Durchgangssockel, dessen Höhe die der angrenzenden Sockelgeschosse erreicht, erhebt sich die Schauwand mit einer großen, dreiteiligen Bogenstellung, die, wie die beiden seitlichen, zweigeschossig ausgebildeten Felder zeigen, an barocke Großordnungen anknüpft. Über einem Gesims, das knapp unterhalb der Traufhöhe der anschließenden Hausreihe sitzt, ist eine kleinere, differenzierter gegliederte Bogenstellung gesetzt. Sie ist in drei Doppelbögen unterteilt, die wiederum mit den Elementen von Groß- und hinterlegter Kleinordnung spielt. Während das hohe Hauptgeschoß

64 Die Scheinfassade in der Besselstraße vor der Wiederherstellung

„offen" ist, ist das aufgesetzte Geschoß vermauert.

1973 wurden die Häuser der Besselstraße und ausdrücklich auch die Scheinfassade unter Denkmalschutz gestellt. Was aber soll ein Grund- und Hauseigentümer mit einem solchen Bauwerk anfangen? Fiskalisch gesehen ist es kein Wirtschaftsgut, und so hat der Senator für Finanzen den Wert des Grundstückteils (Flurstück 518) mit der darauf stehenden Fassade auf 175 DM geschätzt, denen nach einer Grundinstandsetzung jährlich Aufwendungen von rund 1000 DM gegenüberstünden[68]; steuerlich hätten damals Aufwendungen für den Unterhalt der Fassade auch leicht als Liebhaberei bewertet werden können. Für den Denkmalpfleger bedeutet das, daß die Unterhaltungslast unzumutbar und praktisch voll von der öffentlichen Hand zu tragen ist. Natürlich wäre es töricht, deshalb zu sagen, die Denkmalpflege solle solche Denkmale einfach nicht unter Schutz stellen, denn die Eigenschaft als Kulturdenkmal wohnt einer Sache schließlich unabhängig davon inne, wie man rechtlich mit ihr umgeht, welche rechtlichen, fiskalische oder gar politischen Vorgaben gemacht werden.

Der Eigentümer der Scheinfassade opponierte nicht gegen den Denkmalschutz – er mochte gespürt haben, daß seine Fassade etwas Besonderes ist. Aber für den Unterhalt der Schaufront konnte er nicht aufkommen, und so bot er der Stadt die Fassade als Schenkung an. Einerseits sollte Denkmalpflege darauf achten, sich auf solche Weise nicht beschenken zu lassen, andererseits gibt es eben Fälle, die nur durch eine Eigentumsübertragung auf Dauer zu lösen sind. Zu diesen gehörte die Scheinfassade. Dennoch dauerte es fast fünf Jahre, bis alle Hürden genommen waren, bis die Schenkungsurkunde notariell beglaubigt war.

Damit war der Weg frei für eine Grundinstandsetzung. Die ersten Schritte wurden 1978 unternommen, abgeschlossen wurde sie aber erst 1986.

Es war die erste umfassende Restaurierung der Fassade seit ihrer Errichtung, und so mußte alles instand gesetzt werden, was an

65 Die Scheinfassade in der Besselstraße, Seitenansicht vor der Wiederherstellung

einem solchen Bau vorhanden ist: Dachdeckung, Entwässerung, Mauerwerk und Verputz, Kanal und natürlich auch der Anstrich. Die Suche nach Resten der ursprünglichen Fassung blieb ohne Erfolg – es ist sogar zu fragen, ob es einen Anstrich im heutigen Sinn gab, denn wir kennen durchaus Objekte, bei denen die Putzhaut auch die Farboberfläche bildete. So lehnt sich der heutige Anstrich an die seit vielen Jahrzehnten überlieferte Farbgebung des Haupthauses an. Nur die Beschriftung in der oberen Ecke war vorhanden und wurde erhalten, damit immer sichtbar bleibe, weshalb diese Schaufront errichtet werden mußte.

Diese Maßnahme war eine der ersten, die von der *Stiftung Wohnliche Stadt* finanziert wurden. Die Restaurierung wurde allgemein als großer Erfolg gewertet, und doch erschien sie unvollständig: Es fehlte in der Bogenstellung eine Balustrade. Da aber kein Foto des alten Zustands aufzufinden war, war durchaus nicht klar, ob die Brüstung geschlossen zu denken war oder mit Balustern. So beließ man den Zustand, wie er überkommen war. Drei Jahre später fand sich bei Erdarbeiten im Durchgang ein Fragment dieser Brüstung, das uns Aufschluß gab über das Aussehen dieses Baudetails; in einem zweiten Bauabschnitt wurde dieses für den Bau wichtige Detail deshalb noch nachgeholt – erst danach war die Scheinfassade wieder vollständig. Jahre später tauchte dann ein Foto aus dem Jahre 1953 auf, auf dem die bereits schadhafte Balustrade zu erkennen ist.

Dem Denkmalamt war durch die Schenkung die Schaufront ins Verwaltungsvermögen des Amtes übertragen worden; es mußte deshalb in der Folge nicht nur die Grundinstandsetzung organisieren, sondern auch die ständige Unterhaltung. Diese Aufgaben hatte bis 1995 Volkmar Schöning allein innegehabt.

66 Der Spiegelhof im Werderland, Lesumbroker Landstraße 220, nach der Instandsetzung 1983/85, Zustand 1995

Der Spiegelhof im Werderland

Hof to'n Ort, sog. Spiegelhof (Lesumbroker Landstraße 220). Ungewöhnlich stattliches, fast unverändertes Bauernhaus in der Nachfolge eines schon im 15. Jh. genannten Freihofs. Zweiständerbau; der Wohngiebel inschriftlich dat. 1667, mit dreifach ausgekragten Schwellen und Backsteinzierverband in den oberen Gefachen. Instandsetzungsarbeiten 1983–84.
(Georg Dehio, Handbuch der Deutschen Kunstdenkmäler, Bremen-Niedersachsen, 1992)

Als der unter dem Namen des derzeitigen Eigentümers allgemein bekannte Spiegelhof 1973 endlich förmlich unter Denkmalschutz gestellt wurde, war er für die Denkmalpflege ein alter Bekannter: 1947[69] schon wandte sich Christian Spiegel an das Amt für Baudenkmalpflege mit der Bitte, ihm bei der Beschaffung von Baumaterial und mit einem Zuschuß zu unterstützen, weil der dielenseitige Giebel sich nach außen neige und das Reetdach schadhaft wäre. Beides wurde ihm im Rahmen damaliger Möglichkeiten gewährt, wobei sich Baurat Ulrich, der erste Baudenkmalpfleger Bremens, persönlich mit einem Handschreiben an Sparkassendirektor Richter mit der Bitte um Hilfe gewandt hatte. – Führt man sich die Material- und Geldknappheit jener Jahre vor Augen, wird erst deutlich, welche Bedeutung dieser Hof für die Denkmalpflege hatte.

In den folgenden Jahren hatte das Bauamt Bremen-Nord ein wachsames Auge auf dieses schon damals vermutlich älteste Niedersachsenhaus auf bremischem Boden und half nach Kräften mit Material und Arbeitern der städtischen Bauunterhaltung (das gab es, und ohne sie gäbe es manches Baudenkmal nicht mehr!). Die Hilfe reichte aber nie aus, um den schleichenden Verfall des über 25 Meter langen und über 13 Meter breiten Hauses mit über 480 Quadratmeter Weichdachfläche aufzuhalten. Immer wieder mußten Reparaturen gefördert werden, ohne daß

67 Der Spiegelhof im Werderland, Lesumbroker Landstraße 220, vor der Instandsetzung um 1981

die großen Probleme, die Standsicherheit beider Giebel, der Langseiten und des Dachs, langfristig gelöst werden konnten. Immer deutlicher zeichnete sich die Notwendigkeit einer umfassenden Instandsetzung des ganzen Baues ab. Für die aber hätten am Ausgang der siebziger Jahre wenigstens schon 150000 DM bereitgestellt werden müssen, eine für die Denkmalpflege unvorstellbar hohe Summe, zumal der Eigentümer nur durch Eigenleistungen dazu beisteuern konnte.

Als 1981 die *Stiftung Wohnliche Stadt* gegründet wurde, stand deshalb die Förderung des Spiegelhofs auf der Wunschliste der Denkmalpflege ganz obenauf neben einem Objekt wie der Scheinfassade in der Besselstraße. Dabei mußte eine Vollförderung mit Eigenleistung des Eigentümers angestrebt werden. Der Bewilligung der Mittel ging eine genaue Maßnahmebeschreibung mit Kostenschätzung voraus, um die Mittel so knapp wie möglich, aber doch ausreichend für das Ganze einwerben zu können. Wer den Ablauf solcher Arbeiten kennt,

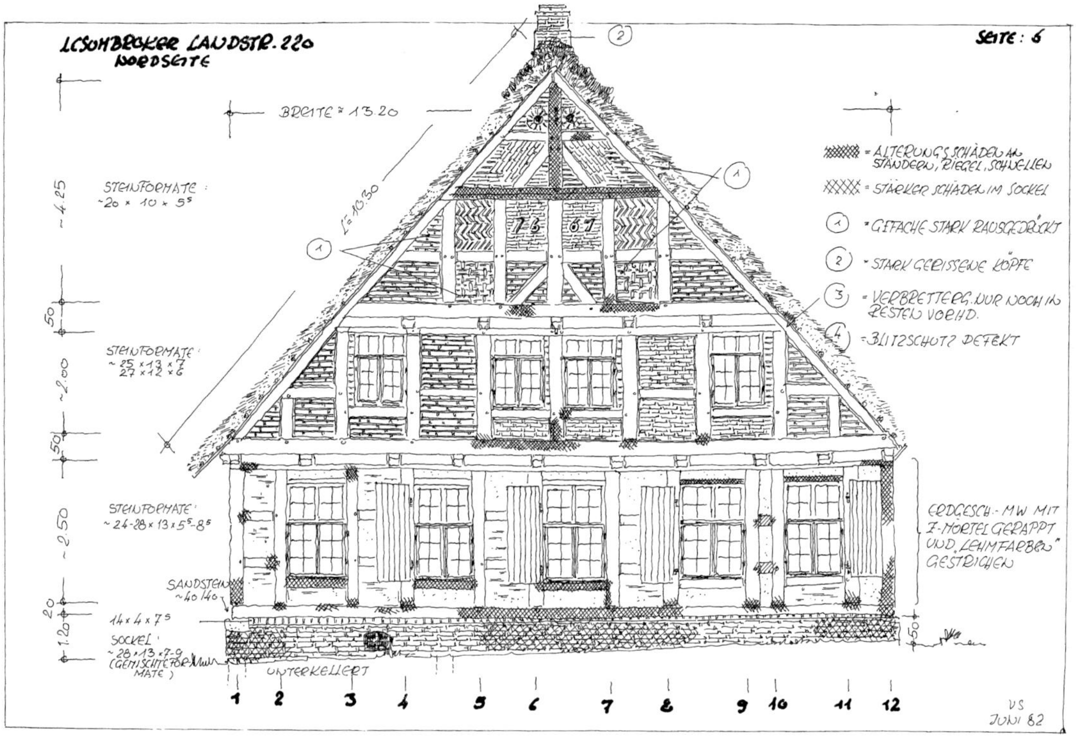

68 Der Spiegelhof im Werderland, Lesumbroker Landstraße 220, Zeichnung von Volkmar Schöning mit Eintrag der Schäden

weiß, daß dennoch viele Unwägbarkeiten bleiben: Solange ein solcher Bau nicht auseinandergenommen vor einem liegt, lassen sich Umfang der Arbeit und Kosten der Maßnahme nicht präzise ermitteln. Da aber auf irgend einem Wege Beträge ermittelt werden müssen, um sie einzuwerben, spricht die Bedingtheit der Ergebnisse nicht gegen die Bemühung, zu Ergebnissen zu gelangen.

Die *Stiftung Wohnliche Stadt* bewilligte für die Jahre 1983 und 1984 einen nennenswerten Betrag. Diese Zuwendung gegenüber einem privaten Empfänger wurde durch eine Grunddienstbarkeit und einen gesonderter Vertrag gesichert. In diesem ist die Art der Zuwendung beschrieben und geregelt, daß sie bei einem Eigentumsübergang dem Haus verbleiben soll, also nicht als „Gewinn" mitgenommen werden darf und das Haus dadurch belastet würde. Endlich wurden die von der Familie zu erbringenden Eigenleistungen präzisiert.

In der Reihenfolge der Wichtigkeiten mußten das Dach erneuert und der Giebel des Kammerfachs neu gerichtet werden; dann waren die Seiten von Kammerfach und Flett sowie die Stube zu restaurieren. Weiter waren der Hofgiebel zu sichern und, wenn dann das Geld noch reichen würde, die Seitenwände der Ställe neu auszurichten und auszufachen. Bei alledem mußte darauf geachtet werden, daß zu jeder Zeit die Weiterführung der Arbeiten abgebrochen werden konnte, ohne daß die Instandsetzung auffällig unfertig erscheinen durfte oder womöglich daraus Erhaltungsprobleme entstünden.

Ein anderes großes Problem war, daß das Haus während der Arbeiten ständig bewohnt blieb, der Wohngiebel also nicht auseinandergenommen werden konnte. Neben der dauernden Belastung, die daraus für die Familie entstand, brachte das große technische Schwierigkeiten mit sich, so, als die Denkmalpflege selbstverständlich von den Handwerkern erwartete (und auch entsprechend kalkuliert hatte), daß alle auszuwechselnden Hölzer mit klassischen Holzverbindungen eingesetzt würden. Hier mußten leider Abstriche gemacht werden: Das Nagelblech hielt Einzug in das über dreihundertjährige Gefüge. Immer wieder mußte auch neu entschieden werden, wieviel originale Substanz ausgewechselt und wieviel zu welchem Preis an ästhetischer Einbuße restauriert werden darf. So waren beispielsweise alle Ständerfüße verrottet und auch bei rücksichtsvollster Betrachtung abgängig; sollte man nun aber alle Ständer auswechseln, oder sollte man sie anschuhen? Den Ausschlag für letztere Lösung gab der Kostenaspekt. So fiel eine gute Entscheidung für eine weitgehende Erhaltung originaler Substanz gegen eine historisch korrekte, zimmermannsgerechte Ausführung. Der Konflikt konnte also nur entschieden, nicht aber gelöst werden.

Zu diesem Problem, das eigentlich mehr eines ist, das aus dem Selbstverständnis gewissenhaft geübter Denkmalpflege entspringt, kam hinzu, daß auf Schritt und Tritt neue technische Probleme auftraten. Es ist schwer oder gar nicht zu erklären, wie der schöne Wohngiebel überhaupt noch aufrecht stand.

Da bewahrheitete sich einmal mehr die Erkenntnis, daß Holz ein wunderbarer, ein kluger Baustoff ist; eine alte Zimmermannskonstruktion weiß sich eben mit den merkwürdigsten Verhältnissen zu arrangieren, auch wenn jede Logik dagegen spricht.

Unter solchen Vorgaben und Einschränkungen wurden folgende Teile restauriert, instand gesetzt oder erneuert[70]: das Dach vollständig, die Schornsteine wurden neu gezogen; der Wohngiebel in allen Teilen neu gerichtet und mit altem Steinmaterial (gewendet) ausgefacht, desgleichen die Seiten von Kammerfach und Flett; auch der Hofgiebel wurde durch das Einziehen eines alten einteiligen Rähm von über elf Meter Länge neu gerichtet, die oberen Gefache wurden neu ausgefacht sowie die östliche Stallwand neu gesetzt und gerichtet mit erneuerter Ausfachung (hier teilweise auch mit neuen Steinen); weiter erfolgten eine einfache Sicherung der westlichen Stallwand, die Restaurierung der Stube mit Deckenstuck und Farbgebung des 19. Jahrhunderts einschließlich der Anschlußarbeiten im Flett und endlich die Erneuerung der Fenster im Wohnteil sowie der Haustür unter Erhaltung alter Beschläge.

69 Der Spiegelhof im Werderland, Lesumbroker Landstraße 220, Hofseite

Das war wesentlich mehr als ursprünglich geplant war – das Mehr wurde von den Gegebenheiten am Bau bestimmt.

Das am Ende insgesamt schöne Ergebnis war nur möglich, weil Eigentümer, die Denkmalpflege, die mit Volkmar Schöning auch die Bauleitung innehatte, und Handwerker sich immer wieder zusammenraufen, um das Beste für die Sache, das Haus von 1667, zu tun. Als der Denkmalpflege die Mittel für dieses Vorhaben bewilligt wurden, gab es niemanden, der daran geglaubt hätte, daß mehr als der Wohngiebel und das Dach damit gemacht werden könnten. Um so schöner ist, was am Ende gezeigt werden kann.

70 Rathaus, der Festsaal im Neuen Rathaus, 1912, nach der Restaurierung von 1993/94

Das Rathaus

Inneres
Die Obere Halle diente ungeteilt und stützenlos als Sitzungs- und Festsaal des Rats sowie als Gerichtsstätte. Über dem 1811 entfernten Ratsstuhl [...] an der Nordwand das Wandgemälde des Urteils Salomonis als Gerechtigkeitsbild, inschriftlich dat. 1532 und vielleicht aus dem Umkreis des B. Bruyn; auf den Randleisten preisen Sprüche biblischer und römischer Autoren Richter- und Regententugenden. Es folgt das Wandgemälde mit der Darstellung Karls des Großen und Bischof Willehads. Anschließend die inschriftlich 1532 dat. chronikalische Darstellung der Teilnahme Bremer Bürger an den Kreuzzügen. [...] Ein Höhepunkt norddeutscher Schnitzkunst ist auf der Südseite das zweigesch. Gehäuse der Güldenkammer, die gleichsam das innenräumliche Pendant des Mittelerkers darstellt; der 1688 erstmals auftauchende Name Güldenkammer nach der 1618 für das untere Gemach gekauften vergoldeten Ledertapete. Fertiggestellt 1629/30, als die im oberen Gemach untergebrachte Bibliothek möbliert wurde; das obere Portal inschriftlich 1616. [...] In der unteren Güldenkammer ein nach Entwürfen von H. Vogeler 1905 eingerichtetes Sitzungszimmer, kunsthandwerklich meisterhafte Raumschöpfung eines historisierenden Jugendstils; die geprägte Ledertapete 1964 erneuert.

Das Neue Rathaus
[...] Im Senatssaal Kaiserbilder des 17. und 18. Jh., die älteren von F. Wulfhagen; Teppich, Standuhr und Barometer nach Entwürfen von R. A. Schröder. – Im Gobelinzimmer 2 Gobelins 1. H. 17. Jh., aus einem Artemis-Zyklus, Paris. – Im Festsaal mit Damengalerie und Musikempore an der Stirnwand Gemälde der Weserfront Bremens von C. Vinnen; [...]
(Georg Dehio, Handbuch der Deutschen Kunstdenkmäler, Bremen-Niedersachsen, 1992)

Die Restaurierungen und baulichen Unterhaltungsarbeiten im Rathaus zwischen Kriegsende – zum Teil wohl auch schon vorher – und den siebziger Jahren bilden ein Kapitel für sich, das unter dem Titel „Schöpferische Denkmalpflege“ zu stehen hätte. Sie wurden bestimmt von einer Rathauskommission, der als Fachleute Eberhard Lutze, Werner Kloos, Rudolf Stein, später Karl Dillschneider sowie seitens des Bauwesens Klaus Tippel angehört hatten[71]. Auf Beschlüsse dieser Kommission gehen nicht nur die Restaurierungen der Wandgemälde der Nordwand und der Decke zurück[72], sondern auch die Purifizierungen der Oberen Halle: Das Standbild von Bürgermeister Johann Smidt (1848) (heute in der Oberen Wandelhalle aufgestellt) sowie das gewaltig große Walbild, das Franz Wulfhagen 1669 im Auftrage des Rats gemalt hatte[73], wurden ebenso entfernt wie das schwere, den Raum dominierende, in vielen Details aber gut gearbeitete Ratsgestühl von Georg Poppe[74]. Der schwerste Engriff war aber doch wohl, daß die originale Dunkelfassung des Holzwerks der Güldenkammer aus dem 17. Jahrhundert abgelaugt wurde.
Die Veränderungen im Neuen Rathaus geschahen ohne Zutun der Denkmalpflege im Rahmen normaler Bauunterhaltung und nach geschmacklichen Vorstellungen, aber auch, um das Neue Rathaus als Sitz der Regierungskanzlei besser nutzen zu können[75].
Nach diesen Veränderungen, deren Aufarbeitung noch aussteht, trat das Rathaus als Objekt denkmalpflegerischer Zuwendung in den Hintergrund. Doch nach 15 Jahren zeigten sich allenthalben Abnutzung und Schäden, die nicht allein auf mangelnde Unterhaltung zurückzuführen waren. Die Ursachen des permanenten materiellen Verschleißes liegen an den organisatorischen Mängeln des nicht für heutige Nutzungsanforderungen konzipierten Rathauses: hier Senatskanzlei, dort bürgernahe Repräsentation, hier banale Alltäglichkeit von Essens- und Papiertransporten im einzigen (Personen-)Aufzug, da Empfänge von Schüler- bis

71 Rathaus, Detail von einem Gestühl von Johann Georg Poppe in der Oberen Rathaushalle

zu Seniorengruppen, Botschaftern, Staatsbesuchen, kleinere und größere Essen. Täglich müssen die Obere Rathaushalle, der benachbarte Festsaal, das Kaminzimmer umмöbliert werden. Doch für die Elemente der jeweilig benötigten Möblierung, die runden oder eckigen Tische, Beistell- und Serviertischchen, Vortragspulte und die zu Hunderten zählenden Stühle, gibt es kein Lager, es sei denn im Wechsel die beiden Säle und, wenn beide bei der Schaffermahlzeit belegt sind, den Senatssaal! Der Ausstellungsbetrieb in der Unteren Rathaushalle raubte zu allem dem Seidlschen Rathauskonzept den sich von Höhepunkt zu Höhepunkt steigernden Zugang zu den Festräumen.
Die nicht erschöpfende Aufzählung von Mängeln macht deutlich, daß erneute restauratorische Arbeiten mit einer Verbesserung dieser organisatorischen Verhältnisse hätten einhergehen müssen, das heißt, vor Renovierung und Restaurierung der Repräsentationsräume des Neuen Rathauses hätten diese Probleme durch den Einbau eines Lastenaufzugs und eines Möbellagers im Dach gelöst, wenigstens gemildert werden sollen[76]. Die Krise der öffentlichen Haushalte erzwang jedoch 1993 den Abbruch bereits begonnener Arbeiten: Die Restaurierungen mußten durchgeführt werden in dem Wissen, daß wieder Schäden auftreten werden. Ganz umsonst waren die im folgenden beschriebenen Arbeiten dennoch nicht.

Die Güldenkammer

Der Wunsch, die Güldenkammer zu restaurieren, bewegte die Denkmalpflege seit der Mitte der achtziger Jahre. Das kostbare Kabinett war während des Krieges ausgelagert[77]. Schon im Herbst 1945 konnte Ernst Grohne[78] die aus dem Rathaus ausgelagerten Teile wieder nach Bremen zurückführen und einbauen. Das geschah mit damals verfügbaren Mitteln. Darüber, was seinerzeit sofort instand gesetzt wurde oder hätte instand gesetzt werden müssen, sagen die Akten nichts aus. 1964 hat Restaurator Willi Olszynski die Ledertapete erneuert; eine Restaurierung wurde nicht erwogen[79]. Dabei hat der Restaurator die einzelnen Felder nicht, wie das bei solchen Tapeten üblich ist, aneinander genäht, sondern einzeln auf Platten aufgezogen. Das Holzwerk war seinerseits mehrmals übergangen worden; dazu war es geschliffen worden, wodurch die dünnen Furniere, besonders die der Deckenplatten, stellenweise durchgerieben wurden. Als Lack kam auch nicht mehr Schellack zur Anwendung. Die beiden reich geschnitzten Kaminspiegel waren 1945 nicht wieder eingebaut worden – sie müssen als verloren gelten. Die Leuchte wiederum war schon 1937 stark vereinfacht worden.
Das waren aber bei weitem nicht alle Probleme. Den Raum muß man baulich als Wintergarten bezeichnen, dessen Temperatur sich schnell der jeweiligen Außentemperatur nähert, was auf Dauer das Holzwerk stärker schädigt als alle mechanischen Beanspruchungen. Von denen gab es immer noch genug: Trotz aller Schäden war die Güldenkammer nämlich das Schatzkästlein im Rathaus, in dem man gern Ordensverleihungen und kleine Besprechungen abhielt, wofür der Raum bedenkenlos hin und her möbliert wurde.
Fotos der Preußischen Meßbildanstalt[80] aus dem Jahre 1913 zeigen, daß das Holzwerk, also Wand- und Deckenvertäfelungen, und die Metallteile spiegelnd glänzten. Das Ziel der Restaurierung war deshalb die Wiederherstellung dieses Zustands, soweit das substantiell möglich war. Von vornherein waren nur, weil im Detail nicht ausreichend belegt, die Rekonstruktion der Kaminspiegel und die nochmalige Erneuerung oder der Umbau der Ledertapete ausgeschlossen worden. Um dieses Restaurierungsziel zu erreichen, mußten die klimatischen Verhältnisse verbessert und ein Ersatzraum für kleinere Veranstaltungen beschafft werden.
Für letzteres wurde im Rahmen der Restaurierung der Güldenkammer die Wittheitsstube im nördlichen Anbau an das Alte Rathaus, zugänglich nur von der Oberen Halle, umgebaut sowie restauriert, und erstere Bedingung wurde, wenigstens teilweise, durch den

72 Rathaus, die Güldenkammer von Heinrich Vogeler, 1905, nach der Restaurierung von 1987–91

Einbau einer auf Umluftbasis arbeitenden Befeuchtungsanlage erfüllt.
Die Restaurierung des Holzwerks übernahm die Bremer Werkstatt Hans-G. Thiessen. Dazu wurden nacheinander alle Teile ausgebaut und in die Werkstatt gebracht, um alle Decken- und Wandelemente in ihre einzelnen Teile zerlegen und so polieren zu können – Politurreste an verdeckten Stellen bewiesen, daß auch bei der Herstellung der Güldenkammer 1905 so verfahren worden war. Bei der Politur handelt es sich um mehrschichtigen Schellack. – Die Werkstätten von Koch & Bergfeld (heute Hansen, Kiel) arbeiteten die Metallteile auf. Dazu gehörte auch, daß die 1937 abgeschnittenen Lampenschirme nach Abbildungen rekonstruiert und Hängung und Kabelführung in alter Form wieder hergestellt wurden; deren Teile waren erhalten geblieben[81].
Der ebenfalls von Heinrich Vogeler entworfene Teppich – einfarbig rot mit einer Rosenbordüre – mußte leider erneuert werden. Sein Flor war bis zur Unkenntlichkeit abgetreten und hatte Flecken, die sich nicht mehr beseitigen ließen. Der Teppich war vor allem aber deshalb nicht mehr erhaltensfähig, weil die Kettfäden aus Jute so morsch geworden waren, daß sie bei jeder Bewegung des Teppichs rissen.
Wenn 1988 der Versuch unternommen wurde, durch Vermittlung der Außenstelle Schwerin des Instituts für Denkmalpflege der DDR (dem heutigen Mecklenburgischen Landesamt für Denkmalpflege) eine private kunsthandwerkliche Werkstatt zu finden, die den über drei Meter breiten und über sieben Meter langen Teppich in einem Stück knüpfen könnte, so bedeutete das nicht, daß es unmöglich gewesen wäre, in Schleswig-Holstein oder in der Lüneburger Heide Werkstätten zu finden, die eine solche Arbeit hätten liefern können. Es ging vielmehr ganz bewußt um den Versuch, privaten Kunsthandwerkern in der DDR zu helfen, denn es war bekannt, daß diese einen geringen Teil der so verdienten Devisen für sich selber behalten durften. Im Juni 1989 kam es endlich zu ersten Kontakten mit Frau Hanna-Sophie Kuhlmann aus Schwerin. Die Ver-

73 Rathaus, Türklinke von Heinrich Vogeler in der Güldenkammer

tragsverhandlungen zogen sich danach bis in das Frühjahr 1990 hin; die verschiedenen Auftragsentwürfe waren jeweils Etappen auf dem Wege zur Wiedervereinigung: In welcher Währung konnte sie Zahlungen entgegennehmen, welche Zoll- und Ausfuhrbestimmungen waren einzuhalten, auf welcher Basis waren nach der Einführung der Deutschen Mark in der ehemaligen DDR die Lohnkosten zu kalkulieren. Die letzte Fassung sah, noch vor der Währungsunion, die Abrechnung auf DM-Basis vor und die steuerliche Behandlung als Inlandsgeschäft. Die Lieferung des Teppichs im Mai 1991 wurde mit großer Spannung erwartet, weil am Ende Sorge aufkam, ob die starke Farbigkeit des neuen Teppichs nicht die Harmonie des Raumes stören könnte. Die intensiven Farben waren zwar an Wollfäden, die in den Knoten nie dem Licht ausgesetzt waren, nachgewiesen worden, doch wie anders wirkt ein einzelner Faden als ein viele Quadratmeter großer Teppich. Als er endlich lag, paßte er sich aber dem Farbbild des Raumes an, als hätte er immer so hier gelegen[82].

Die Wittheitsstube, die zur Entlastung der Güldenkammer neu gestaltet wurde, ist nach den für den Bau des Neuen Rathauses notwendig gewordenen Abbrüchen von Räumen an der Nordseite des Alten Rathauses der letzte Teil des Rathausanbaus von 1545. Von diesem Raum gibt es keine Bildüberlieferung. Er besaß zuletzt ein stark profiliertes, dunkelbraunes Paneel, das mehr als die halbe Raumhöhe einnahm; die rohen Weichholzdeckenbalken waren mit farblich und strukturell nicht auf das Paneel abgestimmten, glatten Sperrholzplatten umkleidet, der Fußboden bestand aus mittelbraunem Fischgrätparkett. Das Bemerkenswerteste an dem Raum waren ein historistischer Kachelofen und eine Klappe in der Holzverkleidung, durch die man einen Blick auf den Rest des Gewändes des gotischen Zugangs zur Oberen Halle haben konnte.

Der Raum wurde in dieser Fassung von denkbaren Benutzern nicht angenommen, wurde mehr und mehr nur als Abstellraum benutzt und verwahrloste dadurch immer weiter. Als Rahmen für kleinere Sitzungen oder Empfänge mußte er freundlicher erscheinen.

Dies wurde dadurch erreicht, daß die Wandverkleidung auf eine Höhe bis knapp über den Fensterbänken verkürzt und so das Verhältnis zwischen Paneel und heller Wand günstiger wurde. Außerdem erhielt das Holz eine schwarze Beize. Der Raum wurde also auf einen Weiß-Schwarz-Kontrast gestellt. Günstig wirkt sich dabei aus, daß bei dieser Gelegenheit der Zementputz entfernt und durch Kalkputz ersetzt worden war. Die Verkleidung der Deckenbalken wurde entfernt und ein neuer Dielenboden gelegt. Um den Raum unabhängig von der Oberen Halle aus erreichen zu können, wurde schließlich auch noch eine Tür zum Festsaal geschaffen – hier gab es früher schon einen Durchgang zu einem der Räume des Anbaus von 1545.

Durch das Herunterziehen des Paneels konnte der Rest des oben erwähnten Portalgewändes soweit freigelegt und gezeigt werden, wie noch alte Substanz erhalten war. Nachdem vor die alte Bleiverglasung innenseitig als Schutz vor Straßenlärm zusätzlich Fenster eingebaut und zuletzt ein vielteiliger Konferenztisch angeschafft werden konnten, wird der Raum heute gern und viel genutzt.

Gobelinzimmer und Kaminzimmer

In beiden Räumen fielen zunächst einmal viele sorgfältig auszuführende Renovierungsarbeiten an – Schleiflackanstriche, Reinigung und Reparatur von Glaslüstern, Reinigung der seidenen Wandbespannung. Spannend gestalteten sich die Restaurierung von einem der beiden Gobelins aus dem Gobelinzimmer und die Beschaffung neuer Supraportfiguren für das Kaminzimmer.

Nach eingehender Auseinandersetzung mit der Frage, ob statt der französischen Tapisserien des 17. Jahrhunderts mit zwei aus dem Gesamtzusammenhang herausgerissenen Darstellungen der Artemissage für das Gobelinzimmer ein moderner Wandbehang geschaffen werden könnte, wurde einer der beiden Gobelins in Nürnberg restauriert.

74 Rathaus, das Kaminzimmer im Neuen Rathaus, 1912, nach der Restaurierung 1992

Nach der Reinigung der Tapisserie in einer französischen Werkstatt zeigte sich der Gobelin nämlich von solcher farblichen Frische, daß die Überlegungen bezüglich einer neuzeitlichen Lösung eingestellt wurden und alle Bemühungen fortan der Finanzierung der dringend notwendigen Restaurierung galten. Wie schon in vielen ähnlich gelagerten Fällen gewährte die *Stiftung Wohnliche Stadt* die nötigen Mittel.

Bei dieser Restaurierung mußten ältere, mit verschiedensten Materialien durchgeführte Reparaturen aufgetrennt und in alter Technik und mit Material, wie es ursprünglich verwandt worden war, erneuert werden. Außerdem mußten alle sich aus der Herstellungstechnik eines Gobelins ergebenden Schlitze – sie treten neben jedem Farbwechsel auf – vernäht werden. Anstelle des breiten, um die Jahrhundertwende geschaffenen Galons wurde jetzt ein schmaler, einfacherer gewebt, wodurch etwa 35 cm des vorher umgeschlagenen und auf solche Weise den Blicken entzogenen Bildrands wieder sichtbar wurden. Gerade dieser Teil, ein das Bild rechts begrenzender Laubbaum, hatte durch die besondere Frische und Intensität der Farben die Auseinandersetzung um die Restaurierung des älteren oder Anfertigung eines neuen Teppichs wesentlich beeinflußt. Der Gobelin wurde abschließend auf Seide appliziert und mittels Klettverschluß gehängt, wodurch sich das Gewicht des Teppichs besser verteilt und an der Wand spannen läßt.

Im Kaminzimmer sind die Türgewände der Durchgänge zum Gobelinzimmer und zur Wandelhalle durch genischte Aufsätze überhöht. In diesen Nischen standen weiße Büsten; auf einem Foto ist ein weiblicher Kopf erkennbar[83]. Aus der Art der Konstruktion der Nischen darf geschlossen werden, daß es sich um Gipsbüsten gehandelt haben muß, denn Stein (Marmor) wäre zu schwer gewesen. Diese Büsten fehlten; wann sie weggenommen wurden, ließ sich nicht feststellen. Der Hausherr bat nun darum, prüfen zu wollen, ob die Nischen nicht wieder Figu-

75 Rathaus, Detail des Artemis-Teppichs im Gobelinzimmer während der Restaurierung 1992 – der Ausschnitt zeigt den bis dahin nicht sichtbaren Baum am rechten Rand

ren aufnehmen könnten. Eine Anfrage bei der Kunsthalle Bremen ergab, daß dort keine geeigneten Plastiken als Leihgaben verfügbar waren. Es wurde deshalb beschlossen, von einem gegenwärtig in Bremen tätigen Künstler zwei Figuren arbeiten zu lassen. Der dafür verfügbare Betrag war nun kein so bedeutender, daß er einen Wettbewerb gerechtfertigt hätte, und so fiel die Wahl auf Christa Baumgärtel[84], die ein Menschenpaar in archaischer Strenge schuf. Die Figuren fügen sich einerseits unauffällig in das Ensemble ein, was prinzipiell auch richtig ist, fallen andererseits aber als zeitgenössische Zutaten so auf, daß sie bei Führungen immer wieder Fragen und Diskussionen auslösen – und auch das war erwünscht und erwartet.

Der Festsaal

Unvergleichlich aufwendiger gestalteten sich die Arbeiten im Festsaal in den Jahren 1993 bis 1994. Fotos der Preußischen Meßbildanstalt zeigten viele Veränderungen des zwischen 1946 und 1966 für die Sitzungen der Bremischen Bürgerschaft genutzten Saals[85]. Verschwunden waren die große Bronzeleuchte mit ihren achtzig Lichtkuppeln, die Lampen auf den Emporen, die geschnitzten Bekrönungen auf der Anrichte, ein Schrankkorpus an der Rundung der Emporentreppe und die von R. Gedon, München, nach altbremischen Regimentsfahnen gemalten Fahnen. Das von Ludwig Herterich, ebenfalls einem Münchner Künstler, gemalte Bild „Merkur vermählt die schwerttragende Brema dem Meere" war ebenfalls weggenommen, immerhin aber durch ein entsprechend großes Bild aus der Wandelhalle im zweiten Obergeschoß ersetzt worden. Dieses von dem Worpsweder Carl Vinnen gemalte Bild zeigt die Weserfront von Bremen mit zwei Konvoischiffen. Seinen Platz in der oberen Diele nimmt die Ansicht Bremens von der Wehranlage aus gesehen von Karl Wiegandt ein; dieses Bild hing im ursprünglichen Niedergerichtssaal, dem heutigen Pressesaal.

Das Renovierungs- und Restaurierungskonzept sah als die wichtigsten Anliegen die Restaurierung des Holzwerks vor sowie die Anschaffung einer den Raum voll ausleuchtenden, dabei repräsentativen Leuchte, denn die zwölf direkt unter die Decke montierten Glaskästen mit jeweils drei Glühbirnen, ein Entwurf der fünfziger Jahre, gaben zu wenig Licht und verloren sich optisch im Raum und an der Decke.

Zu diesem Zeitpunkt war noch nicht entschieden, ob eine neue Leuchte entwickelt werden sollte oder ob man den Versuch wagen könnte, die historische Bronzeleuchte zu rekonstruieren. Daher wurde ein Untersuchungsauftrag erteilt, um aus den alten Fotos die Formen zu entwickeln und die Kosten für eine Neuanfertigung zu ermitteln. Das Ergebnis war günstig: Die Formen der Hängen, des Trägers und der Festons ließen sich mittels neuer EDV-Verfahren ausreichend genau aus den Fotos rekonstruieren. Die Kosten allerdings lagen erheblich über denen einer aus marktgängigen Elementen zusammengesetzten modernen Leuchte – nur eine

76 Neues Rathaus, die 1993/94 rekonstruierte Leuchte im Festsaal

ganz neu entwickelte Leuchte wäre vergleichbar teuer geworden. So wäre es kaum zu einer Rekonstruktion gekommen, wenn sich nicht in der *Waldemar-Koch-Stiftung* ein Mäzen gefunden hätte, der bereit war, die Kosten voll zu übernehmen.

Der mit der Untersuchung beschrittene Versuch, die Leuchte in der Zusammenarbeit bremischer Betriebe, unter ihnen die Silberschmiede von Koch & Bergfeld, herstellen zu lassen, schlug fehl. Zugleich hatte sich aber mit aqua signal eine Bremer Leuchtenfabrik, die im wesentlichen auf moderne Leuchten spezialisiert war, nun aber mit der Sächsischen Broncewarenfabrik in Wurzen bei Leipzig kooperierte, um diesen Auftrag beworben[86] – die alte Leuchte war übrigens ebenfalls in Wurzen hergestellt worden, jedoch in einer Fabrik, die nach 1945 einging und von der keine Unterlagen erhalten geblieben waren[87]. Der Auftrag ging somit an aqua signal. Diese Entscheidung erwies sich als ein Glücksfall, denn es kam zu einer sehr guten, vertrauensvollen Zusammenarbeit mit beiden Betrieben, zumal die Sächsische Broncewarenfabrik auf einen vergleichbaren Erfahrungsschatz zurückgreifen konnte. So arbeitete sie auch für den Auftrag aus Bremen mit dem Formschneider zusammen, der die Formen für andere Großprojekte dieser Firma hergestellt[88] und zuletzt das große Modell der Frauenkirche in Dresden geschaffen hatte. Er hat sich auch hier hervorragend in die Formensprache der Zeit – 1912/13, klassizierender Jugendstil – hineingearbeitet. Die Gußteile wurden, nachdem sie in Dresden gegossen waren, in Wurzen galvanisch vergoldet und weiterbearbeitet, bevor es in Bremen im Juli 1994 zur Endmontage kam.

Die Leuchte besteht aus einem durchbrochenen Rahmen von 6,58 x 9,97 m im Geviert, der als Träger dient. An ihm hängen 40 Festons mit 40 Lichtkuppeln; weitere 40 Glaskugeln hängen zwischen den Festons. Der Rahmen wiederum ist an 20 Punkten aufgehängt. Diese Aufhängungen sind mit Abdeckschalen und Ziertulpen besonders reich ausgeformt. Die Gußteile der Leuchte sind aus Bronze gegossen und grob geschliffen, gebürstet und galvanisch vergoldet; das Gesamtgewicht der Leuchte beträgt 2600 kg.

Auch die übrigen Renovierungs- und Restaurierungsarbeiten im Festsaal gestalteten sich schwierig und aufwendig. Die größ-

77 Rathaus, Festsaal im Neuen Rathaus, Reinigungsproben an einem Sandsteingewände

ten Probleme bereitete dabei der Zeitdruck: Alle Arbeiten standen unter dem Diktat, daß Bremen am 3. Oktober 1994 die Feier zum Tag der Deutschen Einheit auszurichten hatte und zu diesem Zeitpunkt der Saal fertig sein mußte, ohne daß das Denkmalamt auch nur für diese Zeit personell verstärkt worden wäre. Der Beschluß, den Saal zu restaurieren, und die Mitteleinwerbung kamen erst im Januar 1993 zustande. Wenn nicht schon in Hinblick auf eine sich für einen späteren Termin abzeichnende Restaurierung vorgearbeitet worden wäre, wären alle Bemühungen umsonst gewesen. So aber lagen bis März 1993 die Gutachten und Angebote für die Holzrestaurierung, die Restaurierung der Kunstwerke, die Steinreinigung sowie die Malerarbeiten vor. Im Mai konnten nach der Bewilligung der Mittel durch die *Stiftung Wohnliche Stadt* die ersten Aufträge vergeben werden. Wer nun meint, von diesem Moment an hätte kontinuierlich gearbeitet werden können, irrt: Der Festsaal, voll eingebunden in die protokollarischen Termine der Staatskanzlei, war nur während einer sechswöchigen Sommervakanz wirklich frei, in der übrigen Zeit konnten alle Arbeiten nur kurzfristig eingeschoben werden, wobei zu manchem teuren Provisorium Zuflucht genommen werden mußte: Ausgebaute Wandpaneele und Türen mußten kaschiert, die Lampen für die Malerarbeiten im Sommer 1993 abgenommen und wieder aufgehängt, um im Juli 1994 endgültig beseitigt zu werden.

Das Holzwerk – Paneele, Türen, Anrichte – war schwer ramponiert, die ursprüngliche Schellackmattierung irgendwann mit Spritzlack übergangen worden, so daß der Lacküberzug abgenommen werden mußte. Anschließend waren Furniere zu reparieren und die fehlende Bekrönung auf der Anrichte nachzuschnitzen, bevor eine neue matte Schellackpolitur aufgetragen werden konnte. Auch hier hat die Bremer Werkstatt Hans-G. Thiessen nacheinander alle Teile für diese Arbeiten ausgebaut und in die Werkstatt gebracht.

Die beweglichen Kunstwerke wurden, soweit das möglich war, in Werkstätten gebracht, um dort restauriert zu werden. Das war nicht möglich oder opportun bei dem Bild von Vinnen und dem Spiegel von Georg Römer, die beide durch Abnahme und Transport unnötig gelitten hätten. Und die Reinigung der Werksteine mußte natürlich auch

78 Rathaus, Festsaal im Neuen Rathaus, mit Farbe unterlegter Kämpferstein

vor Ort geschehen. Sie erfolgte mit Wasser, Quarzsand und brauner Seife; anschließend mußte mit destilliertem Wasser nachgespült werden – und das alles so, daß das Parkett keinen Schaden erlitt. Der Erfolg war dennoch, wie schon bei dem Bild von Vinnen, verblüffend – Beheizung, Ausdünstung und das Rauchen von Generationen von Menschen, die hier ein- und ausgegangen waren, hatten zu einer ungeahnten Verschmutzung auf den von Anton Pruska modellierten und, nach literarischer Überlieferung, vergoldeten Verzierungen geführt[89]. Darunter kamen nicht nur Gold zutage, sondern auch Spuren von Höhungen in Weiß und Grün, von denen vorher nichts bekannt war[90].

Die Malerarbeiten gehören zwar nicht im engeren Sinne zu den Restaurierungsarbeiten, doch mußten auch hier, besonders an den Wänden der Emporen, Befunderhebungen vorausgehen. Diese waren nämlich nicht weiß wie der übrige Saal und die Decken, sondern farblich gedeckt in einem Rotton gehalten[91].

Neben diesen Arbeiten mußten viel Technik erneuert und verbessert, das Parkett abgeschliffen, repariert und versiegelt, schließlich die Vorhänge – zuletzt dichte Samtschals, die eine Verdunkelung des Saals ermöglichten – erneuert werden. – Kurze Zeit präsentierte sich der Saal danach in dem milden Glanz, der diesem von dunklem Holz, hellen Putzflächen und dem Gold der Leuchte geprägten Raum eigen ist, danach setzte erneut das Schrammen der Tische und Stühle zwischen Oberer Rathaushalle und Kaminzimmer ein, das überall seine Spuren hinterläßt.

Durch den Ausbau der Wandpaneele wurde ein Teil der Nordwand des Alten Rathauses freigelegt. Sie ist im Bereich des Festsaals in sechs unterschiedlich breite, im Mittel 1,15 m messende Nischen zwischen 0,60 bis 0,65 m breiten Pfeilern gegliedert; diese schließen mit flachen Stichbögen ab, deren Höhenlage nicht gemessen werden konnte. Wenn es den von Rolf Gramatzki beschriebenen Anbau gegeben haben sollte, wäre dessen Innenwand entsprechend der nordöstlichen Außenwand gestaltet gewesen[92]. Weiter wurde an der Innenseite der Collectenkammer ein rundbogiges Renaissanceportal freigelegt. An den dem Schoppensteel zugewandten Fenstern kamen zuletzt fein skulptierte Fensterstöcke des frühen 17. Jahrhunderts zutage.

79/80 Rathaus, Obere Rathaushalle, eine Wappenscheibe vor und nach der Restaurierung

Die Restaurierung der Wappenscheiben in der Oberen Halle

Ein besonderer Schmuck der Oberen Rathaushalle sind die 81 Wappenscheiben, die in unterschiedlicher Dichte vor die Fenster der Halle gesetzt sind. Die Geschichte ihrer Schenkungen oder ihrer Anschaffung und die Geschichte ihrer Anordnung an den Fenstern sind bisher nicht erforscht; es gibt lediglich einen Aufsatz von Johann Focke im Bremischen Jahrbuch von 1896 zu diesem Thema[93]. Das einzig Deutliche ist, daß es sich bei den Rathauswappenscheiben, im Gegensatz zu denen im Treppenhaus des Schütting, durchweg um die erst im 17. Jahrhundert aufkommenden zusammengesetzten Scheiben handelt; bei der älteren (auch neben den zusammengesetzten Scheiben weiterhin hergestellten) Form sind dagegen die Wappen jeweils auf einer Scheibe gemalt.

Aus dem Beitrag Fockes erfahren wir in bezug auf das Rathaus aber doch einiges, wenn auch negatives: 1895/96 gab es danach in der alten Kriegskammer, dem (damaligen) Erbe- und Handfestenamt, die in der südöstlichen Ecke der Unteren Rathaushalle eingestellt war, „ein kleines Ehrenfenster in seinen Hauptteilen an ursprünglicher Stelle“ – die ursprüngliche Stelle wird vermutlich das nach Osten blickende Fenster dieser Ecklage gewesen sein. Das Fenster, genauer: diese Verglasung, gibt es nicht mehr, zumindest nicht im Rathaus. Einzelne Wappen und Teile von Wappen gab es auch an den Fenstern des Untergerichts im Erdgeschoß des nordseitigen Anbaus. Interessanter noch ist die Mitteilung Fockes, daß „vor kurzem“ – also Anfang der neunziger Jahre des vorigen Jahrhunderts? – ein größeres Wappenfenster des Schütting, bezeichnet als „Des Ehrsamen Koopmans Wapen“, auseinandergerissen und verteilt worden sei. Es gab danach offenbar, wie zuvor bei den Einscheibenwappen, auch bei den mehrscheibigen zusammenhängende Wappenensembles, die aus dem Wappen der Korporation (Stadt, Schütting, Geistliches Ministerium) und deren Vorsteher (Bürgermeister und Ratsherren, Elterleute, Geistliche) bestanden. Sollte nun Focke ein solches Fenster gemeint haben? Und sind dann etwa einige der unter den 81 Scheiben verstreut angebrachten Wappen von Elterleuten – Herman Jacobs, Herman Meyer – etwa Teile dieses Wappenensembles erhalten?

Die Datierung der Wappenscheiben ist schwierig. Immerhin trägt eine größere Gruppe von Wappen die Jahreszahl 1735 und könnte so zu einem Wappenensemble gehört haben. Die großen, doppelten Bürgermeisterwappen Diedrich Smidt und Werner Köhne am Mittelfenster der Westseite (beides 40-Scheiben-Wappen) wurden durch das Wegätzen älterer Personalangaben zweitverwendet, wobei das wohl nur innerhalb des Familienverbands möglich war, hätte doch sonst auch das Wappen verändert werden müssen. Das erschwert die Datierung der Scheiben erheblich, wenn es sie nicht sogar unmöglich macht. Andere Wappen, so das schöne von Dr. Daniel von Büren (um 1735), wurden stark ausgeflickt, hier mit Engelsflügeln von einem anderen, verlorenen Fenster – wenigstens für eine frühe Reparatur dieser Scheibe gibt es so einen Hinweis, weil Ergänzungen aus altem Bruch nur solange gebräuchlich waren, als die Technik der Glasmalerei nicht (wieder) bekannt war. Das sollte aber auch hier ab etwa 1860 der Fall sein.

Repariert und restauriert wurden die Scheiben überhaupt viel und bis in jüngste Zeit handwerklich. Glasbrüche mußten mit eingezogenen Bleiruten, sogenannten Notbleien, geflickt werden, fehlende Glasstücke wurden, auch bei bemalten Gläsern, durch einen Griff in die Scherbenkiste ergänzt, und Schmutzkrusten, wenn sie sich nicht abwaschen ließen, mit Drahtbürsten abgekratzt – die durch Eindringen von Feuchtigkeit korrodierte Glasoberfläche wird dadurch aufgerauht, wodurch der Verfall, die Umwandlung in Gips (Wetterstein), weiter beschleunigt wird. Es gab aber auch Veränderungen mit künstlerischer Absicht, indem brauner Schutzlack aufgetragen wurde oder die Scheiben nach dem Aufrauhen (Reinigung) patiniert wurden, um einen „Atelierton" zu erzielen. – Das Bleinetz weist im übrigen darauf hin, daß die Wappenscheiben in den Jahren, als Focke seinen Beitrag über die Fensterschenkungen niederschrieb, alle bearbeitet und neu verbleit wurden.

Dem Schadensbild, das heute erreicht ist, kann mit handwerklichen Mitteln nicht mehr begegnet werden. Das Grün der Ranken um die Wappen wurde beispielsweise dadurch gewonnen, daß die Scheibe auf der einen Seite mit Silbergelb und auf der anderen mit Emailblau bemalt wurde. Blau wiederum ist, wie auch Schwarzlot, äußerst labil; es krakeliert zunächst, um dann in Schuppen abzufallen, wodurch Fehlstellen in der Malerei auftreten, die im Falle „Grün" dazu führen, daß die Ranken oder Partien aus den Wappen nur noch gelb erscheinen. Dadurch, daß die Scheiben praktisch ohne Abstand zur äußeren Bleiverglasung fest verkittet eingebaut waren, kam es weiter zu Schwitzwasserbildung, die den Befall von Mikroorganismen zur Folge hat, deren Ausscheidung Glas und Emailfarben zersetzen.

Das die Restaurierung der Wappenscheiben auslösende Moment war zunächst aber ein äußerliches: Die vielen Notbleie störten die Wappenbilder teilweise so stark, daß das Wappen hinter den schwarzen Linien zurücktrat. So stand bei den ersten Scheiben dieses Anliegen im Vordergrund. Die Scheiben wurden vorsichtig gereinigt, entbleit und mit Araldit oder ähnlichen Klebern verklebt. Wenn durch Kleinsplitterung (Wurfschaden) der Scheibe durch Kleben kein Halt mehr gegeben werden konnte, wurde auch doubliert, das heißt, es wurde eine der alten Scheibe angepaßte neue Scheibe dahintergesetzt und mit verbleit. Die Festigung der Malschicht erfolgte durch Injizieren, bei größeren Partien durch Überziehen von Paraloid. Farbretuschen wurden nur in geringem Umfang, etwa entlang der Sprünge, vorgenommen; an einer Scheibe werden die fehlenden Konturen auf Doublierscheiben gebracht, wodurch Ergänzungen reversibel bleiben. Die braunen Lacküberzüge mußten belassen werden, weil sie nur mechanisch beseitigt werden könnten, was wieder neue Schäden zur Folge hätte, und auch solche Kuriositäten wie die Engelsflügel in der Büren-Scheibe blieben natürlich erhalten[94].

Es bleibt nachzutragen, daß die Restaurierung der Wappenscheiben nicht aus Haushaltsmitteln bestritten wird und, abgesehen von einem Fenster, auch nicht aus Mitteln der *Stiftung Wohnliche Stadt*, sondern durch die Spenden einzelner Stifter, deren Namen auf der äußeren Bleiverglasung überliefert werden. Die Restaurierung ist daher noch nicht abgeschlossen, sie wird sich noch über viele Jahre hinziehen.

Sonstige Restaurierungen im Rathaus

Mit der Instandsetzung der Repräsentationsräume im Neuen Rathaus ging auch die der unteren und oberen Diele und des Flurstücks, das zum Kaminzimmer führt, einher. Bei der Gelegenheit wurden auch einige Ausstattungsstücke dieses Bereichs restauriert. In der Oberen Rathaushalle mußten die Schiffe restauriert werden, dazu die Meybach-Uhr, und endlich wurde ein vor etwa dreißig Jahren ausgebautes Stück der Poppeschen Wandverkleidung wieder eingebaut.

Durch Konvektionsstaub, Nikotin und Benutzerspuren waren die Sandsteinelemente an den Pfeilern und den Portalen beider Dielen unbeschreiblich verschmutzt. Das erstaunt, weil diese Steine nie im Freien exponiert, sondern immer in geschützten Innenräumen verbaut waren. Besonders intensive Verschmutzungen zeigten sich in den bodennahen Bereichen durch Bohnerwachs und an den Kanten von Pfeilern und Portalgewänden, an denen viel hingegriffen wird.

Die Reinigung erfolgte mit einer leichten Lauge aus brauner Seife und Wasser, die abschnittweise auf die zu reinigenden Partien aufgetragen und mit Schwämmen eingerieben wurde. Nach kurzer Einwirkungszeit konnte mit klarem Wasser nachgespült werden. Bei hartnäckigen Verunreinigungen wurde punktuell feiner Quarzsand hinzugenommen. Da an den Portalen polierte Marmoreinlagen eingesetzt worden waren, schied allerdings ein großflächiger Einsatz dieses Schleifmittels aus. Während die flächig eingesetzten Marmorintarsien entsprechend der ursprünglichen Konzeption matt blieben, mußten die plastisch vortretenden Teile mit Hartwachs poliert werden. Die Arbeiten wurden von Restaurator Siegfried Herrmann durchgeführt[95].

Bei der Statue des Bürgermeisters Smidt von Carl Steinhäuser lagen die Verhältnisse ähnlich.

Großer Aufwand fiel bei den Restaurierungen der Schränke im Flur vor dem Kaminzimmer und auf der Diele des zweiten Stocks an. Diese barocken Dielenschränke von zumeist bremischer Provenienz waren von Bremer Bürgern in das Neue Rathaus gegeben worden. Es kann wohl angenommen werden, daß sie, wie der hohe Spiegel vor dem Kaminzimmer, vor der Stiftung noch einmal restauriert worden waren; der Spiegel enthält jedenfalls einen Hinweis auf eine solche Arbeit im Jahre 1911. Ob schon bei einer solchen früheren Restaurierung oder durch den Krieg – Auslagerung, Besetzung des Rathauses durch Amerikaner – oder erst bei einer Instandsetzung danach die teilweise monströsen Schäden an den Furnieren entstanden waren, läßt sich nicht mehr klären. Zu Beginn der Restaurierungen im Rathaus um 1988 waren jedenfalls, besonders an den Seitenflächen, die Deckfurniere großflächig bis auf das Blindholz abgeschliffen, waren Furniere aufgeplatzt und standen auf, fehlten Verleistungen, bestanden die erblindeten Fassungen nur noch aus Resten von Schellack unter Nitrolacken. Das einzige, was überwiegend gut erhalten war, waren die geschnitzten Kartuschen und Kapitelle. So mußten in größeren Partien neue Furniere aufgelegt und aufstehende niedergelegt, Leisten angestückt und erneuert und die Schellackpolitur neu aufgetragen werden. – Es ist übrigens unwahrscheinlich, daß die furnierten Oberflächen der Schränke im 18. Jh. mit Schellack überzogen waren, vielmehr ist von einem Firnisüberzug auszugehen. Es konnte aber unter dem neueren Nitrolack Schellack festgestellt werden, der deshalb zur Grundlage der Restaurierung genommen wurde. Der Glanz der restaurierten Schränke entspricht auch, soweit erkennbar, dem auf den Fotos der Preußischen Meßbildanstalt.

Auch diese Restaurierungen wurden von der Bremer Werkstatt Hans-G. Thiessen durchgeführt.

Bei der „Meybach"-Uhr in der Oberen Rathaushalle galt das Interesse mehr dem Werk als dem Gehäuse, dessen Aufarbeitung weit weniger Fragen und Probleme aufwarf als die der Schränke. Die mit 4,99 Meter ungewöhnlich hohe Uhr ist ein Werk des Bremer

81 Rathaus, Obere Rathaushalle, das Uhrwerk der „Meybach"-Uhr während der Restaurierung von 1994

Uhrmachers Georg Christoph Meybach aus dem Jahre 1739, geschaffen im Auftrage des Rates für das Rathaus.
Das Werk dieser Uhr wies große Schäden auf, viele Funktionen waren außer Betrieb. Es ist nicht uninteressant durch eine so grundlegende Restaurierung wie der jetzigen zu erfahren, wieviele Uhrmacher in der Vergangenheit bereits an der Uhr tätig waren und ihre Namen eingraviert haben: H. Körber (oder Kösler) 1876, D. Warnke 1890, Gg. Brunner aus Nürnberg und Hint J. Schütt 1938, R. Carstens 1947, C. A. Kadtke 1960, R. Schnattmeyer 1965 und ohne Datum ein J. H. Suhling – und nun also auch Timo Gérard[96].
Die Uhr besitzt außer den Zeitangaben mit Viertel-, Halb- und Stundenschlag Anzeigen für Datum, Wochentag, Monat und Mondphasen; außerdem hat sie ein großes Spielwerk mit 24 bronzenen Glocken, das 14 Melodien von Psalmen bis zu Menuetten spielen konnte.
Für die Reparatur der Uhr mußte das Werk vollständig zerlegt werden – es wurden 567 Einzelteile gezählt. Um alle Funktionen wieder gangbar zu machen, mußten Teile, die bei früheren Reparaturen herausgenommen worden waren, weil man sie für entbehrlich hielt oder Teile des Werks stillgelegt werden sollten, neu hergestellt werden. Es sind jetzt alle Funktionen wieder betriebsfähig. Das gilt grundsätzlich auch für das große Spielwerk, dessen Stiftwalze mit ihrer Umstellmechanik wieder gangbar gemacht wurde. Dennoch wird dieser Teil der Uhr nicht mehr in Betrieb genommen, weil auf der Walze einzelne Stifte fehlen und die Melodien in vielen Fällen dadurch unvollständig sind (was im Grunde reparabel wäre), weil vor allem aber die 24 Glocken sich so verstimmt haben, daß ihr Klang unerträglich ist. Man hätte also einen neuen Satz Glocken gießen und einbauen müssen, wodurch der alte Glockensatz verlorengegangen wäre. Um das in diesem Fall noch fast vollständig original erhaltene Werk nicht in seinem historischen Wert zu mindern, wurde daher darauf verzichtet, das Spielwerk so zu erneuern, daß es wieder wie einst klingen könnte.
Am Vormittag des Tages, an dem 1991 das Schaffermahl stattfand, brach der Topmast am „Ältesten", dem von Osten gesehen zweiten Orlogschiff (Kriegsschiff). Das Modell wird auf die Mitte des 16. Jahrhun-

derts datiert, womit es das älteste der vier Modellschiffe ist, die in der Oberen Rathaushalle hängen. Eine daraufhin veranlaßte Untersuchung aller vier Schiffe deckte viele bis dahin unerkannte Schäden auf. So wurde erst durch die Untersuchung erkannt, daß das Schiff von 1750, ein über Spanten gebauter Hohlkörper, wegen eines Fehlers bei der Aufhängung mittig auseinanderzubrechen drohte. Auch die Takelung, die optisch schon immer einen etwas schütteren Eindruck machte und die nach Aussage von Otto Höver nie realitätsbezogen gewesen sei, sondern als „freihändig“ bezeichnet werden kann[97], befand sich in einem Zustand, der umfangreiche Reparaturen nötig machte. Sie bestanden vor allem in der Ergänzung und Befestigung abgerissener Schnüre und in der Straffung der ganzen Takelung. Die Restaurierung wurde daraufhin 1992 und 1993 in der Oberen Rathaushalle durchgeführt[98].

Die „Johann Swarting“ von 1650, das erste Modell von Osten, besteht aus einem massiven Eichenholzklotz und ist gut austariert an einer in das Holz eingelassenen Eisenstange befestigt. Die schweren, aus Bronze gegossenen Kanonen dieses Modells sind zum Abfeuern von Salut eingerichtet. Das ist möglicherweise der Grund dafür, daß die Details an diesem Schiff eher grob gearbeitet sind, denn die Erschütterungen beim Abfeuern der Kanonen werden das 14 Zentner schwere Modell nicht wenig durchgerüttelt haben. Diese stabile Bauart hatte den Vorteil, daß sich die diesmalige Restaurierung auf eine sorgfältige Trockenreinigung und die Reparaturen der Takelung beschränken konnte.

Selbst wenn das „Laufende Gut“[99] nicht als reales Abbild der Wirklichkeit anzusehen ist, sollte es doch, soweit eine Wiederbefestigung oder Erneuerung anstand, der Modellzeit entsprechen. Dafür diente neuere Literatur als Vorbild[100]. Soweit Takelwerk erneuert werden mußte – es war seit der letzten Instandsetzung leider sehr vieles abgerissen und auch abhanden gekommen[101] –, wurden Bindfäden aus Hanf, die nach alter Art gedreht waren, besorgt, eingefärbt und gewachst. Erstaunlicherweise fehlten im großen Umfang die Wanten, und auch die Webleinen mußten zum großen Teil erneuert werden. Soweit Seilzüge noch vorhanden waren, war mindestens ein Neuspannen nötig, um dem Stehenden Gut wieder mehr Halt zu geben.

„Das Älteste“[102], das zweite Modell von Osten, besteht aus einem ausgehöhlten Eichenholzklotz und ist wie das vorige an einer Eisenstange, die durch den Schiffsrumpf gesteckt ist, aufgehängt. Diese Hängung erfolgte aber nicht im Schwerpunkt des Schiffs. Man hatte dann versucht, mittels schwerer Eisenteile das Schiff in eine horizontale Lage zu bringen. Weil diesem Gewichtsausgleich nur mäßiger Erfolg beschieden war, wurden das Takelwerk und schließlich der Hauptmast erheblich stärker belastet als bei einem solchen Modell üblich, was schließlich den Bruch des Mastes und umfangreiche Schäden an der Takelung zur Folge hatte. Der Mast wurde wieder angestückt und die Takelung repariert. Auf ein Austarieren des Modells wurde jedoch verzichtet und in Kauf genommen, daß das Modell nicht waagerecht hängt.

Bei dem über Spanten gebauten Schiff von 1750 – es führt keinen Namen – war die Stange, an der das Schiff mit seinen 130 kg hängt, im Kiel befestigt. Unter dem Gewicht des Schiffs hatte sich dieser nach oben durchgebogen, Bug und Heck waren also nach unten gewölbt. Die Folge war, daß sich die Beplankung mittschiffs verformte. Diese Schäden müssen schon vor längerer Zeit aufgetreten sein, denn die Reparatur, mit der man seinerzeit des Problems Herr zu werden glaubte, ist nicht erst vor einer Generation geschehen: Man hat unter den Kiel ein starkes, im Querschnitt quadratisches Eisen befestigt, das das weitere Durchbiegen des Schiffskörpers verhindern sollte. Indem man aber versäumt hatte, die Stange, an der das Schiff aufgehängt ist, bis in das Eisen hinein zu führen, um so das Gewicht des Schiffs auf das Eisen zu verlagern, trat der gegenteilige Effekt ein: Das Schiff war noch schwerer geworden und bog sich weiter durch. Um

82 Rathaus, Obere Rathaushalle, die „Johann Swarting" von 1650

das Gewicht wirksam abzufangen, wurde die Halterung jetzt bis in das Eisen geführt. Dadurch ruht das Schiff jetzt auf dem eisernen Kiel. Nachdem das konstruktive Problem damit gelöst sein dürfte, wurde auf weitere Maßnahmen wie die Rückformung des Kiels und der Beplankung verzichtet – es ist jetzt schon erkennbar, daß sich die Verformung langsam zurückentwickelt.

Stehendes und Laufendes Gut waren sehr stark gestört und mußten durchweg neu gerichtet werden.

Ein ähnliches Schadensbild zeichnete sich an dem aus Eichenholz über Spanten gebauten Modell „De Grote Jung" von 1779 ab: Hier waren die Tarier-Ketten über einen langen Zeitraum nicht nachgespannt worden, wodurch sich die durch das Eigengewicht des Modells entstehenden Zugkräfte nicht gleichmäßig über den gesamten Rumpf verteilen konnten. Der größeren Stabilität des Modells war zu danken, daß keine irreparablen Schäden aufgetreten waren. Um so schadhafter war an diesem Modell das Laufende Gut, in das hinein man sinnigerweise einen kleinen Strahler eingebaut hatte. Die Segel sind hier sogar so brüchig, daß sie zunächst einmal unberührt bleiben mußten: Nähen lassen sie sich nicht mehr, und würde man die brüchigen Reste auf einen neuen Träger applizieren, wäre der weiche Faltenfall kaum zu erhalten. Die Takelung konnte dagegen wieder gerichtet werden.

Die Restaurierung wurde, nachdem Anfragen an Schiff-(Modell-)bauexperten ohne Erfolg geblieben waren, von dem mehr auf die Restaurierung von Möbeln spezialisierten Restaurator Hans-G. Thiessen durchgeführt. Ihm stand Tischlermeister Klaus Meinken zur Seite, der als erfahrener Segler auch alte Takelpläne lesen und danach arbeiten kann.

83 Schule Helgolander Straße, Detail der expressionistischen Ausmalung eines Klassenzimmers von 1926 nach Freilegung und Restaurierung 1995/96

Ein Klassenzimmer in der Schule Helgolander Straße

In Georg Dehio, Handbuch der Deutschen Kunstdenkmäler, Bremen-Niedersachsen, 1992, nicht enthalten.

Sternstunden sind in der Denkmalpflege selten. Als Christian Arnolds Wandbild „Weg zu den Sternen" in einem Klassenzimmer der Schule Helgolander Straße freigelegt und wiederhergestellt wurde, kamen aber doch solche Gefühle auf.

Die Schule Helgolander Straße, ein bewegt gegliederter Backsteinbau im Reformstil der Jahre um 1910, fertiggestellt 1916, war aufgrund ihrer architektonischen Qualitäten 1984 unter Denkmalschutz gestellt worden. Daß diese Schule zwischen 1923 und 1933 als pädagogische Reformschule geführt wurde, spielte bei der Denkmalausweisung keine Rolle. Genau das war aber der Auslöser für die Entdeckung einer Wandmalerei in einem Klassenzimmer dieser Schule.

Zwischen 1923 und 1933 gab es in Bremen drei reformpädagogische Schulversuche. Ihnen war gemeinsam, daß sie die musischen und handwerklichen Anlagen der Schüler besonders zu fördern suchten. So gab es neben einem anspruchsvoller als an anderen Schulen geübten Musik- und Zeichenunterricht Arbeitsgemeinschaften für Theatergruppen, für graphisches Gestalten, für Werken. Um nun aber die Kinder, die, gerade an dieser in Walle gelegenen Schule, meist aus Arbeiterfamilien mit beengten, oft schlechten Wohnverhältnissen stammten, an diese Lehrstoffe heranzuführen, suchten die Lehrer, alles engagierte Pädagogen, auch den äußeren Rahmen, also die Unterrichtsräume, ästhetisch zu gestalten.

1991 wurde die Denkmalpflege von der Schulgeschichtlichen Sammlung darüber unterrichtet, daß der in Bremen ansässige Maler Christian Arnold[103], dessen Söhne die Schule besuchten, einen Klassenraum ausgemalt habe; „Weg zu den Sternen" betitelte einer der Söhne die Wandmalerei und beschrieb sie „leuchtend gelb, knallrot und blau"[104]. Damit verbunden war die Frage, ob die Denkmalpflege bei der Suche nach diesem Klassenzimmer und anderen farbig gefaßten Klassenräumen helfen könne.

Eine erste Untersuchung ergab, daß die Farbigkeit der Schule in jenen Jahren lebhafter war, daß aber mit Ausnahme eines Raums im ersten Obergeschoß keine Befunde von Wandmalereien zu erwarten seien. Eine anschließende vertiefende Untersuchung galt daher nur noch diesem einen Raum, in dem ein Feld von etwa 80 x 80 cm freigelegt, gefestigt und ansatzweise retuschiert wurde, um eine Vorstellung von der aufgefundenen Malerei zu geben. Danach war sicher, daß das Gesuchte gefunden und unter mehreren jüngeren Anstrichen strukturell erhalten war und rekonstruiert werden könnte[105].

Es bedurfte dreier Anläufe, bis die *Stiftung Wohnliche Stadt* – die einzige Finanzierungsquelle für solche Vorhaben in Bremen – 1995 die Mittel für diese Aufgabe bewilligte und der Weg für die Wiederherstellung der Arnoldschen Wandmalerei frei war.

Bei der Ausmalung des Jahres 1926 handelte es sich um eine Leimfarbenmalerei. Das erschwerte die Freilegung erheblich, denn die jüngeren Überfassungen waren Dispersionsfarben, die sich nur schwer ablösen lassen, ohne die darunter liegenden Schichten zu beschädigen. Nur dem Umstand, daß die

84 Die Schule an der Helgolander Straße, die 1923–33 als Versuchsschule geführt worden war

85 Schule Helgolander Straße, Klassenfoto von 1926 in dem Klassenzimmer mit der expressionistischen Ausmalung

erste Überfassung von 1933 noch keine Dispersionsfarbe war, verdanken wir es, daß eine Freilegung noch möglich war. So konnten die jüngeren Schichten chemisch angequollen werden, um in mühevoller Kleinarbeit mit dem Skalpell abgetragen zu werden. Nur an der Rückwand war die Malerei durch eine vorgehängte Tafel geschützt und besser erhalten. Hier zeigte sich denn auch die von dem Sohn beschriebene intensive Arnoldsche Farbigkeit: leuchtend rote, grüne und blaue Ornamente auf „knallgelbem" Grund.

Dieser Befund verwirrte zunächst, denn wie die Abbildung der Klasse erkennen läßt, wurde unter der hellen Decke eine dunkle, durch helle Linien und lichtere Formen gezeichnete Wandfassung erwartet. Es war aber umgekehrt: Unter der hellen Decke trat ein lichter Grund zutage, von dem sich die Zeichnung in starken Farben abhob. Wie ließ sich das erklären? Der Leiter eines alteingesessenen reprographischen Betriebes wußte um dieses Phänomen: Der Fotograf hatte seinerzeit mit einer Blauplatte gearbeitet, durch die ein im Blaubereich empfindliches Negativ entstand. Dabei wurden die hellen, im gelb-roten Spektrum liegenden Töne dunkler wiedergegeben, während die im grün-blauen angesiedelten Farben aufgehellt wurden. Der auf dem Foto dunkel erscheinende Bildgrund war also in Wirklichkeit hell, und die darin erkennbaren helleren Formen waren abgestuft dunkler.

Nach der Freilegung wurde deutlich, was literarisch belegt ist, daß nämlich die Ausführung der Malerei nicht allein durch Arnold erfolgt war, sondern Laien, Lehrer, Eltern und wohl auch Schüler mitgeholfen hatten. Einige Strichführungen und andere Ungereimtheiten wären einer erfahrenen Künstlerhand jedenfalls so nicht passiert. Der optischen Wirkung tun diese Mängel jedoch keinen Abbruch, und es gehörte zu den Forderungen an die Restauratoren, diesen Duktus, wo er erkennbar war, wieder zu beleben.

Der Freilegung schlossen sich die Festigung von Putz und Malereiresten und das Auskitten von Fehlstellen an. Der besser erhaltene

86 Schule Helgolander Straße, das Klassenzimmer mit der expressionistischen Ausmalung nach der Restaurierung von 1995/96

Teil wurde einretuschiert, die anderen Bereiche wurden nach und nach erarbeitet: In einem ersten Schritt wurden die erkennbaren Konturen und Formen lasierend verstärkt und Fehlendes zunächst auf Folie, dann ebenfalls mit Lasuren ergänzt. Nach dieser Rekonstruktion des Bildes mußte die Intensität der Farbigkeit soweit vorangetrieben werden, bis sie annähernd das Original erreichte. Allerdings präsentiert sich die Malerei zurückhaltender in der Farbintensität als damals, als sie noch neu war, denn eine gewisse Patina mußte in das Erscheinungsbild dieser Rekonstruktion, die wieder in Leimfarbe erfolgte, einbezogen werden.

Bereits bei Beginn der Arbeiten war den Beteiligten klar, daß die Ausmalung von 1926 in ein Raumambiente eingebunden werden muß, das dem damaligen nicht ganz fremd ist. Was das für die Wiederherstellung eines historischen, heute aber normenunterworfenen Klassenraums bedeutet, wurde erst deutlich, als es um die Lichtführung ging: Heute muß jeder Arbeitsplatz in einem Klassenzimmer zu jeder Tages- und Jahreszeit auf der Tischfläche mit 300 Lux belichtet sein. Das ist mit den Kugellampen der zwanziger Jahre nicht zu leisten, und so mußten zusätzlich zwölf Strahler in die Decke eingebaut werden. Erneuert wurden auch der Linoleumboden in einer dem Original nahekommenden Farbe – ganz dieselbe hätte eigens angefertigt werden müssen, was uns für 60 Quadratmeter nicht möglich war – sowie die Farbgebung der Tür mit einer Holzimitation und der Anstrich einer alten Tafel.

Das Ergebnis zeugt von der Möglichkeit, Räume von heute in der Gestalt von gestern in gemeinsamem Konsens benutzbar zu halten. Die Betreuung der Restaurierung oblag seitens der Denkmalpflege Frau Margarethe Haberecht.

87 Contrescarpe 22, das ehemalige Musikzimmer im Haus Wolde (heute Senator für Inneres), entworfen von Rudolf Alexander Schröder, nach der Wiederherstellung der Wandfassung 1993

Das Musikzimmer im Haus Contrescarpe 22
(Senator für Inneres)

In Georg Dehio, Handbuch der Deutschen Kunstdenkmäler, Bremen-Niedersachsen, 1992, nicht enthalten.

Wie Bremen in den sechziger Jahren mit dem nach dem Bombenkrieg verbliebenen Kulturerbe umgegangen ist, kann gar nicht oft genug ins Gedächtnis zurückgerufen werden. Dafür nur zwei Beispiele aus einer langen Reihe: Da wurden, als das Haus des Ölmagnaten Franz Schütte, Kohlhökerstraße 29, in den späten sechziger Jahren abgerissen wurde[106], die nicht mehr der Familie gehörenden, fest eingebauten Teile eines von Rudolf Alexander Schröder geschaffenen Salons an das Museum Schloß Cappenberg verkauft[107], weil sich in Bremen niemand dafür interessierte, und als in denselben Jahren das Landhaus Iken von Fritz Schumacher abgerissen wurde, fand auch dies niemand für dokumentationswürdig – das eigentlich Bemerkenswerte daran ist, daß der eine, Schumacher, mit der bremischen Medaille für Kunst und Wissenschaft geehrt worden war (1944) und der andere, Schröder, 1948 gar mit der Ehrenbürgerschaft.

Rudolf Alexander Schröder hatte 1904/05 die Einrichtung des Hauses Contrescarpe 22 neu gestaltet[108]. Sein Bauherr war Johann Georg Wolde. Über das Musikzimmer, dessen Gestalt so gut wie möglich wiederhergestellt werden sollte, schrieb Magda Pauli, alias Marga Berck, in ihrem Erinnerungsbuch „Die Goldene Wolke“: „[...] immer, wenn ich zurückdenke an die schönen Abende von damals, bin ich wieder im Zauberkreis dieses Schröderschen Wirkens überall. Ich sehe uns noch in einem Hauskonzert bei George Woldes sitzen, in dem lavendelblauen ovalen Musiksaal mit den weißen Stuckarbeiten im Wedgewood-Stil oben an der Decke, im gedämpften Licht, dessen Quelle man nicht sah, auf Sesseln, in die

88 Contrescarpe 22, derselbe Raum vor dem Rückbau

man sich einschmiegte; vor uns die beiden Konzertflügel und dahinter die blühenden Kamelien, die durch die tiefen Fenster des Glasumganges hereinleuchteten."[108a] Der hier zitierte Glasumgang bestand aus drei korbbogenförmig geschlossenen, bis zum Boden reichenden Fenstern, und die Stuckarbeiten im Wedgewood-Stil waren der kapitellähnliche Zierat in der Bogenzone der Fenster, der auf blauem Grund stand.

Soweit diese Ausstattung ortsfest war, war sie nach dem Krieg, als die Behörde des Senators für Inneres unter den schwierigen Kriegs- und Nachkriegsverhältnissen schon jahrelang darin gearbeitet hatte, noch erhalten. Um 1963 aber, als die Reste des benachbarten Hauses, zu dem auch ein Karyatiden-Altan gehört hatte, abgerissen wurden, hat man auch das ehemals Woldesche Haus zu einem gewöhnlichen Bürohaus umgewandelt; nur das Herrenzimmer, damals Dienstzimmer des Senators, blieb davon verschont. Am schlimmsten traf der Umbau den gera-

89 Contrescarpe 22, das ehemalige Musikzimmer im Hause Wolde mit der Ausstattung von Rudolf Alexander Schröder

dezu berühmten Musiksalon und das benachbarte Damenzimmer. In letzterem wurde, verbunden mit einer Erweiterung des Hausgrundrisses, die Hausmeisterwohnung eingerichtet. Damit die aus dem Hause heraus erreichbar war, wurde vom Musikzimmer (Sitzungsraum), das mit dem Herrenzimmer in Verbindung stand, ein zwei Meter breiter Gang abgeteilt, der Raum also verkürzt. Für diesen Eingriff mußten die seitlichen Türen beseitigt und die dazu vor der Dreifenstergruppe korrespondierenden Nischen vermauert werden. Damit nicht genug, wurden die mit Korbbögen schließenden Fenstertüren in Rechteckfenster von schlechten Proportionen umgebaut und die schönen skulptierten Marmorkamine rausgeworfen, um die Heizkörper freizustellen. Kleinbürgerliche Vorhänge ergänzten diese Neugestaltung eines Raumes, der einst zu den elegantesten in Bremen gezählt hatte.
Dieser Raum sollte, soweit das eben noch möglich war, in seinen früheren Zustand zurückgeführt werden. Soweit das möglich war, denn die Abtrennung des Flurs stand nicht zur Disposition, und so konnten auch die seitlichen Nischen nicht wieder freigelegt werden, weil der Raum sonst völlig seine Proportionen verloren hätte.
Was also konnte getan werden?
Die Fenster wurden auf ihre ursprüngliche Gestalt als Fenstertüren mit korbbogenförmigen Abschlüssen, gesproßten Flügeln, Vorhängen und zierlichen Gittern zurückgeführt. Weiter konnte das ornamentale System mit einer Wandfelderung aus hellen Perlstableisten und stilisierten Fruchtkörben auf den Pfeilern neben und zwischen den Fenstern auf mühevolle Weise aus noch erhaltenen Spuren, Fotos und Analogien zu erhaltenen Werken rekonstruiert werden. Einfacher war es, das intensive, lichte Ultramarinblau, das als eine Art Königsfarbe den Raumeindruck bestimmt, durch Freilegeproben wiederzugewinnen. Auch die beiden Kamine konnten nach Fotos rekonstruiert werden. Leider war kein geeigneter Leuchter zu finden, so daß die Beleuchtung, soweit das Tageslicht bei den nun doppelt so großen Fenstern nicht ausreicht, allein von einer gestalterisch unauffälligen Niedervoltanlage kommt. Die Mittel reichten am Ende leider

90/91 Contrescarpe 22, das als Sitzungszimmer benutzte ehemalige Musikzimmer nach dem Rückbau und der Wiederherstellung der Schröderschen Fassung (links) und Detail des Stuckornaments (unten)

nicht mehr, um das kostbare Parkett, das stellenweise nur noch weniger als einen Millimeter Furnierauflage hat, fachgerecht instand zu setzen oder zu erneuern, um die queroblongen Spiegel über den Kaminen nach einem Muster im Bremer Landesmuseum nachzubilden und um die Eingangstür wieder auf die alte Höhe zu bringen.
Die neue Einrichtung ist schlicht und gegenwärtig.
Der Raum hat dennoch wieder gewonnen, hat wieder Charakter, aber es ist natürlich nicht der Raum, den Rudolf Alexander Schröder mit seinem Bauherrn Johann Georg Wolde gestaltet hat, nicht einmal dann, wenn man sich den Raum ohne Möbel vorstellt. – Dennoch: Auch in Zukunft sollte sich die Denkmalpflege solchen eingeschränkten Rekonstruktionen nicht verweigern.
Die Rekonstruktion wurde seitens der Denkmalpflege von Frau Dipl.-Ing. Gudrun Spengler betreut, die Restaurierung lag in den Händen von Siegfried Herrmann und Hans-G. Thiessen.

92 Vegesack, Weserpromenade, ehemaliges Haus des Vegesacker Rudervereins nach der Rekonstruktion 1995/96

Das Haus des Vegesacker Rudervereins

In Georg Dehio, Handbuch der Deutschen Kunstdenkmäler, Bremen-Niedersachsen, 1992, nicht enthalten.

93 Vegesack, Weserpromenade, dasselbe Haus vor der Rekonstruktion

Bremen ist arm an Zeugnissen des „Neuen Bauens“[109]: Zwei Häuser in der Emmastraße, eher unauffällig in Erscheinung und Lage, waren alles, was bisher diesen Platz in der bremischen Denkmalliste besetzt hielt. Von dem in Bremen-Vegesack wirkenden Architekten Ernst Becker[110] gab es zwar gute, charaktervolle und sogar publizierte Werke dieser Zeit[111], doch sind sie wie sein eigenes Wohnhaus nicht mehr erhalten oder so verändert, daß sich der Denkmalschutz mit ihnen schwer tut.

Um einen Bau war es besonders schade, nämlich dem 1927 von Becker errichteten Haus des Vegesacker Rudervereins, das neben der Strandlust an der Weser liegt. Es ist das, was man einen „Klassiker der Moderne“ nennen kann: Zwei Bootshallen rahmen einen von backsteinernen Zungenmauern gefaßten Eingang, über dem auf hellem Putz die Initialen des Vereins „V.R.V.“ prangen; diese Eingangsachse wird von einem etwas zurückgesetzten und wenigstens zwei Geschosse hohen Aussichts- und Flaggenturm überhöht, der wiederum von den im Obergeschoß liegenden und um eine Terrassentiefe zurückgesetzten Gesellschaftsräumen flankiert wird. Die einzelnen Baukörper sind kubenhaft scharf beschnitten, ihre oberen Abschlüsse dafür mit Klinkerrollschichten abgedeckt. Die über Eck gesetzten Fenster sind von Klinkerpfeilern unterteilt und werden von Klinkerrollschichten abgeschlossen. Die Bootshaustore, die Eingangstür mit den sie begleitenden Fenstern, die Fenster im Obergeschoß und am Turm sind in ihren Binnengliederungen horizontal betont, und endlich besitzt das Haus – natürlich! – ein Flachdach.

Dieser selten prägnante Bau wurde zwischen 1948 und 1965 mehrfach umgebaut und erweitert[112]. Der erste Umbau, noch vor der Währungsreform von Juni 1948 begonnen und im Sommer 1949 abgeschlossen, brachte die entscheidenden Veränderungen, weil damals der Turm bis auf einen Stumpf abgetragen und die massiven Terrassenmauern durch ein einfaches Stabgitter ersetzt wurden. Später wurden nach hinten und an der Seite angebaut und die Fenster modernisiert (oder was man damals modernisieren nannte). Als in den siebziger Jahren der Verein das Haus aufgeben mußte, weil die das Ufer der Weser säumende Spundwand an dieser Stelle die Ausübung von Rudersport nicht mehr zuließ, wurden die Bootstore ausgebaut. An ihre Stelle traten Fenster, die zum Schutz vor Hochwasser später bis auf halbe Höhe vermauert wurden. Bewohnt wurde das Haus von Künstlern und einem Vogelzüchter. Sie zahlten alle wenig Miete an die Stadt, die das Haus übernommen hatte, und die gab nur das Allernötigste für den Bauunterhalt.

So verunstaltet und verwahrlost das Haus allmählich war, es bot doch die Chance, bis auf wenige nicht zurückzugewinnende Details die alte Form wieder herzustellen. Die wichtigsten neuen Vorgaben waren, daß die Tore wegen der Hochwassergefahr nicht mehr als Türen hergestellt werden konnten,

94 Vegesack, Weserpromenade, das Haus des Vegesacker Rudervereins kurz nach seiner Fertigstellung und zum Zeitpunkt der Veröffentlichung durch Walter Müller-Wulckow in dem Blauen Buch Bauten der Gemeinschaft, 1928

sondern hinter neuen Toren hochwasserfeste Fenster erhalten mußten, sowie, daß das Vorfeld des Sportlerheims in die Grünanlage einer hoch über dem Wasser gelegenen Promenade umgewandelt war – auch das galt es zu respektieren, wenn man rekonstruierend tätig werden will.
Sollte, durfte man das? Puristen argumentieren damit, daß das Haus in dem Zustand, in dem es sich 1990 befunden hatte, eben Ausdruck seiner Nutzungsaufgabe war, in deren Gefolge das ganze Umfeld, der Sandstrand, das zum Vereinshaus sanft ansteigende Terrain, der freie, vielleicht sogar etwas unwirtliche Platz davor, tiefgreifend verändert wurde. In allerletzter Konsequenz kann eine solche fundamentalistische Position sogar zur Ablehnung substanzverbessernder Bauunterhaltung führen, ja unter Umständen zum Verzicht auf eine weitere Erhaltung des Baus.
Daneben gab und gibt es in der Denkmalpflege immer die positive Auseinandersetzung mit dem Problem der Rekonstruktion[112a], mit der immer neuen Frage, wann eine solche angemessen ist und bejaht werden kann oder sogar muß, und wann nicht.

„[...] der Denkmalpfleger, der heute als eine Art Anwalt des historischen Erbes in einer sich wie nie zuvor wandelnden Welt durch die Rettung von Geschichtszeugnissen wenigstens eine gewisse Kontinuität zu wahren versucht, muß sich aller authentischen Werte des Denkmals bewußt sein, auch eines möglicherweise rein ästhetisch motivierten ‚Schauwerts' oder der gern vernachlässigten Gefühlswerte, die vielleicht zur rekonstruierenden Wiederherstellung einer bestimmten Form oder einer bestimmten Situation tendieren".[112b] Hier in Vegesack stand das Haus von Becker in einem gegenüber dem originalen Zustand noch sehr gut erkennbaren Umfang: Der Baukörper war nur um den Turm dezimiert, der hintere Anbau kaum wahrnehmbar, der seitliche nicht störend. Verloren waren die stilprägenden Details wie die Terrassenbrüstung, die Teilung der Fenster, die Tore der Bootshallen – die aber ließen sich leicht wiederherstellen. Die real vorhandene Substanz erlaubte also, darüber nachzudenken, ob dieses in Bremen so seltene Beispiel des „Neuen Bauens" nicht wieder in seiner alten Gestalt erstehen sollte, auch um den Preis, daß seine Verbindung zum Wasser durch die Hochwasserschutzwand abgekappt bleibt.

1992 nahmen die Überlegungen, den ursprünglichen Zustand des Hauses wiederherzustellen, konkrete Formen an. Von der Denkmalpflege erhielt Architekt Peter Schnorrenberger einen Untersuchungsauftrag, der die Rekonstruktion des früheren Erscheinungsbildes in Verbindung mit der Einrichtung einer abgeschlossenen Wohnung im Obergeschoß zum Gegenstand hatte. Auf der Grundlage seines Projektes wurde das angestrebte Ziel gemeinsam mit der Bremischen Gesellschaft für Stadterneuerung, Stadtentwicklung und Wohnungsbau mbH, der die stadteigenen Mietobjekte zu treuhänderischer Verwaltung übertragen worden waren, weiter verfolgt. Wie immer drehte sich aber zunächst einmal alles um die Finanzierung, die einmal mehr im wesentlichen durch die Vermittlung der Denkmalpflege zustande kam. Den Grundstock bildete (wie immer) eine Bewilligung der *Stiftung Wohnliche Stadt*, die um einen bedeutenden Betrag aus dem Haushalt der Denkmalpflege aufgestockt werden konnte. Schließlich beteiligte sich auch die Liegenschaftsverwaltung beim Senator für Finanzen an der Sanierung des Hauses. Zwei Jahre nahmen diese Vorarbeiten in Anspruch, bis endlich im Sommer und Herbst 1995 der Umbau tatsächlich realisiert werden konnte.

95 Vegesack, Weserpromenade, der Eingang vor den Rekonstruktionsarbeiten

Das Haus erstrahlt nun wieder in jener jugendlichen Würde, die der strengen Linienführung der aus dem Geist des Bauhauses erwachsenen Bauten häufig eigen ist. Der Eindruck wäre noch stimmiger, wenn der Raum zwischen dem Haus und der Weser mit seinen Rasenflächen und den Bäumen nicht so lieblich anzuschauen wäre und wenn mit der äußeren Umwandlung des Hauses die innere Hand in Hand gegängen wäre – das aber liegt nicht mehr in der Macht der Denkmalpflege.

96 *Arthur Fitger, Europa, aus dem im Krieg zerstörten Haus Seefahrt an der Lützower Straße, nach der Restaurierung*

Arthur Fitgers Gemälde aus dem Haus Seefahrt

In Georg Dehio, Handbuch der Deutschen Kunstdenkmäler, Bremen-Niedersachsen, 1992, nicht enthalten.

Etwa da, wo Bürgermeister-Smidt-Straße und Hutfilterstraße Am Brill aufeinanderstoßen, stand bis zum Durchbruch der Kaiser-Straße, so der erste Name der Bürgermeister-Smidt-Straße, das alte Haus Seefahrt, eines der Prövener-Stifte in Bremen[113]. Infolge des Straßenbaus mußte die im 17. Jahrhundert errichtete Anlage an diesem Ort aufgegeben und verlegt werden. Zu dieser Zeit gab es an der Lützower Straße bereits eine Dependance, und weil dort genug Baugrund zur Verfügung stand, errichtete man das neue Haus Seefahrt vor der Stadt. Läßt sich aber der Standort der älteren Anlage im heutigen Stadtplan noch grob festmachen, so sucht man in der gegenwärtigen Topographie Utbremens vergebens die Lage des zweiten Hauses zwischen Lützower Straße und Doventorsteinweg[114]: In der Nacht vom 18. auf den 19. August 1944, als der schon vorher hart getroffene Bremer Westen unterging, wurde auch diese wohltätige Stiftung ein Opfer des Bombenkriegs.

60 Jahre hatte das Haus gestanden; mit dem Schaffermahl des Jahres 1879 war das von Architekt Bredehorst errichtete Haus eingeweiht worden. Das Herzstück des Hauses war ein Saal, dessen Maße mit 28,90 Meter Länge auf 12,40 Meter in der Breite bei 8,70 Meter in der Höhe angegeben werden[115]. Er war in erster Linie für die Schaffermahle bestimmt, die im Leben der Stiftung einen immer breiteren Raum einnahmen, zu denen immer mehr prominente Gäste von auswärts eingeladen wurden; er wurde aber auch für Gottesdienste genutzt und konnte bis zum Ausbruch des Zweiten Weltkriegs besichtigt werden. Der Hauptschmuck des Saales waren neun Gemälde von Arthur Fitger[116]: die fünf Erdteile und die vier Winde. Sie waren in dem Saal so angeordnet, daß die drei „alten“ Erdteile Europa, Asien und Afrika mit Europa in der Mitte die Stirnwand gegenüber dem Eingang besetzt hielten, während die „jungen“ Erdteile Amerika und Australien den Eingang flankierten; an den Seiten standen sich Ost- und Westwind gegenüber sowie Süd- und Nordwind[117]. Jedes Bild war etwa 4,20 x 2,00 Meter groß. Sie waren gestiftet von Vorstehern des Hauses Seefahrt; unter den Inschriftsockeln lesen wir beispielsweise die Namen von Carl Melchers, Christian Heinrich Wätjen oder Johann Anton Adami.

Wenn auch der Historismus nach dem verlorenen Ersten Weltkrieg in der allgemeinen Wertschätzung fast ins Bodenlose abgestürzt war und nur in wenigen Museen ein Schattendasein als Beispiel einer kuriosen Entgleisung bürgerlicher Kultur fristen durfte, haben die Vorsteher des Hauses Seefahrt doch dafür gesorgt, daß die Bilder Fitgers zusammen mit anderen Dingen, die für die Stiftung von historischer Bedeutung sind, bei Beginn des Bombenkriegs ausgelagert wurden[118]. Bis 1948 kehrte das ausgelagerte Gut in das zerstörte Bremen, in dem es kein Haus Seefahrt mehr gab, zurück. Wenn aber für die Wappentafeln und andere Zeugnisse der Geschichte des Hauses eine Unterbringung in privaten Häusern noch möglich war, so nicht mehr für die „Schinken“ von Fitger. Sie wurden daher im Übersee-Museum gelagert, das zwar auch von Bomben getroffen, in Teilen aber noch benutzbar geblieben war. Etwa zehn Jahre später suchte das Museum die Bilder wieder loszuwerden, zumal ihnen nun jeder Kunstwert abgesprochen wurde. Darauf kamen die Bilder, die zu diesem Zeitpunkt noch auf Keilrahmen aufgezogen und unbeschädigt waren, nach Delmenhorst, dem Geburtsort Fitgers.

Jahrelang lagerten die Bilder sodann in einem zu den Städtischen Krankenanstalten gehörenden Haus. Da geschah etwas, was angesichts des materiellen Werts oder Unwerts der Gemälde eigentlich unerklärlich ist: Die Bilder wurden gestohlen. Um sie wegschaffen zu können wurden sie auf das Gröbste und Ungeschickteste aus den

97 *Arthur Fitger, „Europa", Zustand des Bildes vor der Restaurierung*

(Keil-)Rahmen herausgeschnitten. Sieben von ihnen fand man wenige Tage später verknittert in einem Waldstück am Burggrafendamm, zwei etwas später in einer stillgelegten Ziegelei. Danach wurden sie wenig kunstvoll aufgerollt und im Rathauskeller, später im Haus Coburg zwischengelagert. Ein Dauerzustand konnte das nicht sein. Deshalb wurde 1974 die bremische Denkmalpflege gebeten, die Bilder wieder zu übernehmen. An die Übergabe knüpfte sich die Erwartung, die Denkmalpflege in Bremen werde die Bilder wieder restaurieren und ausstellen können. Die Denkmalpflege ihrerseits konnte die Bilder nur deshalb übernehmen, weil sie zu diesem Zeitpunkt im Schnoor ein Packhaus beziehen konnte, in dem solche Objekte langfristig gelagert werden konnten.

Daß sich in den folgenden 14 Jahren an und mit den Bildern nichts tat, lag einerseits an dem chronischen Geldmangel der bremischen Denkmalpflege, die ja nicht wie alle anderen Denkmalämter in Deutschland über eine eigene Restaurierwerkstatt gebietet, die den Zustand eingelagerten Kunstgutes von Zeit zu Zeit kontrollieren kann, ohne daß es dazu eines finanziell ausgestatteten Auftrags bedarf, sodann aber auch daran, daß niemand in Aussicht stand, der die Bilder hätte übernehmen können: Neun Bilder zu je 8,5 Quadratmeter Fläche hängt man sich nicht eben einmal an eine Wand!

Als Restaurator Georg Skrypzak 1989 die auch schon seit 1972 eingelagerten Dombilder Arthur Fitgers – Anbetung der Könige und Grablegung Christi – restaurierte, erteilte ihm die Denkmalpflege einen Untersuchungsauftrag für die Haus-Seefahrt-Bilder, um zu erfahren, in welchem Zustand sich die Bilder befinden und was man mit welchem Aufwand mit ihnen machen könnte.

Die Bilder waren mit großem Abstand zu den Rahmen herausgeschnitten worden; statt 4,20 x 2,00 Meter maßen sie nur noch etwa 3,80 x 1,80 Meter. Es fehlten große Teile der Randbordüren und die unteren Sockelabschlüsse, auf denen die Stifternamen standen. Stauch- und Knickfalten hatten weitere Schäden verursacht, und endlich war es dadurch, daß die Bilder mit der Bildoberfläche nach innen und ohne Kernwalze aufgerollt worden waren, zu streifigen Farbabplatzungen gekommen. Die Keilrahmen mit den Randstücken, sie waren wie geschildert etwa 20 cm breit, waren nach dem Einbruch und der Wiederauffindung der Bilder ganz offensichtlich weggeworfen worden.

Der Restaurator schlug nach seiner Untersuchung vor, als Sofortmaßnahme die Malschicht dort, wo sie akut gefährdet war, zu festigen, Risse durch Hinterkleben von Leinwandstreifen zu sichern und die Bilder danach so aufzurollen und zu lagern, daß keine neuen Schäden auftreten könnten. Zugleich regte er aber auch an, eines der Bilder als „Pilotprojekt" zu restaurieren. Dafür waren ein Keilrahmen in der entsprechenden Größe und mit einem leichten Stichbogen zu beschaffen, das Gemälde auf eine neue Leinwand in originaler Größe zu doublieren, der alte Firnis abzunehmen, die Fehlstellen der Malschicht zu schließen und endlich der Rand nach Bildvorlagen neu zu malen.

98/99 Arthur Fitger, „Australia", Zustand vor der kriegsbedingten Auslagerung und dasselbe Bild vor der Restaurierung 1990

Dieser Vorschlag wurde, nachdem auch Günter Busch[119] befragt worden war, aufgegriffen, obwohl in dem Moment niemand sagen konnte, wo man ein solches Pilotbild unterbringen könnte. Die Wahl fiel auf die „Europa". An diesem Bild fehlte vergleichsweise wenig, es ist das farbenprächtigste und mochte von daher für den Plan, nacheinander alle Bilder restaurieren zu lassen, werben.

Kontakte, die nach diesem grundsätzlichen Beschluß mit dem Deutschen Schiffahrtsmuseum in Bremerhaven aufgenommen wurden, führten schnell zu der geradezu idealen Lösung: Das Deutsche Schiffahrtsmuseum übernimmt vom Haus Seefahrt alle neun Bilder als Dauerleihgabe, sofern sie restauriert sind und wenn der zu jener Zeit bereits projektierte Neubau fertiggestellt sein wird. Auf diese Zusage hin bewilligte die *Reidemeister & Ulrichs-Stiftung zur Förderung von Kunst und Kultur*, nachdem sie sich bereits an der Restaurierung der „Europa" beteiligt hatte, 50 000 DM; die Denkmalpflege wollte sich in mehrjährigen Schritten mit einem entsprechenden Betrag an dem Unternehmen beteiligen. Am Ende haben die Stiftung und die Denkmalpflege jeweils fast den doppelten Betrag aufbringen müssen.

Aber alle neun Bilder konnten wieder instand gesetzt werden. Art und Umfang der Restaurierung folgten dem an der „Europa" Erprobten, wobei immer darauf gesehen wurde, daß sichtbar bleibe, was mit den Bilder geschehen war. So wurde die Schnittkante auf der Doublierleinwand nicht, was möglich gewesen wäre, durch Kittung angeglichen, sondern blieb deutlich sichtbar, die neu gemalten Ränder sind einfacher gehalten, die Blattgoldauflage wurde nur verhalten ergänzt.

Seitens der Denkmalpflege hat die Arbeit von Restaurator Georg Skrypzak Frau Margarethe Haberecht begleitet. Noch während der Restaurierung des Gemäldezyklus hat Frau Regine C. Hrosch über dieses Thema eine Arbeit verfaßt, in der vor allem die ursprüngliche Einbindung der Fitgerschen Bilder in den Saal des historistischen Hauses Seefahrt beschrieben wurde wie auch deren Schicksal nach dem Krieg.

100 Der Himmelssaal im Haus Atlantis in der Böttcherstraße im Blick gegen den Eingang und die Treppe zur Empore nach abgeschlossener Restaurierung 1988–91

Der Himmelssaal im Haus Atlantis in der Böttcherstraße

6. Neben der ehemaligen Bremen-Amerika-Bank das Haus Atlantis, 1929–31 von Hoetger; nach Vorgaben von Roselius ein demonstrativ moderner Zweckbau in Stahlbeton für ein Institut zur Erforschung u. a. des sagenhaften Atlantis, mit einem Vortragssaal sowie Ausstellungs- und Clubräumen. Die Fassade urspr. gerastert und betont vertikal gegliedert durch bis in den Scheitel der Dachparabel geführte Stahlstützen. Dieses sichtbare konstruktive Gerüst bekam ein von Hoetger holzgeschnitztes Fassadenprogramm vorgeblendet, dabei über dem Eingang ein monumentales, archaisierendes Bildwerk aus Jahresrad, Kreuz und Sonnenscheibe zur kultursymbolischen Darstellung „arktisch-atlantischen Himmelsgottglaubens"; dieses von den Nationalsozialisten heftig angefeindet und im Krieg verbrannt. Die alte Fassade seit 1964–65 hinter einer flächig geschlossenen, konzentrisch ornamentierten Backsteinwand von E. Mataré verborgen.
Von den nach Entwürfen Hoetgers ausgestatteten Innenräumen erhalten nur das spektakuläre Treppenhaus mit der im Gehäuse freigestellten, um 3 Stützen in der Hohlspindel geführten Treppenspirale, der unter dem verglasten Parabeldach gelegene sog. Himmelssaal (die Glasbausteine 1982 erneuert) und der Kuppelraum über dem Treppenzylinder mit weiß-blauen Glassteinen (1990–91 restauriert).
(Georg Dehio, Handbuch der Deutschen Kunstdenkmäler, Bremen-Niedersachsen, 1992)

Die Böttcherstraße war 1938 aufgrund einer Anordnung von höchsten Parteispitzen in Berlin unter Denkmalschutz gestellt worden. Bei dieser Verfügung spielte die Gestaltung der Fassade von Haus Atlantis als „Zeugnis der Unkultur der Systemzeit" eine große Rolle. Bei den schweren Luftangriffen im Sommer 1944 blieben nur das Haus Atlantis,

101 Das Haus Atlantis in der Böttcherstraße in der von Bernhard Hoetger geschaffenen Gestalt

das gegenüberliegende Robinson-Crusoe-Haus und der Giebel des HAG-Hauses hinter dem Schütting soweit verschont, daß Reste der Innenausstattung erhalten geblieben waren[120]. Am Haus Atlantis, das hier in erster Linie interessieren soll, waren vor allem die aus Holz geschnitzten Figurationen an der Fassade verbrannt.
Wenngleich der Wiederaufbau der Straße bis 1954 abgeschlossen war, kam das Haus Atlantis nicht zur Ruhe: Um 1951 waren die gut erhaltenen Einrichtungen des Instituts für Bäder und Massage im Erd- und Untergeschoß ausgebaut und an seiner Stelle 1952 das Restaurant Martini teilweise noch mit alten Möbeln des Club zu Bremen eröffnet worden – schrittweise wurde diese Einrichtung beseitigt; die Instandsetzung der Fassade nach Plänen von Seume und Hafemann mit den Sternzeichen von Schilling wahrte noch die Struktur, die Hoetger dem Haus einst gegeben hatte. Der große Umbau erfolgte 1963–64 durch die Architekten Welp und Ude; jetzt erst wurde Hoetgers funktional strukturierte Fassade getilgt, um dem Flächenkunstwerk Matarés, das in den

102 Der Himmelssaal im Haus Atlantis in der Böttcherstraße im Blick zum Eingang und der Empore vor der Restaurierung, 1987

Augen eines Architekten eine dem Haus fremde Maskerade sein müßte, Platz zu machen. Bei diesem Umbau verschwanden auch die kupfernen Halbsäulen am Eingang, wurde die bis dahin erhaltene Farbigkeit im Treppenhaus verändert.

Über die Gründe, die zur Beseitigung aller Erinnerungen an Bernhard Hoetger an der Fassade von Haus Atlantis geführt hatten, kann man nur spekulieren[121]. Ein sachlicher ist angesichts der Lösung, die Seume und Hafemann zusammen mit Schilling im Zuge des Wiederaufbaus gefunden hatten, nicht in Sicht – soweit die Denkmalpflege gefragt war, hatte sie gegen die Veränderungen nicht remonstriert; wahrscheinlich war der Wiederaufbau einer Architektur der zwanziger und dreißiger Jahre für die schwer geprüfte Denkmalpflege jener Jahre kein Beteiligungsfall, jedenfalls nicht im Vergleich mit Problemen wie denen, die beim Wiederaufbau der Stadtwaage aufgetreten waren oder beim Bau der Bürgerschaft am Markt[122]. Die Bewertung der Überformung der Hoetgerschen Struktur durch das Flächenkunstwerk von Mataré mag so einer späteren Generation vorbehalten bleiben.

Auch wenn das Haus Atlantis im Vergleich mit anderen Häusern der Böttcherstraße, die teilweise Totalschaden erlitten hatten, gut über den Krieg gekommen war, hatte es doch Schäden gegeben, die nur notdürftig geflickt werden konnten. Kleinere Einschläge hatten das mit Glasbausteinen konstruierte Dach durchschlagen, hatten auch da, wo die Glasbausteine noch im Gefüge saßen, dazu geführt, daß das Glas gesplittert war. Die Wunden konnten nur mit Betonplomben verschlossen werden, weil es keine weißen und blauen, runden und eckigen Glasbausteine gab. Als die gesplitterten Steine nicht mehr das Wasser abhielten, als auch das Aufstellen von Eimern keine Lösung mehr darstellte, mußten besonders undichte Stellen außen mit Teer abgedichtet werden – das von Hoetger geschaffene Bild von den Lebensbäumen wies immer größere Lücken auf. Aber auch die innere Gestalt von Himmelssaal und Treppenhaus – beide Räume waren im wesentlichen erhalten geblieben – wurde verändert. Um den Exponaten des Väterkunde-Museums, dem von Ludwig Roselius gestifteten Museum für Frühgeschichte, einen unauffälligen, ruhigen Hintergrund zu geben, aber sicher auch, um Spuren des Krieges abzudecken, waren alle konstruktiven Elemente, Wände und Einbauten, selbst Türen, mit Silberbronze überfaßt worden. Die von Hoetger zwischen Haupt- und Nebenräumen differenzierende Farbgebung des Treppenhauses wurde wohl aus ähnlichen Gründen, hier zugunsten der Zugänge zu den Kammerspielen und einem Lichtspieltheater, farblich zusammengezogen. Nach dem Umzug der frühgeschichtlichen Sammlung in das neu erbaute Ludwig-Roselius-Museum für Frühgeschichte in Worpswede (1973/74) wurde im Himmelssaal eine bemerkenswerte Ausstellung der sich im Besitz von Ludwig Roselius befindlichen Werke Hoetgers eingerichtet.

In Gesprächen mit der Geschäftsführung der Böttcherstraße GmbH war oft die Frage angeschnitten worden, wie es mit dem Himmelssaal einmal weitergehen könne, denn die baulichen Schäden am Gewölbe nahmen immer mehr zu. Da meldete sich 1977 eine exportorientierte polnische Gesellschaft für Denkmalpflege, die Beratung, Gutachtensbearbeitung, Planung und Ausführung für Restaurierung, Renovierung und Konservierung von Bau- und Kunstdenkmalen anbot, mit einem Angebot für die Ausführung konservatorischer Arbeiten in der Böttcherstraße zu Wort[123]. Danach wollte der Anbieter das Treppenhaus und den Himmelssaal einschließlich der Instandsetzung des Glasbausteingewölbes für weniger als 100 000 DM restaurieren, wobei allerdings Positionen wie „Anstreichen des Treppenhauses" und „Anstreichen der Wände und Gewölbebalken" signalisierten, daß keine Voruntersuchungen durchgeführt oder beabsichtigt waren. Das Angebot war also nicht überzeugend, aber es brachte den Stein, die letzte von Hoetger gestaltete Raumgruppe in der Böttcherstraße zu restaurieren, ins Rollen.

Bevor mit der Restaurierung begonnen werden konnte, waren ungeahnte Schwierigkeiten zu überwinden.

Das Hauptproblem war zunächst die Finanzierung, denn die Geschäftsleitung der Böttcherstraße GmbH erklärte katagorisch, keinen eigenen Beitrag zur Restaurierung leisten zu können, obwohl der Bund und das Land 1978 fast 300 000 DM zugesagt hatten und für eine Vollförderung nicht die Voraussetzungen gegeben waren. Am Ende desselben Jahres ergänzte der mittlerweile eingeschaltete Architekt Peter Schnorrenberger das Angebot aus Polen und legte allein für den Himmelssaal eine Kostenermittlung über fast 350 000 DM vor. Unter Verzicht auf Arbeiten im Treppenhaus war eine Finanzierung in dieser Höhe aber durchaus denkbar, sofern sich nur der Eigentümer beteiligen würde.

Im darauf folgenden Frühjahr schienen mit der Bewilligung einer Zuwendung des Bundesministers des Innern aus dem Fonds zur Erhaltung und zum Wiederaufbau von Baudenkmalen von besonderer nationaler kultureller Bedeutung – so die Bezeichnung der im allgemeinen schlicht „Bundeszuschuß" genannten Mittel – alle Hürden genommen, da verlangte das Bundesverwaltungsamt, daß die Zuwendung durch eine Buchgrundschuld abzusichern sei. Während über diesen Punkt neu verhandelt werden mußte, platzten gleich zwei Bomben: Zunächst erklärte die Geschäftsführung, ihre kulturellen Aktivitäten künftig auf Roselius-Haus und Paula-Becker-Modersohn-Haus konzentrieren zu wollen und sich nicht an der Restaurierung des Himmelssaals, auf den alle Finanzierungsüberlegungen gerichtet waren, beteiligen zu können. Wenig später wurde bekannt, daß die Kaffee-HAG an General Foods, einem amerikanischen Lebensmittelkonzern, verkauft worden war. Die Böttcherstraße und ihre Sammlungen waren von diesem Verkauf nicht ausgeschlossen.

103 Der Himmelssaal im Haus Atlantis in der Böttcherstraße im Blick auf die Rückwand nach abgeschlossener Restaurierung

Dr. Ludwig Roselius d. J. kaufte zwar die Böttcherstraße mit den Sammlungen wieder zurück, doch konnte das den Zeitverlust und die große Verunsicherung, die durch die Veränderung in der Eigentumsstruktur eingetreten war, zunächst nicht wettmachen. Vom Bundesminister des Innern zugesagte Fördermittel mußten storniert, neue Verhandlungen mit neuen Personen begonnen werden. In dieser angespannten Phase stellte Architekt Schnorrenberger, der die Restaurierung wenigstens technisch vorzubereiten suchte, fest, daß die das Gewölbe tragenden Stahlbinder durch Witterungseinflüsse – hinter der Fassade von Mataré bildete sich im Bereich des ehemaligen Balkons ein Feuchtklima – stellenweise bereits auf ihre halbe Stärke korrodiert waren. Plötzlich stand neben dem Problem, wie man die Restaurierung finanzieren kann, das der Standsicher-

104 Die Treppen im Haus Atlantis in der Böttcherstraße nach der Restaurierung von 1990/91

heit und damit auch das der öffentlichen Sicherheit eines Hauses, das mit zwei Sälen intensiv öffentlich genutzt wurde, im Raum. Zwar stellte sich nach weiteren Untersuchungen eines Stahlbau-Unternehmens heraus, daß keine unmittelbare Gefahr bestand, doch erhöhte sich der jetzt unvermeidbare Sanierungsaufwand beträchtlich – es wurde von 400 000 DM, bald auch von mehr gesprochen.

Um wenigstens die rein baulichen Sicherungs- und Restaurierungsarbeiten abzusichern, erhöhte die Stadt ihre Zuschußzusage beträchtlich. Auch die neue Böttcherstraße GmbH erklärte sich nun definitiv bereit, ihren Beitrag zur Finanzierung zu leisten. Das Problem der Buchgrundschuld wurde gelöst, indem Bremen gegenüber dem Bund eine Ausfallbürgschaft übernahm. Bis alle Finanzierungsmodalitäten aufeinander abgestimmt und von den jeweiligen Kostenträgern genehmigt waren, vergingen dennoch weitere Monate, in denen für die Erhaltung des Denkmals nichts getan werden konnte. Konkret bedeutete das: Als im Oktober 1980 endlich die Mittel, die noch in demselben Jahr verbaut werden sollten, bewilligt waren, blieben sechs Wochen, um das, was in einem ganzen Jahr geschehen sollte, auszuführen. Das Büro des Architekten hatte indes alles vorbereitet, so daß daraus keine unüberwindbaren Schwierigkeiten erwuchsen.

Die gab es wenige Monate später. Jetzt nämlich lagen die genauen Kosten für die Anfertigung der neuen Glasbausteine und ihren Einbau vor, und jetzt, nach dem Abbau der Kupferverkleidung auf den Bindern, war auch der Umfang der Schäden an der Stahlkonstruktion in ihrem ganzen Ausmaß erkennbar. War man bei Beginn der Bauarbeiten im November 1980 aufgrund von Kostenschätzungen und Angeboten allein für den baulichen Teil der Restaurierung noch von 468 000 DM ausgegangen – der Betrag entsprach dem, den die polnischen Restauratoren für die Instandsetzung der ganzen Böttcherstraße veranschlagt hatten –, so sollten jetzt 590 000 DM finanziert werden, wobei aber immer noch keine restauratorischen Arbeiten an Wänden und Fußboden erfaßt waren. Den Aufwand dafür schätzte der Architekt auf wenigstens 150 000 DM.

Zwischenzeitlich war die *Stiftung Wohnliche Stadt* gegründet worden, und so gaben sich die Beteiligten nochmal einen Ruck: 150 000 DM steuerte die *Stiftung Wohnliche Stadt* bei, und Bund wie auch die Böttcherstraße GmbH erhöhten gleichfalls ihre Anteile, so daß am Ende des ersten Sanierungsabschnitts, nach welchem der Saal aber immer noch nicht fertig restauriert und öffentlich nutzbar dastand, 698 000 DM bereitstanden.

War die Finanzierung, die über drei Jahre vom Denkmalamt vorangetrieben wurde, schon dramatisch genug, so noch mehr die Baudurchführung.

Es fand sich kein Betrieb, der die neuen Glasbausteine vor Ort, also in Handarbeit, versetzt und dennoch die Gewähr übernommen hätte, daß das neue Gefüge wasserdicht würde. So wurde denn beschlossen, die einzelnen Bogenfelder zwischen den Bindern als Plattenelemente herzustellen und einzusetzen.

Die Glasbausteine wurden von der Glas- und Spiegelmanufaktur AG in Gelsenkirchen gegossen. Der Blauton wurde in einer langen Versuchsreihe in Gelsenkirchen gemischt, bis er den alten Scherben entsprach. Danach wurden die blauen Glasbausteine, runde und eckige, gegossen, anschließend in den selben Formen die weißen Steine. Der Gußvorgang selber, zumal der der weißen Steine, wurde vom Architekten und von der Denkmalpflege nicht überwacht. So fiel in Gelsenkirchen und zunächst auch in Bremen niemandem auf, daß nach dem Guß der blauen Steine die ersten weißen Steine ebenfalls Blau enthielten: Von Lichtblau bewegte sich das Spektrum über wäßriges Aquamarin schließlich zu Weiß – die weißen Steine aber lagen in den Transportbehältern obenauf und ließen vermuten, daß alles in Ordnung sei. Der Betrieb, der die Steine in die gewölbten Plattenelemente einbaute, achtete nun seinerseits auch nicht auf die teilweise erheblichen farblichen Differenzen. Erst als die Plattenelemente vom Architekt, der Denkmalpflege und dem Bauherrn abgenommen werden sollten, wurde der Fehler bemerkt.

An eine Neuanfertigung der Platten war nicht zu denken, weil sich der Betrieb weigerte, noch einmal blaue Steine zu gießen. Er hatte bereits bei der ersten Lieferung erhebliche Verluste erlitten, um die Blaufärbung aus den Glasschmelzwannen herauszubekommen. Indem dadurch aber nicht mehr genug blaue Steine zur Verfügung standen, mußten jetzt in Handarbeit die fehlerhaft eingetönten weißen Steine aus der Platte herausgeschlagen und durch weiße ersetzt werden.

Ende Januar 1982 wurde mit dem Einbau der Segmente begonnen. Auch dabei traten ungeachtet aller Messungen und der Anfertigung von Schablonen erhebliche Probleme auf; viele Teile mußten vor Ort nachgearbeitet werden. Als auch das endlich geleistet war, war das Gehäuse des Himmelssaals wieder intakt.

Aber natürlich hatte das Innere des Saales, auch wenn Fußboden und Wände abgedeckt waren, gelitten, abgesehen davon, daß jetzt der Wunsch bestand, den silberbronzenen Anstrich auf dem glimmrigen Verputz der den Raum unterhalb des Gewölbes zusammenfassenden Wände zu entfernen und die originale Farbigkeit zurückzugewinnen. Eine bereits 1979 in Auftrag gegebene Untersuchung hatte nämlich gezeigt, daß dem Blau des Himmelsgewölbes ein tiefes Blau am Aufgang zum Kuppelraum entsprach und der Decken- und Wandbereich darüber graphitgrau zu denken war.

Also wurde damit begonnen, die Silberbronze zu entfernen. Das kostbare Parkett war noch von den Rohbauarbeiten her mit Folie und Spanplatten abgedeckt und schien geschützt. Die Arbeiten begannen an der linken Seite hinten und schritten nur mühsam voran. Als die Seite vielleicht zur Hälfte fertig war, mußte die Fußbodenabdeckung aufgenommen werden, damit eine Parkettfirma feststellen konnte, welche Kriegsschäden am Parkett zu beseitigen waren. Da kam zu Tage, daß große Flächen unter der Abdeckung durch Pilzbefall zerstört worden waren. Ein Fachmann für Holzschäden, der

105 Leuchte am Treppenantritt im Haus Atlantis in der Böttcherstraße

106 Lampe im Himmelssaal im Haus Atlantis in der Böttcherstraße

zur Prüfung der Frage, ob hier ein Regreßfall vorläge, gerufen wurde, stellte fest, daß es sich um einen ganz gewöhnlichen Pilz handelte, wie er in den hiesigen Wäldern überall aufträte und dessen Sporen durch das Schuhwerk überall hin verteilt würden. Durch die luftdichte Abdeckung – Plane und Spanplatten – und durch eingedrungene Feuchtigkeit war der Pilz „zum Leben" erweckt worden, hatte er sein Zerstörungswerk beginnen können.

Damit endete – vorerst – die Restaurierung des Himmelssaals kläglich. Regreßforderungen gegenüber irgendwelche Unternehmen waren nicht zu rechtfertigen, die nicht mehr im alten Stil mäzenatisch geführte Böttcherstraße GmbH konnte keine weiteren Mittel aufwenden, und auch die Stadt vermochte, nachdem die Haushaltsnotlage immer drastischere Einschnitte forderte, nicht mehr weiterzuhelfen – immerhin hatte sie zuvor 340 000 DM für die Erhaltung dieses bedeutenden Kulturdenkmals aufgewandt neben den 200 000 DM, die der Bund beigesteuert hatte.

Der Saal, obwohl unfertig, blieb gleichwohl nicht ungenutzt. Die Kammerspiele, die seit 1945 den ehemaligen Vortragssaal als Spielstätte genutzt hatten, hatten ihr Mietverhältnis zum Herbst 1984 gekündigt. Das Theater drohte leer zu stehen, wodurch dem Haus die Existenzgrundlage entzogen zu werden drohte. Zu eben der Zeit gründeten indes einige theaterbesessene Schauspieler eine freie Bühne: die Bremer Shakespeare Company. Auf der Suche nach einem Spielort stießen diese nun auf die Räume der Kammerspiele in der Böttcherstraße, die mit diesem neuen Nutzer weiter als Theater genutzt werden konnten. Weil das neue, privat geführte Theaterunternehmen außer dem Theaterraum und den wenigen Nebenräumen auf dieser Ebene keinen Platz für Proben hatte oder um irgend etwas abstellen, aufbewahren oder aufarbeiten zu können, mietete es auch den im Rohbauzustand liegengebliebenen Himmelssaal als Probe- und Magazinraum dazu. Der zum Himmelssaal gehörende Kuppelsaal, in dem noch nichts getan worden war, wurde vom Hauptraum abgetrennt und provisorisch als Wohnung genutzt.

Schon vor diesem Nutzerwechsel war bekannt geworden, daß das Grundstück an der Ecke Martinistraße/Wachtstraße, das die Böttcherstraße GmbH als öffentlichen Parkplatz nutzte, verkauft und bebaut werden sollte. Bald tauchten auch erste Bebauungsvorschläge auf, durch die, das war für die Denkmalpflege der kritischste Punkt, die Lebensfähigkeit von Haus Atlantis mit seinen Saalnutzungen und Nottreppenhäusern erheblich beeinträchtigt werden konnte. Was sollte aus dem Haus werden, wenn die Kammerspiele ausgezogen sein würden und kein neuer Theatermieter (der auch Miete zahlen konnte) für den hinter der Mataréfassade für immer verdunkelten Raum gefunden werden könnte – von der Shakespeare Company war noch nicht die Rede – und wenn die Notausgänge für das Kino im zweiten Obergeschoß abgebrochen würden? Hätte man dann einen Abriß des Flächenkunstwerks von Mataré, verbunden mit einer Wiederherstellung der

Hoetgerschen Front, zu gewärtigen gehabt, um wieder Tageslichträume zu gewinnen? Wie sollten später überhaupt Umbauten an diesem Haus durchgeführt werden, wenn es erst einmal an der Rückseite fest eingebaut sei, nicht angefahren werden könnte? Mehr als der Denkmalpflege lieb sein konnte, wurde sie deshalb in die Problematik um die Bebauung dieses Eckgrundstücks auf der Basis eines ungeeigneten Bebauungsplans[124] hineingezogen, mit dessen Festlegungen am Ende keine befriedigende Lösung im Sinne des § 10 Absatz 2 Denkmalschutzgesetz gefunden werden konnte[125]. Die Auseinandersetzung um die Gestaltfindung des Neubaus auf dem einstigen Parkplatz der Böttcherstraße GmbH – bekanntlich hat dort ein schwedischer Investor ein Hotel mit Tagungsräumen errichtet – gehörte deshalb zu den unerfreulichen Erfahrungen der Denkmalpflege in Bremen, und dies nicht etwa in der Auseinandersetzung mit den Interessen des Bauherrn, sondern im Umgang mit dem Bauressort und der aufsichtführenden Oberen Denkmalschutzbehörde.

Um so erfreulicher gestaltete sich im Zusammenwirken mit der schwedischen Bauherrin, dem Skanska Konzern, die denkmalgerechte Instandsetzung von Treppenhaus, Himmelssaal und Kuppelraum, für die das Unternehmen klaglos etwa 1 Million DM aufwandte. Dabei hat sich unter Anwendung von § 10 Absatz 4 unseres Denkmalschutzgesetzes die Bestellung eines auswärtigen Sachverständigen sehr bewährt; die Wahl war auf Architekt BDA Horst von Bassewitz aus Hamburg gefallen, der sich im behutsamen Umgang mit schwierigen Denkmalen, Schloß Reinbek bei Hamburg etwa, den Ruf eines kompetenten Fachmanns erworben hatte[126].

Das Restaurierungskonzept konnte in diesem Fall auf eine Befunderhebung aufbauen, die in ihrer Gründlichkeit für die Arbeit der bremischen Denkmalpflege leider nicht alltäglich war – es war von der damals noch in Lüneburg ansässigen Restaurierungswerkstatt von Frau Renate Kant erarbeitet worden. Es zeigte eine auch älteren Mitarbeitern der Böttcherstraße GmbH nicht mehr bekannte differenzierte Materialbehandlung, Farbigkeit und technische Raffinesse. Ihre Wiederherstellung stellt in materieller, handwerklicher und künstlerischer Hinsicht eine außergewöhnliche Leistung dar, die allerdings auch ihren Preis hatte: 1,3 Millionen DM hat die Wiederherstellung dieser einzigartigen Raumgruppe gekostet, zu der die Stadt noch einmal 300 000 DM gegeben hat.

Grundlage aller Arbeiten waren zunächst einmal die Abnahme jüngerer Dispersions- und Silberbronzeanstriche, die Behebung erheblicher Putzschäden und, soweit ehemals nachweisbar vorhanden, die Ausbesserung eines Gips/Leim-Glimmer-Überzugs der Wände. Sodann waren alle Farbfassungen befundgetreu wieder herzustellen. Speziell im Himmelssaal waren über umfangreiche Recherchen Wege zu finden, um die kreisrunde Leucht- und Belüftungsöffnung, von der aus die frei hängende Scheibe vor der Empore angestrahlt wird, mit eingestellten, vertikalen Glassegeln nach Bildvorlagen zu rekonstruieren.

Über der Glasbausteindecke des Kuppelsaals, die zuletzt mit Dichtungsmaterial überzogen war, wurde ein verglastes Schutzdach errichtet. Dadurch konnte die Kuppel wieder durchsichtig gemacht werden, was den Austausch einzelner Glasbausteine nicht ausschloß. An der über Glasbausteine belichteten inneren Treppenhauswand hat man dagegen an den alten, geborstenen Steinen festhalten können.

Seitens des Denkmalamtes war die Restaurierung von Peter Hahn betreut worden.

107 Unser Lieben Frauen, Beinkeller (sogenannte St.-Veit-Krypta), Detail des im Zuge der Vorbereitung der Restaurierung entdeckten Wandbildes nach der Freilegung und Restaurierung 1986

Der Beinkeller von Unser Lieben Frauen
(sogenannte St.-Veit-Krypta)

Der „Beinkeller" unter der Nordostecke des Hallenbaus, beinahe ein Viertel von dessen Grundfläche einnehmend, ist heute nur durch den von Oesterlen 1960 geschaffenen Sakristeianbau zugänglich. Der niedrige, aus Findlingen und roh bearbeiteten Quadern gefügte Raum mit 4 Kreuzgewölbejochen ohne Rippen über quadratischem Mittelpfeiler, dem Typ des Steinwerks – vgl. St. Marien in Osnabrück – nahestehend, ohne daß bauliche Zusammenhänge erkennbar wären. Der Raum spätestens seit dem Neubau des 13. Jh. und der Fundamentierung des nordöstl. Hallenpfeilers als Beinhaus, später auch als Versammlungsraum von Bruderschaften und für Grablegen genutzt. Mit diesen Nutzungen in Verbindung stehen das Fresko im südwestl. Joch, eine qualitätvolle, durch die Fehlstellen allerdings schwer deutbare Darstellung (Jesus vor dem Hohen Rat und Verklärung Christi?) um 1400, sowie das Sandstein-Portal der Grablege der von Koetschau und von Dalwig, um 1730. – Restaurierung 1985–87.
(Georg Dehio, Handbuch der Deutschen Kunstdenkmäler, Bremen-Niedersachsen, 1992)

Der bauliche Zusammenhang des eingesenkten Raumes mit den Vorgängerbauten der im 13. Jahrhundert nach westfälischem Hallenschema neu errichteten Kirche ist nach wie vor offen[127]. Für dessen Nutzung gibt es dagegen seit dem 15. Jahrhundert Belege, und die Ausgrabung von 1984 unterstützt die Annahme, daß der Raum wenigstens seit dem 13. Jahrhundert dem Totenkult als Beinhaus und Andachtstätte einer „Bruderschaft aller Christen Seelen zum Beinkeller" gedient hat[128]. Das 17. und 18. Jahrhundert nutzten ihn mit eingebauten Grüften als vornehme Grablege. Mit der Auflassung der innerstädtischen Friedhöfe und dem Verbot der Kirchenbestattungen zu Beginn des 19. Jahrhunderts[129] wurde der Raum profaniert; über eineinhalb Jahrhunderte lang war er sodann als Abstellraum, ja sogar als Heiz- und Kohlenkeller (miß-)braucht worden.

Für den Raum, der wenigstens in das 12. Jahrhundert zu datieren ist und der neben den Domkrypten zu den ältesten in Bremen erhaltenen gehört, war das eine schlimme Zeit. Erstaunlicherweise hat die bauliche Substanz dabei aber weniger gelitten als durch die Nutzungen und Nutzungsänderungen zuvor. Anders dagegen die spätmittelalterliche Ausmalung, von der nur die an den Gewölben hängenden Reste bekannt waren.

Die Bedeutung dieses Bauteils von Unser Lieben Frauen stand dem Amt immer vor Augen, egal ob man in ihm eine Krypta der St. Veit- oder der Marienkirche sieht oder den Keller eines profanen Bauwerks sehen möchte[130]: Der ungestalte Pfeiler der Hallenkirche des frühen 13. Jahrhunderts und die Lage bei der ersten Marienkirche wiesen immer in die Frühzeit der Stadtwerdung Bremens. In den siebziger Jahren band jedoch die Domrestaurierung alle Kräfte, die finanziellen der Kirche wie auch die personellen der Denkmalpflege. 1979 aber sollte der 1976 erstmals aufgelegte Plan denkmalpflegerischer Schwerpunktsetzungen für die Jahre 1980 bis 1983 fortgeschrieben werden, und innerhalb dieses Zeitraums sollte die Instandsetzung des Beinkellers, der damals nur durch den Sakristeianbau erschlossen war, in Angriff genommen werden[131].

Daraus wurde nichts mehr: Die letzten investiven Haushaltsmittel für größere Maßnahmen standen dem Amt 1981 zur Verfügung.

1985 schied Bürgermeister Hans Koschnick aus dem Aufsichtsrat der Bremer Landesbank – Kreditanstalt Oldenburg aus. Ein solcher Wechsel in der Führungsspitze der Bank war für das Institut immer wieder Anlaß, den Scheidenden mit einer generösen Spende zugunsten einer öffentlichen Einrichtung zu ehren. Hier erreichte sie durch Vermittlung des Senators für Finanzen die

108 Unser Lieben Frauen, Beinkeller, Ornamente am Gewölbe nach ihrer Konservierung

Denkmalpflege, die als Empfänger die Gemeinde von Unser Lieben Frauen vorschlug, um so die Restaurierung des Beinkellers in Gang zu setzen.

Die Gemeinde nahm das Anerbieten an und zeigte sich bereit, künftig auf die Mieteinnahmen aus dem Gewölbe zu verzichten. Zuvor waren aber drei Hürden zu nehmen: Es mußte der Stifter von dem gedachten Stiftungszweck überzeugt werden, was bei dem trostlosen Anblick, den der Raum bot, nicht einfach war, sodann mußte der durch die Stiftung zu Ehrende, hier also Bürgermeister Koschnick, der Annahme der Stiftung für diesen speziellen Zweck zustimmen, und es mußte eine stille, die Höhe der Spende nicht verdunkelnde Ergänzungsfinanzierung gefunden werden. Die Hürden wurden nach und nach genommen: Schenker und Beschenkter konnten von der Bedeutung, vor allem auch von den Erfolgsaussichten der Restaurierung überzeugt werden, die Mehrkosten teilten sich die Bremische Evangelische Kirche, der Senator für Finanzen mit Hilfe des Melchers-Fonds und die Denkmalpflege.

Erste konkrete Schritte zur Wiedergewinnung des Raums waren eine Voruntersuchung der Malereireste durch Restaurator Klaus Thönes und eine partielle Grabung durch den Landesarchäologen[132].

Die Grabung ergab, daß die Gründung der Umfassungsmauern stellenweise nur 50–60 cm unter den Bodenbelag reichte und die originale Fußbodenhöhe nur etwa 20–30 cm tiefer lag – dies entspricht etwa der heutigen. Unter einem älteren Backsteinfußboden wurden drei bis zu 1,50 Meter in die „gewachsene“ Düne eingetiefte Gruben freigelegt. Zwei davon waren mit Bauschutt, in den auch Skelette vermischt waren, ausgefüllt. In einer der beiden Gruben war sekundär eine „Beingrube“ eingegraben worden. Eine dritte Grube war als Beingrube angelegt worden. Eine geschlossene Schicht von Skeletten wurde entgegen den Erwartungen nicht angetroffen.

Die restauratorische Voruntersuchung brachte Gewißheit über den Umfang der spätgotischen Rankenmalerei an den Gewölben und deren katastrophalen Zustand. An Gewölbezwickeln wurden ferner Apostelkreuze aufgedeckt und am westlichen Abschnitt der Südwand Wandmalereien. Alle Malereireste mußten sofort gesichert werden, damit in der Zeit, in der in dem Raum gebaut werden mußte, nicht noch weitere Verluste zu beklagen sein würden.

Auf der Grundlage dieser Befunde konnte in fruchtbarer Auseinandersetzung mit der Gemeinde, die sich gemeindlicher Tradition folgend der Beratung durch Prof. Dieter Oesterlen vergewissert hatte, ein denkmalpflegerisches Konzept entwickelt werden, bei welchem das Gewicht auf eine konservierende Herrichtung des Raumes gelegt

109 Unser Lieben Frauen, der Beinkeller zu Beginn der Restaurierungsarbeiten

wurde. Die Kernpunkte dieses Denkmalpflegeplans waren:

- Sicherung und Freilegung der gefaßten Gewölbe- und Wandbereiche im Sinne des restauratorischen Gutachtens;
- Schließen der Fehlstellen an Gewölben und Wänden;
- Schließen der nachträglich vermauerten, teilweise aber durchstoßenen Öffnungen im Osten, Süden und Westen nach Befund;
- Übertünchen der nicht gefaßten Gewölbe- und Wandflächen nach Befund mit einer Kalkschlämme bei Verzicht auf Steinsichtigkeit;
- Ausbildung des Fußbodens mit oberflächengroben Schebelplatten oder alternativ mit Backstein-Fliesen;
- Wiederaufstellung des Grabkammerportals der von Koetschau und von Dalwig an alter Stelle und frei stehend.

Weitere Punkte betrafen Absprachen wegen eines künftigen Zugangs aus der Kirche heraus und die Anlage eines Notausgangs, sofern ein solcher gefordert würde.

In steter Auseinandersetzung mit den Bauherren der Gemeinde von Unser Lieben Frauen wurde dann dieses Konzept umgesetzt. Wände und Gewölbe blieben auch neben den Resten der Malerei weiß geschlämmt, der Fußboden wurde mit grob geschliffenen Steinplatten ausgelegt und das erhaltene Grabkammerportal losgelöst von der Wand wieder aufgestellt. Vor allem aber wurden die freigelegten Wandmalereien weitgehend ohne Ergänzungen konserviert. Bei denen auf den Gewölben, Diestelranken, kann von einer Entstehungszeit um 1500 ausgegangen werden, während das an der Wand sich in die Zeit um 1400 datieren läßt. Dieses kann aber wegen der umfangreichen Fehlstellen thematisch nicht festgelegt werden. Unter dem Schildbogen wurde die Wand mittels Säulen in drei Bogenfelder unterteilt, von denen die äußeren sich dem Schildbogen anpassen. Das rechte Bild zeigt nun eindeutig eine Ecce-homo-Szene, während sich im mittleren Feld zwei Gestalten in bewegtem Gestus gegenüberstehen, zwischen denen ein Nimbus ohne Kopf dargestellt ist – diese Szene ist bisher nicht gedeutet. Das dritte Bild ist durch eine eingebrochene Tür fast vollständig zerstört.

Die Restaurierung, die bis August 1987 dauerte, wurde seitens des Amtes von Peter Hahn betreut, seitens der Bremischen Evangelischen Kirche von Eckhard Hollmann und seitens der Gemeinde von ihrem Bauherrn Helmut Willich; die restauratorischen Voruntersuchungen und die Restaurierung lagen in den Händen von Klaus Thönes.

Die Gemeinde hat 1988/89 schließlich den so für die Öffentlichkeit gewonnenen Raum durch einen Abgang von der nordwestlichen Ecke des Kirchenschiffs aus erschlossen.

110 Domsheide, Landgericht, das Treppenhaus nach Freilegung und Restaurierung der Gewölbe 1997

Das Landgerichtsgebäude

1891–95 und 1902–06 (Untersuchungsgefängnis) nach Entwürfen von L. Klingenberg und H. Weber, Oldenburg. Weitläufiger Gebäudekomplex mit geschlossenen Blockrandfronten und – beim Untersuchungsgefängnis – 2 Binnenhöfe umschließenden Flügeln. Der Grundriß wurde den justizbehördlichen Bedürfnissen entsprechend betont funktional gegliedert; die historistisch behandelten, der französischen Renaissance (u. a. Blois) verwandten Fronten erhielten akzentsetzende Turmbauten auf den Ecken; gelber und roter Verblender mit Werksteinschmuck. Der erklärten Abneigung der Bauleitung gegen „Schablonentum und Massenfabrikate" war der reiche, von heimischen Künstlern und Handwerkern ausgeführte Dekor zu verdanken, darunter die figürlichen Arbeiten mit Repräsentanten des bremischen Rechtswesens und anekdotisch aufgefaßte Allegorien der Tugenden und Laster; am Gesims die Wappen deutscher Hansestädte als Majoliken. Im Inneren von der nicht minder anspruchsvollen Ausstattung viel erhalten, exemplarisch der Schwurgerichtssaal.
(Georg Dehio, Handbuch der Deutschen Kunstdenkmäler, Bremen-Niedersachsen, 1992)

Schon Jahre vor dem Zentenarium des Gerichtsgebäudes bemühte sich der Präsident des Landgerichts, Mittel für die Restaurierung der Säle und der noch im Haus verbliebenen späthistoristischen Möbel bewilligt zu bekommen[133]. Es war ein dornenreiches Bemühen, dem am Ende aber doch einiger Erfolg beschieden war. Der ist um so größer zu bewerten, als die Hemmschwelle, für das historische Innere eines Gerichtshauses Mittel zu bewilligen, höher liegt als bei anderen Denkmalobjekten: Einem Gericht geht jedermann gern aus dem Weg, und mit historischen Gerichtsräumen mit ihrer aus den Anfängen des BGB (oder der Spätzeit des preußischen Landrechts) stammenden Hierarchie vom Richtertisch über den Platz der Staatsanwaltschaft zur Anwaltschaft und zuletzt herab zur Anklagebank tut man sich heute allenthalben schwer. Andererseits war für niemanden zu leugnen, daß die Räume anspruchsvoll gestaltet, geschichtsträchtig und von daher erhaltenswert sind. Und es war auch nicht zu übersehen, daß alle Neuerungen und Modernisierungen der vergangenen Jahrzehnte weder materiell noch gestalterisch hielten, was sie verheißen wollten – es waren Eintagsfliegen. Am Ende konnte zwar einiges zur Erhaltung der alten Ausstattung und zur Wiedergewinnung des historischen Bildes getan werden, aber es blieb bei weitem nicht alles, was nötig gewesen wäre, und vor allem lief es auf ein hier und da hinaus, auf ein punktuelles Konservieren, Restaurieren und Erneuern.

Der kleine Strafkammersaal (Raum 231) war der erste Raum, der unter restauratorischen Gesichtspunkten instand gesetzt wurde. Dabei ging es nicht nur um die Aufarbeitung der beschädigten und erblindeten Wandpaneele mit einer Schellackmattierung. Weit schlimmer stand es um die Möbel: Die Polsterung der lederbezogenen Sessel und Stühle, oft provisorisch und mit anderem Material repariert – meist Kunstleder –, war nicht mehr reparabel – wenigstens nicht an den Möbeln, die regelmäßig benutzt werden müssen. Auch das eingefärbte, geprägte und mit Schnitten und Punzierungen verzierte Leder der Rücklehnen und Sitze, ohnehin nur noch in wenigen Exemplaren vorhanden, war nicht mehr verwendbar und deshalb neu zu beschaffen. Dieses „neu beschaffen" bedeutete, daß entsprechendes naturgegerbtes Leder in derselben Bearbeitung eigens hergestellt werden mußte. Weil das nicht in kleinen Partien möglich ist, mußte Sorge getragen werden, einen möglichst großen Posten für viele Möbel finanziert zu bekommen.

Der Saal ist mit hellen Verblendersteinen ausgekleidet. Die waren an der Stirnwand über den Richterplätzen und an der Rückwand oberhalb der Zuschauer mit Allegorien

111 Domsheide, Landgericht, Wandbespannung im Schwurgerichtssaal nach der Reinigung

112 Domsheide, Landgericht, kleiner Strafkammersaal nach der Restaurierung 1992

bemalt. In den sechziger Jahren hatte man die Steine und die Bemalung überstrichen. Etwa zehn Jahre später wurde diese Überfassung wieder abgewaschen, wobei schemenhafte Reste der Bilder wieder zutage traten. Die Darstellung auf der Seite der Richter war nicht mehr zu identifizieren und konnte deshalb nicht rekonstruiert werden. Die auf der Zuschauerseite war dagegen noch so weit erhalten, daß sie durch Restaurator Klaus Thönes, wenigstens soweit der Gegenstand der Darstellung – Justitia, Wappen mit großer Helmzier, Schriftrolle, Rosenranken und Rollwerk, die das Wappen begleiten – eindeutig war, restauriert werden konnte.

Bedeutende Mittel für eine Restaurierung des Schwurgerichtssaals einzuwerben war nicht möglich, obwohl dessen Ausstattung innerhalb des Landgerichts anerkanntermaßen von besonderem Gewicht war. Nur für einen kleinen Teilaspekt war die *Stiftung Wohnliche Stadt* bereit, einen Beitrag zu leisten. Das war für die Konservierung der Wandbespannung.

Die sehr gründlichen Voruntersuchungen hierzu hatte wieder Hans-G. Thiessen durchgeführt[134]. Die Untersuchung ergab, daß der Kettfaden aus Jute und der Schußfaden aus zwei nebeneinandergeführten Flachsfäden bestehen – das ist dieselbe unheilvolle Materialverbindung, die beim originalen Vogelerschen Teppich in der Güldenkammer dazu geführt hatte, daß der Teppich nicht mehr erhalten werden konnte. Der Jutefaden hat nämlich nur eine geringe Reißfestigkeit und bricht, wenn er gealtert ist, bei geringster Biegung. Bei der im Ruhezustand hängenden Wandbespannung sind die Belastungen zwar geringer als bei einem begangenen Teppich, doch auch hier wirken sich Alterungserscheinungen negativ aus: Die Wandbespannung drohte zu reißen, weil sie nicht mehr gleichmäßig gespannt war, stellenweise durchhing, Falten warf und dadurch ungleichmäßig belastet wurde. Auf den Falten wiederum hatte sich Staub abgelegt, der zwar auch auf den Flächen zu vermuten war, hier aber mehr ins Auge fiel. Die Voruntersuchung hatte im übrigen aber auch gezeigt, daß die Bespannung nur vor Ort restauriert werden, also keinesfalls abgenommen werden durfte, sollten die Schäden nicht vergrößert werden. Außerdem zeigte die Untersuchung, daß eine Feuchtreinigung auszuschließen war. Eine Behandlung mit Wasser erbrachte nicht nur kein Ergebnis, sondern minderte die Reißfestigkeit des Gewebes erheblich; eine Reinigung mit reinem Alkohol zeigte zwar gute Wirkung, doch verbot sich diese Lösung im geschlossenen Raum.

Es blieb als einzige Möglichkeit die trockene Reinigung durch Abpinseln des losen Staubs mit einem weichen Dachshaarpinsel sowie durch Ansaugen und Absaugen tiefer sitzenden Schmutzes, letzteres auch, um aufgewirbelten Staub einzufangen. Anschließend wurde, wo nötig, das Gewebe wieder gleichmäßig auf die Wand gespannt und, allerdings in nur sehr geringem Umfang, retuschiert.

Nachdem ein Gerüst im Saal stand, wurden auch eine grobe Entstaubung der Gesimse und Steinplastiken durchgeführt und die durch Feuchtigkeit teilweise arg schadhafte Lünettenmalerei gefestigt. Leider konnten darüber hinaus keine Konservierungen, geschweige denn Restaurierungen durchgeführt werden. Aber auch so ist der Erfolg der Maßnahme beachtlich: Eine weitere Schädigung der Wandbespannung durch einseitige mechanische Beanspruchung konnte verhindert und ihre optische Erscheinung durch die Reinigung sichtbar verbessert werden.

Es war bekannt, daß die Wand-, Gewölbe-, Gurt- und Schildbogenflächen im Treppenhaus und den anschließenden Fluren mit freihändig aufgetragenen und mehrschlägig schablonierten Ranken- und Pflanzendekoren bemalt waren – unterschiedlich reich zwar, aber durchgängig. Diese dekorative Fassung war, spätestens bei der Beseitigung von Kriegsschäden, die auch dieses Haus getroffen hatten, überstrichen worden, und zwar beim ersten Mal mit einer Leimfarbe, später mit Binderfarben, die ihrerseits wieder schadhaft waren.

In Ergänzung zu den Restaurierungen in wenigstens zwei wichtigen Sitzungssälen und als Höhepunkt einer denkmalgerechten, seiner Bedeutung angemessenen Präsentation des Gerichtsgebäudes sollte wenigstens im Bereich der Haupttreppe und der Dielen vor den Sitzungssälen die historische, historistische Fassung wieder hervorgeholt werden. Dazu gehörte auch die Rückgewinnung der kleinteiligen Bleiverglasung der Fenster. Ziel dieser Maßnahmen war, das in seiner Architektur kaum veränderte Treppenhaus wieder in das bei seiner Erbauung intendierte Raumbild zurückzuverwandeln.

Es gelang, die historistische Gewölbemalerei, die, auch wenn es sich nur um eine ornamentale Ausschmückung gehandelt hatte, nicht ohne Anspruch war, von den überdeckenden Anstrichen freizulegen und die leider recht desolate Malerei in allen erhaltenen und erkennbaren Details zurückhaltend lasierend und unter Verzicht auf die ursprünglich härtere, volltonigere Malerei mit stark ausgedünnten Leimfarben wiederherzustellen. Insgesamt wurde so eine geschlossene Deckenpolychromie mit hoher Befundlage erreicht.

113 Domsheide, Landgericht, Richtersessel nach der Restaurierung

An der Rückgewinnung des bauzeitlichen Raumbildes – bei aller Bemühung natürlich mit Abstrichen – waren als Restaurator Klaus Thönes und seitens des Amtes Peter Hahn tätig.

Es ist nicht wenig, was seit 1992 im Gerichtshaus restauratorisch geleistet werden konnte, indes, wer das Haus kennt, der weiß, daß das alles nur wenig mehr als der berühmte Tropfen auf den heißen Stein war. So bleibt zu wünschen, daß mit der Zeit auch die anderen noch aus der Bauzeit erhaltenen Sitzungsräume, vor allem die Zivilkammersäle mit ihrer schönen Holzausstattung, noch einmal wiederhergestellt werden können, bevor deren Einrichtung, weil unansehnlich geworden, aus Modischkeit, aus Kostengründen oder aus Bequemlichkeit herausgerissen und die Räume banalisiert werden.

114 Die Arberger Mühle, Zustand 1995

Fünf Mühlen

Windmühle (Arberger Heerstraße). Galerieholländer von 1803. Antrieb und Mahlgänge weitgehend erhalten.
(Georg Dehio, Handbuch der Deutschen Kunstdenkmäler, Bremen-Niedersachsen, 1992)
Die anderen Mühlen nicht genannt.

Es begann schon vor dem Ersten Weltkrieg: Mit der Ausdehnung der Städte verloren die stadtnahen Mühlen ihre Kundschaft, mit der Rationalisierung der Arbeit wurden auch auf dem Lande Mühlen auf Motorkraft umgestellt, und mit der durch die beiden Weltkriege begünstigten Konzentration der Getreidewirtschaft wurde ein kleiner Mühlenbetrieb nach dem anderen entbehrlich. So kam es zu dem großen, das Bild der norddeutschen Landschaft verändernden Mühlensterben[135].
Es waren die Heimat- und Naturschützer, die als erste diesen Wandel beklagten und versuchten, diesem Trend entgegenzuwirken. Dagegen war es ein langer Weg, bis sich auch die Denkmalpflege dieser volkskundlich-technischen Bauwerke annahm und sich aktiv für ihre Erhaltung einsetzte. Bremen stellte sich dabei schon früh dieser Aufgabe. In den Hunger- und Aufbaujahren von 1946 bis 1950 erreichte die Baudenkmalpflege mancher Hilferuf bremischer Müller – Hilfe war indes nur selten möglich[136]. Sichtbares Zeichen des Bemühens um die Erhaltung der letzten Zeugnisse dieser Baugattung war dann die Unterschutzstellung von fünf optisch noch weitgehend erhaltenen Mühlen im Lande Bremen im Juli 1953 durch den Senat[137]; es waren dies die Wallmühle, die Arberger Mühle, die Hemelinger Mühle, die Oberneulander Mühle und die Mühle in Bremen-Farge. Bald zeigte sich aber, daß man sich übernommen hatte, daß kein echter Erhaltungswille hinter diesem spektakulären Schritt stand: Als die Hemelinger Mühle dringend Unterstützung brauchte, vergingen Jahre, bis sich die notwendige, schmale Hilfe am Horizont abzeichnete; währenddessen verfiel die Mühle, bis schließlich ihr Abbruch genehmigt und hingenommen werden mußte.
Und viel hat nicht gefehlt, daß auch die Arberger Mühle abgegangen wäre, denn im Frühjahr 1957 sah sich das Bauordnungsamt zu einem Sicherungsgebot veranlaßt, das ebenso zum Verlust der Mühle hätte führen können, wie es schließlich durch glückliche Fügung zur Erhaltung geführt hat[138]. Von da an läßt sich über drei Generationen der Eigentümer – Heinrich Kramer, seine Tochter Dorothea mit ihrem Ehemann Adolf Möller und schließlich deren Sohn Werner Möller – eine ungewöhnlich intensive Zusammenarbeit mit der Denkmalpflege unter Rudolf Stein, Karl Dillschneider und Hans-Christoph Hoffmann zusammen mit Volkmar Schöning aus den Akten herauslesen.
Unter Rudolf Stein wurden neben kleineren Unterhaltungsarbeiten die Galerie und einer der beiden Flügel erneuert. Nach einer Pause von sieben Jahren standen abermals große Reparaturen an. Eine Blitzschutzanlage mußte gebaut und der Mühlenkopf mit der Windrose und den Auflagern für die große Welle erneuert werden. Weil die Baudenkmalpflege schon damals nicht genug Geld hatte, um die notwendigen Arbeiten fördern zu können, griff der damalige Ortsamtsleiter Hermann Funk die in Horn erprobte Idee einer Spendenaktion zugunsten der Mühle auf. Sie erbrachte 1968/69 etwas mehr als 11 000 DM, die aus Toto-Lotto-Mitteln ergänzt wurden.
In dieser Zeit mußte auch hier der Mühlenbetrieb eingestellt werden, und so trat neben der Sorge um den Erhalt des Denkmals die um eine angemessene Nutzung. Dazu wurde die Mühle zum ersten Mal nach 165 Jahren gründlich gereinigt, Geräte, die nicht unmittelbar zur originalen technischen Einrichtung gehörten, wie überzählige und unbrauchbare Mühlsteine, mußten ausgeräumt werden. Dabei haben alle Beteiligten strikt darauf geachtet, daß nichts ausgebaut und verloren ging, was mit der Betriebsfähigkeit

115 Mahlwerk in der Arberger Mühle

116 Die Hemelinger Mühle, Zustand um 1950

der Mühle zu tun hat – noch heute könnte die Mühle Korn zu Mehl mahlen. Die schweren Ausräumarbeiten wurden wiederum durch das Technische Hilfswerk in freiwilligen Sondereinsätzen durchgeführt – eines der vielen Beispiele, wie das Ortsamt damals persönliches Engagement und Kräfte von allen möglichen Seiten mobilisieren konnte.
Als Nutzung hatte man den Ausbau des Mühlenkörpers bis zur Galerie für ein Atelier ins Auge gefaßt. Dazu mußten die Fenster im unteren Geschoß vergrößert, ein Nebenraum und ein abgeteilter Aufgang für den oberen, technischen Teil der Mühle gebaut werden. Das geschah 1971–73, wobei aus dem Programm der Künstlerförderung die Mittel reichlicher und vor allem zügiger flossen.
Aber mit Ateliers ist das eine eigene Sache. Anfangs wollte man die Mühle durch die Stadt anmieten, um sie an Künstler, die man fördern wollte, preiswert abzugeben. Das wäre der richtige Weg gewesen. Am Ende sollten sich aber die Künstler selber mit dem Eigentümer über die Mietkonditionen auseinandersetzen. Die Mietforderung war nicht hoch, aber die Nebenkosten, besonders die für Heizung und Anbindung an die Stadt, schreckten die Künstler. Ein Bremer Handwerker, der zusammen mit einem Künstler eine Ateliergalerie eingerichtet hatte, hat dann auch aus diesen Gründen nach nur einem Winter die Segel gestrichen. Das Kapitel Ateliernutzung war damit schnell wieder beendet.
Aber die Reparaturen gingen auch ohne Nutzung weiter. Um rechtzeitiger als bisher von Schäden an den Mühlen zu erfahren, wurde mit einem Mühlenbauer ein Mühlenwartungsvertrag abgeschlossen: Jährlich sollten die fünf bremischen Mühlen inspiziert und kleine Mängel sofort behoben werden. Die Berichte kamen auch herein, aber schon die Behebung kleinerer Schäden, von denen das Amt nun erfuhr, überstieg regelmäßig den finanziellen Spielraum des Amtes. Es war ein verzweiflungsvolles Stopfen immer neuer Löcher hier und da. Vor allem aber, alle kleinen Reparaturen konnten immer erst durchgeführt werden, wenn es durch zeitliche Verzögerungen, durch das Strecken der Aufträge, große geworden waren. Der Verschleiß beweglicher Mühlenteile, nicht nur der, die der Witterung ausgesetzt sind, ist extrem hoch wegen der vielen gegeneinander beweglichen Verbindungen, der dadurch bedingten Durchbohrungen, der vielen Stellen, an denen sich Wasser sammeln und zerstörend wirken kann. Es müssen deshalb unablässig Wartungsarbeiten durchgeführt werden. Wer aber soll dafür aufkommen? Der Unterhalt von Wind- und Wassermühlen mit ihrer komplizierten Technik – besonders wenn diese, wie bei der Arberger Mühle, im wesentlichen noch aus Holz besteht – ist regelmäßig unrentierlich und kann vom Eigentümer nicht eingefordert werden. Durch größere bauliche Eingriffe und dadurch ermöglichte intensivere Fremdnutzung kann zwar die Differenz zwischen Aufwand und Ertrag etwas gemildert werden, aber einen Ausgleich wird man selten erreichen. So muß, sollen die wenigen noch erhaltenen Mühlen weiter bestehen bleiben, die öffentliche Hand immer wieder helfen.

Da kann zwar nicht abgestritten werden, daß die Bereitschaft, Mittel für den Unterhalt von Mühlen abzuzweigen, in Niedersachsen und Bremen immer größer war als zugunsten anderer Denkmale, aber es ist doch ein ständiges Ringen, ein ständiges phantasievolles Suchen nach neuen Geldquellen.
Die tat der Eigentümer der Arberger Mühle zu Zeiten auf, als „sponsoring" noch ein nur wenigen Sportfunktionären bekannter Begriff war. Geburtstagssammlungen, Dorfmarktspenden und Spenden aus vielen Anlässen summierten sich in den vergangenen 15 Jahren zu einem nennenswerten Betrag, der zusammen mit der Eigenleistung das öffentliche Handeln wirksam ergänzte. Solche Zuwendungen von Dritten kommen schließlich auch nicht von allein, sie wollen durch den Eigentümer mühsam „erarbeitet" werden mit persönlichem Einsatz bei Führungen und kleinen Bewirtungen, wenn es galt, sich wieder einmal für eine Spendenaktion oder eine Hilfsaktion, wie sie das Technische Hilfswerk geleistet hatte, zu bedanken.
Der Einsatz der Eigentümer dieser Mühle ging aber viel weiter: Vorausschauend hatten sie einen Eichenbalken auf Lager gelegt, der zur Verfügung stand, als 1982 in einer Notsicherung der zu mehr als der Hälfte verrottete Windbalken – von außen kann Holz, das innen schon völlig morsch ist, noch so schön aussehen! –, auf dem das ganze Gewicht der Flügel ruht, ersetzt werden mußte. Woher hätte man in einer solchen Notsituation einen abgelagerten Balken mit einem Querschnitt von 40 x 40 cm nehmen sollen, wenn ihn sich nicht ein vorausschauender Eigentümer zur Seite legt? Und als dieser Balken eingebaut war, da nahm er wieder eine Gelegenheit wahr, sich abermals einen Balken dieses Ausmaßes beiseite zu legen.
So wurden der Windrosenbock erneuert, die Windrose, wenig später die Flügel der Windrose, die nur wenige Jahre früher aufgrund einer Empfehlung aus „ewig haltbarem", wasserfest verleimtem Sperrholz gearbeitet waren, der hintere Querbalken, der den Windrosenbock trägt, die Jalousieklappen

117 Die Horner Mühle, Zustand 1980

der Flügel und die Heckscheren. Ständig waren die Galerie, die Jalousiegelenke, die Heck- und Rutensäumer zu reparieren, die Flügelwelle neu einzustellen, die Flügel im Wellkopf zu verkeilen – alles kleine Arbeiten, die in ihrer Gesamtzahl aber auch zu Buche schlagen.
Und bei all diesen Erneuerungsmaßnahmen stellt sich immer wieder auch die Frage, ob oder wieviel vom Denkmalwert erhalten bleibt. Bei der Arberger Mühle sieht diese Bilanz noch vergleichsweise günstig aus: Die Flügel können noch gedreht werden, der Kopf stellt sich verläßlich gegen den Wind, zwei Mahlgänge könnten mit wenigen Handgriffen wieder in Gang gesetzt werden. Das ist alles andere als selbstverständlich. Viele Mühlen, die noch Flügel haben, können nicht bewegt werden, weil das Gestänge und die Jalousiegelenke festsitzen, weil die Klappen fehlen – weil niemand mehr da ist, der weiß, wann er die Mühle in Bewegung setzen darf und wie das überhaupt geht. Wenn aber eine Mühle über längere Zeit feststeht, sacken die Flügelrouten durch, käme es bei einer Inbetriebnahme zu Unwucht.

Nach dem Geschilderten wird ein Besuch in der Arberger Mühle an einem der „Niedersächsisch-Bremischen Mühlentage", sie finden meist um Pfingsten statt, jeden Besucher davon überzeugen, daß die Erhaltung dieser Mühle dem persönlichen Engagement der Eigentümer zu danken ist. Durch ständiges Beobachten aller Mühlenteile und ihrer Funktionen haben sie stets dafür gesorgt, daß Schäden erkannt wurden, solange sie noch klein waren – um so bedauerlicher war es dann oft genug, wenn erkannte Schäden nicht behoben werden konnten, weil die Mittel fehlten, notwendige Reparaturen zu bezahlen. In solchen Fällen helfen aber immer Provisorien über die Zeit hinweg.

Wo eine Mühle nur ein Betriebsgebäude ist, stellen sich die Dinge anders dar. An der Horner Mühle waren die Flügel bereits 1938 demontiert, und in der Mitte der sechziger Jahre sollten eigentlich auch der Kopf der Mühle und die Reste der Galerie abgetragen werden, um die Unterhaltungskosten für das Restgebäude, das betrieblich genutzt wurde, gering halten zu können[139]. Durch den Ausbau des Leher Kreisels und der zuführenden Straßen geriet der bis dahin hinter hohen Bäumen versteckte Mühlentorso aber in den Blick einer Öffentlichkeit, die neben dem Neuen, das gebaut wurde, auch Altes erhalten sehen wollte. Schnell waren sich Ortsamt und Denkmalpflege einig, die Mühle zu erhalten und wieder instand zu setzen. Die zunächst auf 80 000 DM geschätzten Kosten der Wiederherstellung des Flügelkreuzes und der Galerie sollten hälftig durch eine Spendenaktion des Bürgervereins Horn-Lehe und der Stadt aufgebracht werden – beides bereitete keine Schwierigkeiten[140]. Die Unterschutzstellung erfolgte im April 1967[141]; ihr waren offenbar weitreichende, schriftlich aber nicht fixierte Zusagen an den Eigentümer vorausgegangen, in denen ihm zugesichert wurde, daß ihm keinerlei Lasten durch die Unterschutzstellung und die Wiederherstellung der Mühle entstehen sollten – sieht man einmal von dem materiellen Aspekt im engeren Sinne ab, war das eine kaum einzulösende Zusage, die deswegen auch immer wieder der Grund für Irritationen im Verhältnis zwischen Eigentümer, Denkmalpflege und Öffentlichkeit war.

Immerhin präsentierte sich die Mühle 1971 wieder in strahlender (und angestrahlter) Schönheit. Aber nur drei Jahre später zeigte sich bereits, daß man bei der Grundinstandsetzung zu sehr gespart hatte, denn da war bereits das Winkelgetriebe der Windrose schadhaft, zeigte sich Befall von Holzbock, wies die Schieferdeckung des Mühlenkörpers Schäden auf, hätten Galerie und Flügel einen neuen Anstrich gebraucht. Kaum war bis 1977 das Nötigste geschehen, zeigten sich neue Mängel: Holzbock, Holzwespe, Pockkäfer und Anobien fraßen im Wortsinn teure Löcher. Und war an der einen Stelle Abhilfe geschaffen, zeigten sich andere Schäden an Windbalken, Windrose, Windrosenbock, Flügeln und Klappen.

Die ständig auflaufenden Kosten hatten in dieser Zeit einen für die finanzielle Ausstattung des Amtes so dramatischen Umfang angenommen, daß ernsthaft überlegt wurde, die denkmalpflegerische Fürsorge für diese Mühle einzustellen, den Denkmalschutz also nicht mehr auszuüben. Die Unterhaltung von Windmühlen ist für Private so eindeutig überwiegend unrentierlich, daß auch bei ausgedehnter Auslegung des Begriffs Sozialpflichtigkeit des Eigentums die Unterhaltungslast so gut wie ausschließlich dem Denkmalschutz allein obliegt; das geht gerade noch, wenn ein Eigentümer durch sein persönliches Engagement mithilft, diese Last zu tragen, und sei es durch Eigenleistungen, doch stößt die Denkmalpflege an ihre Grenzen, wenn sie Kontrolle, Wartung und Instandhaltung allein leisten soll. Dem stand das lebhafte Interesse der Öffentlichkeit gegenüber. Zunächst wurden durch Sonderzuwendungen aus Toto-Lotto-Mitteln die Löcher gestopft, später durch die *Stiftung Wohnliche Stadt,* und am Ende half abermals die Bevölkerung, die in kurzer Zeit über 25 000 DM sammelte – dabei ein Spender allein 20 000 DM. Endlich schienen die aktuellsten Probleme gelöst, schien es möglich, über den Tag hinaus planen zu können.

So sollten in den kommenden Jahren der vordere und der hintere Windbalken und die Kehrbänke durch neue ersetzt werden – gut abgelagertes Holz lag zur Stelle.
Da brach in der Sturmnacht auf den 23. Januar 1995 ein Flügel ab. Die Galerie wurde beschädigt, Teile der Klappen und Windbretter fielen auf den Betriebshof und auf die in dem Moment nicht befahrene Straße; zu Schaden war niemand gekommen. Die Ursache des Schadens lag in einer von außen nicht erkennbaren morschen Stelle, die den Querschnitt des Flügels ausgehöhlt hatte; Schnitte oberhalb und unterhalb der Bruchstelle zeigten bei späteren Untersuchungen noch gesundes Holz. Zunächst aber mußte das Flügelkreuz abgenommen werden, um jede weitere Gefährdung auszuschließen – es wußte schließlich niemand, ob auch die anderen Flügel schadhaft waren. Danach stellte sich aber drängender als früher die Frage, ob die Mühle wiederhergestellt werden könne. Die öffentlichen Mittel waren jedenfalls so erschöpft, daß an eine Erneuerung der Flügel durch die Denkmalpflege nicht zu denken war.
Da bildete sich aus dem Bürgerverein Horn-Lehe heraus ein Förderverein, der es sich zum Ziel setzte, die Mühle wieder instand zu setzen. Das Erstaunliche geschah: Binnen zwei Jahren sammelte dieser Verein über 150 000 DM[142] – das ist die erfolgreichste Sammlung zugunsten eines Kulturdenkmals in Bremen! Das hat die *Stiftung Wohnliche Stadt*, den Ortsbeirat und die Denkmalpflege veranlaßt, ihre Fördermöglichkeiten noch einmal bis zum äußersten auszuschöpfen. Und so grenzte es für die Denkmalpflege wirklich an ein Wunder, daß die Horner Mühle wieder erstand und jetzt auch besser denn je (ein Ausdruck, der bei Denkmalpflegern sonst eher auf Skepsis stößt), denn nun wurden alle immer wieder zurückgestellten Mängel, alles Flickwerk beseitigt: Mühlenkopf und Flügel sind neu hergestellt und sollten mit etwas Pflege mehr als nur eine Generation halten.
Es war zu Beginn dieses Kapitels gesagt worden, daß es in der Stadt Bremen fünf

118 Die Rekumer Mühle

Windmühlen gibt, die es zu erhalten gilt. Sie werden, unabhängig von der Eigentumsform, mehr oder minder vollständig von der öffentlichen Hand erhalten – die Gründe waren schon genannt. Für die beiden stadteigenen Mühlen in den Wallanlagen und in Oberneuland sollte das selbstverständlich sein, obwohl auch da die Verhältnisse über viele Jahre hinweg alles andere als rosig waren[143]. Der Unterhalt der drei privaten Mühlen – zu den beiden geschilderten Fällen tritt als dritte die kleine „Erdholländer“-Mühle in Farge, an der auch immer wieder Arbeiten anfallen – stellt dagegen eine dauernde Herausforderung dar, die sich nur aus dem ganz unmittelbar greifbaren öffentlichen Interesse der Bevölkerung an ihren Mühlen rechtfertigt.

119 Das Gewächshaus im ehemals Hasseschen Park, Rockwinkeler Landstraße 41/43

Park, Villa und Gewächshaus Hasse

(Tobias-Schule)

Rockwinkeler Landstraße. – Nr. 41/43, ehem. Landsitz Hasse, davor Teil des Landguts Wichelhausen E. 18. Jh., heute Schule. Das zweigeschossige Landhaus 1894–96 von Ed. Gildemeister in Anlehnung an englische Landhäuser mit Veranden, Balkonen und Zierfachwerk. Der Parkbereich hinter der Villa von W. Benque, mit Teich und ausgerichtet auf ein Gewächshaus (Weinhaus) um 1810. Noch spätbarock der säulengestützte, urspr. abschlagbare Mittelteil, fortschrittlich dagegen die technische Ausstattung mit der noch original erhaltenen Mechanik zur Bewegung der Schattenläden und Schrägfenster. Hinter dem Waldstück Reste eines Jardin anglo-chinois.
(Georg Dehio, Handbuch der Deutschen Kunstdenkmäler, Bremen-Niedersachsen, 1992)

Es war nicht der geringste Teil bremischer Kulturschöpfungen, der sich in den Gärten und Parks des 17. bis 19. Jahrhunderts in der Alten Neustadt, dem Hollerland, in St. Magnus und Lesum manifestierte[144]. Die Ausdehnung der Wohn- und Industriebebauung seit der Mitte des 19. Jahrhunderts und die durch Inflation und Hauszinssteuer erzwungenen Teilungen großer Anwesen hatten den Bestand dieser großen Gärten, die nicht selten ein Dutzend Hektar umfaßt hatten, bereits bis auf wenige namhafte Anlagen dezimiert, als der Bauboom der sechziger Jahre unseres Jahrhunderts über sie kam. Dem waren sie schutzlos ausgeliefert: Das Steuerrecht gewährte keine Unterstützung dem, der sich einem teuren Erbe verpflichtet fühlte, schlimmer aber war, daß alle noch verbliebenen großen privaten Garten- und Parkanlagen zu Bauland erklärt worden waren, das in den Grenzen planerischer Festlegungen erschlossen werden durfte[145]. Für diesen Park bedeutete das, daß die neuen Grundstücke wenigstens 2000 qm groß sein sollten – das hätte nichts anderes bedeutet, als daß hier ein Dörfchen hätte entstehen können.

Die Denkmalpflege stand solchen planerischen Ausweisungen hilflos gegenüber, wenn sie nicht immense Entschädigungsforderungen heraufbeschwören wollte[146]. Entsprechend selten war es gelungen, solche historischen Parkanlagen zu retten. Der barocke Teil von Heinekens Park, Oberneulander Landstraße 153–155, konnte nur dadurch vor einer Parzellierung bewahrt werden, daß einer Baugesellschaft der Bau eines vielgeschossigen Appartementhauses hinter dem Herrenhaus genehmigt wurde, ein Koloß im Stil der sechziger Jahre, der sich beim besten Willen nicht in diese Landschaft einfügt und sowohl durch Größe als auch durch Gestalt das alte Herrenhaus der Familie Heineken auf das Ärgste bedrängt[147]. Muhles Park, Oberneulander Landstraße 65–67, hingegen wurde vor der drohenden Aufteilung bewahrt, weil es sinnvoll erschien, die sehr schmale, aber kunstvolle Anlage von Höpkens Ruh durch den Ankauf des benachbarten breiteren Parks zu erweitern. Bescheidene Reste von Ichons Park, Oberneulander Landstraße 70, waren nur zu retten durch die Einbeziehung in eine Altenheimanlage. Ähnlich erging es den großen Gärten an der Lesum, in Vegesack und Blumenthal – der größte Park dort ist Knoops Park, wobei auch der viel von seiner gartenkünstlerischen Gestalt eingebüßt hat[148].

Als 1981 bekannt wurde, daß auch das Anwesen Rockwinkeler Landstraße 41/43 unter Aufgabe der alten Bebauung parzelliert werden sollte, wurde von der Denkmalpflege erwartet, wenigstens Teile des zu dem Zeitpunkt noch gut erhaltenen Parks und die Villa zu sichern. Da erste Forschungen des Amtes bereits vorlagen, konnten im April desselben Jahres der im zentralen Bereich hinter der Villa von Wilhelm Benque gestaltete Park mit den damals noch erhaltenen anglo-chinoisen Strukturen des älteren Wichelhausenschen Parks und mit einigen ebenfalls zu der Zeit noch vorhandenen Aus-

120 Landhaus Hasse, heute Tobias-Schule, Rockwinkeler Landstraße 41/43

stattungsteilen, die Villa von Eduard Gildemeister und schließlich auch das technisch hochinteressante, in dieser Art in Deutschland womöglich einzigartige Gewächshaus vorläufig unter Denkmalschutz gestellt[149] werden; die endgültige Eintragung erfolgte im März 1982.

Die Denkmalpflege hatte sich in den folgenden Jahren nicht nur mit den Eigentümern auseinanderzusetzen, deren Vorstellungen über die Verwertung des Grundstücks ursprünglich andere waren, sondern auch mit dem Planungsamt, das nur in engsten Grenzen von der Möglichkeit, die durch den Bebauungsplan 762 gegebene Ausnutzung unter Anwendung des § 44 Bundesbaugesetz[150] herabzusenken, Gebrauch machen wollte – und das auch nur im Interesse des Naturschutzes und nicht zugunsten des Denkmalschutzes. Die kontroverse Einschätzung der Denkmalbedeutung und des Naturschutzes war sogar so eklatant, daß die Denkmalpflege plante, die nächste in Bremen stattfindende Tagung der Vereinigung der Landesdenkmalpfleger in der Bundesrepublik Deutschland diesem Thema zu widmen[151]. Nicht weniger schmerzhaft war aber auch, hilflos mit ansehen zu müssen, wie ein Ausstattungsteil nach dem anderen aus dem Park verschwand und die Gartenarchitektur mehr und mehr devastiert wurde, weil das Grundstück entgegen allen Forderungen und Hinweisen auf die Pflichten eines Denkmaleigentümers nicht verschlossen wurde. So wurden nicht allein am Gewächshaus fast alle Scheiben eingeschlagen und Gegenstände aus dem Haus entwendet, sondern an der chinoisen Brücke im hinteren Teil des Parks die Geländer abgerissen und ins Wasser geworfen sowie der „Chinesische Pavillon", auch bekannt als „Franzosentempel", durch Feuer zerstört[152]. Nur die Villa war vermietet und blieb bis zur Übernahme durch die Tobias-Schule weitgehend unbeschädigt.

Einer der Streitpunkte mit Natur- und Umweltschutz war, daß die nach Meinung des Planungsamtes unverzichtbaren Baufenster nur auf den Freiflächen des Parkes aus-

121 Landhaus Hasse, Rockwinkeler Landstraße 41/43, Wandmalerei im Speisezimmer

gewiesen werden sollten, also auf der Wiese vor und hinter der Villa oder einem freien Streifen vor dem Gewächshaus. Hier ging es letztlich um die Frage, wie wichtig eine Freifläche, ein Leerraum für die Gestalt eines Parkes ist, der nach den Wünschen verschiedener Gruppierungen der Öffentlichkeit zugänglich gemacht werden sollte. Diese Forderung begleitete denn auch die Suche nach einem Käufer, der bereit wäre, das Grundstück mit solcherart eingeschränkter Nutzung zu übernehmen.

Ende 1984 kam es zu ersten Kontakten mit Frau Gerda Krohn, der Gründerin der Tobias-Schule für seelenpflegebedürftige Kinder, einer Schule, die auf Waldorfpädagogik aufbaut. Diese Initiative wurde seitens der Denkmalpflege, zumal, als nach ersten Gesprächen der Eindruck entstanden war, daß es sich bei diesem Verein[153] um einen Bewerber handelte, der sensibel mit dem in seiner Bedeutung gar nicht hoch genug einzuschätzenden Kulturgut umgehen würde, begrüßt und mit allen Kräften, zu denen mehr und mehr auch das Gartenbauamt hinzutrat[154], unterstützt. Bald zeichnete sich ab, daß die Stadt den hinteren Teil des Parks mit den Resten des anglo-chinoisen Gartens der Schule abnehmen würde, um ihn der Öffentlichkeit zur Verfügung zu stellen, und es zeichnete sich auch zunehmend deutlicher ab, daß die Denkmalpflege die Kosten für die Wiederherstellung des Gewächshauses würde allein tragen und für bestimmte Arbeiten an der Villa wenigstens einen Zuschuß bereithalten müsse.

Das Klima wurde indes bald rauher. Frau Krohn, mit der die einleitenden, auch in bezug auf den Denkmalschutz so hoffnungsvoll stimmenden Gespräche geführt worden waren, war, nachdem die Entscheidung zugunsten der Schule gefallen war, nicht mehr Gesprächspartner der Ämter – neben Denkmalamt und Gartenbauamt waren dies vor allem das Planungsamt und das Liegenschaftsamt. Der Ankauf des hinteren Parkteils durch die Stadt zog sich länger hin, als für den Trägerverein, der ja hohe Finanzie-

122/123 Gewächshaus, Mittelraum (links) und Mechanik für die Bewegung der Schrägfenster und der Schattenläden (rechts)

rungskosten zu tragen hatte, erträglich war, der Verkauf des Schulhauses an der Parkallee brachte nicht den erhofften Erlös, Hilfsmittel, auf die der Trägerverein wie auch die Denkmalpflege gehofft hatten, blieben aus, und eine gewiß große Enttäuschung für den Bauträger war auch, daß die Denkmalpflege keinen Pauschalzuschuß für die Adaptierung der Villa an die Bedürfnisse der Schule leisten konnte, sondern sich nur an den Mehrkosten für einzelne, denkmalpflegerisch bedingte Arbeiten beteiligte. Vor allem aber zeigte sich, daß die pädagogisch hoch engagierten und entsprechend hoch belasteten Mitarbeiter der Schule weit davon entfernt waren, sich mit Fragen und Anforderungen von Denkmalschutz und Denkmalpflege auseinanderzusetzen und Villa und Grundstück nur als Objekte ansahen, die ihren Ansprüchen anzupassen waren. Hätte die Denkmalpflege etwa ein Verfahren nach § 23 des Denkmalschutzgesetzes einleiten sollen, als ohne Abstimmung die wunderhübschen Beischläge in einem Raum im Dachgeschoß herausgerissen wurden[155] oder das in diesem englisch geprägten Haus natürlich gefaßte Treppengeländer abgebeizt wurde, um als Rohholzbauteil zu erscheinen?

Aus all dem wird deutlich, daß bestenfalls Kompromisse erzielt werden konnten, deren Komponenten allerdings erheblich mehr zu Lasten der Denkmalsubstanz gingen als zu denen anderer Interessenvertreter. Dies und die gerade in dieser Zeit besonders bedrückende finanzielle Enge nötigten zu einer fast schon nicht mehr vertretbaren Konzentration des denkmalpflegerischen Engagements auf wenige Ausbaudetails in der Villa und auf das Gewächshaus – dieses wenigstens in seiner Gesamtheit.

In der Villa wurden die Wandbilder in der Diele, eine Darstellung des alten Ikenschen Gutshauses und im straßenseitigen Speisezimmer mit Erker mit einer sehr delikaten, in Bremen nur mit der Ausmalung der Villa Ichon vergleichbaren Landschaftsmalerei mit Ruinenstaffage sowie die Holzvertäfelung beider Räume restauriert[156]. Die schöne Ausmalung im Speisezimmer mußte leider, weil für die Schulnutzung störend, unter einer Stoffbespannung versteckt werden.

Der überragenden denkmalpflegerischen Bedeutung des Gewächshauses, die leider bis heute nur von wenigen erkannt wird, entsprach die besondere Zuwendung, mit der das gartentechnische Kunstwerk restauriert[157] wurde. Erbaut wurde es um 1790 (eher etwas früher). Aus der Zeit zwischen 1700 und unserem Gewächshaus sind in Deutschland mehrere gute Beispiele erhalten[158] und noch mehr aus dem 19. Jahrhundert[159]; das bremische Beispiel liegt nun genau zwischen diesen beiden sehr verschiedenen Typen. Der mittlere Teil mit der Säulenstellung und der Möglichkeit, an schönen Tagen ganz geöffnet zu werden, und dem Rest eines Schwanenhalses weist zu den barocken Gewächshäusern (Orangerien, Pomeranzenhäuser), während die hier noch in Holz ausgeführte technische Ausstattung mit hochziehbaren Fenstern und Schattenläden weit in das technische Zeitalter, das solche Maschinerien dann in Gußeisen ausgeführt hat, verweist. Diese Mittelstellung macht das bremische Beispiel so bedeutend. Es ist immer etwas problematisch, Einmaligkeiten in den Raum zu stellen – wer kennt schon immer den gesamten vergleichbaren Gebäudebestand? –, aber eine bedeutende Rarität ist dieses Gewächshaus auf jeden Fall.

Bilder von 1980 zeigen das Gebäude in einem optisch tadellosen Zustand; Mängel am Holzwerk, die es gewiß auch da schon gegeben hatte, überdeckte üppig wuchernder Pflanzenwuchs. Aber es fehlte keine Scheibe, das Dach war in Ordnung, die hölzernen Pfosten mit ihren geschnitzten Pferdeköpfen waren noch am Platz – die ganze Anlage zeugte von sorgfältiger Pflege.

Fünf Jahre später waren große Teile devastiert, und mit der für die Restaurierung unvermeidbaren Entfernung des Bewuchses traten Schäden ans Licht, die in diesem Umfang vorher nicht erkennbar waren. So waren am Ende nicht nur die vielen senkrechten und schrägen gesproßten Fenster zu reparieren, sondern rund herum das Fachwerk mit seiner Ausfachung und Verputz, das Dach, dessen schwere Betonpfannen

124 Gewächshaus, Zustand vor der Restaurierung

gegen solche aus Ton ausgetauscht werden mußten, und die Schattenläden mit ihrer Mechanik. Dazu gehörten bronzene Rollen, die auf Bronzebändern laufen, und vor allem die richtige Aufhängung der einzelnen Fenster und Schattenläden auf die dafür bestimmten Walzen.

Im Inneren ließ sich nur das Nötigste tun, um die drei nebeneinanderliegenden Glashausräume nutzen zu können. Immerhin ging die Fürsorge des LfD noch soweit, daß selbst die Wasser- und Stromversorgung amtsseitig besorgt wurde. Nach der hoch aufwendigen, strikt konservatorischen Instandsetzung hätte das Gewächshaus wieder zu Aufzucht und Pflege seltener Gewächse dienen können.

Die Tobias-Schule nutzt die Villa im Rahmen ihrer schulischen Bedürfnisse, dabei im engeren Rahmen auch für kleinere öffentliche Veranstaltungen.

125 Vegesack, Weserstraße 84, Treppenhaus nach Freilegung und Renovierung 1997

Das Haus Weserstraße 84 in Vegesack

In Georg Dehio, Handbuch der Deutschen Kunstdenkmäler, Bremen-Niedersachsen, 1992, nicht genannt.

126 Vegesack, Weserstraße 84

Die Erhaltung und Wiedergewinnung von Gestalt und Ausstattung einer der großen Reedervillen des ausgehenden 19. Jahrhunderts in Vegesack begann ganz harmlos mit der Frage, ob die Denkmalpflege, wenn sie denn schon die Dachflächen wieder in Naturschiefer gedeckt sehen möchte, die Mehrkosten bezuschussen könne.
Diese Frage war der Kern eines umfassenden Sanierungsprogramms für das Haus, dessen Genehmigung von Amts wegen davon abhängig gemacht wurde, daß die Farbfassungen nach Befunden, soweit sich solche ermitteln ließen, durchzuführen wären[160]. Um solche Befunde zu erheben, wurde Frau Margarethe Haberecht, die Restauratorin des Amtes, mit einer einfachen Voruntersuchung beauftragt. Die mit einfachsten Mitteln und ohne Gerüst durchgeführte Untersuchung deckte unter mehreren jüngeren Schichten eine hervorragend erhaltene hellgrundige Ausmalung der Zeit vor 1900 auf. Unter dieser in Öl ausgeführten Überfassung gibt es eine ältere in Leimfarbe, die sich indes, sofern sie überhaupt noch in größeren Partien erhalten wäre, schwer und nur mit Verlusten an beiden Fassungen – die jüngere müßte total abgetragen werden, die ältere würde unter der Freilegung leiden – freilegen ließe.
Die Schichtungen erwiesen sich als Spiegel der Geschichte des Hauses: Erbauen ließ sich das Haus der Segelschiffsreeder Johann Diedrich Bischoff in den Jahren 1886/87 durch den in Bremen und Oldenburg bekannten Architekten Ludwig Klingenberg (1840–1924) – dieser Zeitstellung wird man die untere, dunkle Fassung zuordnen dürfen. Dessen Sohn Heinrich Friedrich Bischoff war der Gründer der Dampfschifffahrts-Gesellschaft „Argo“, und so können ihm die Einrichtung des „Argo(nauten)“-Zimmers (vom Eingang aus vorn links) mit den Schnitzereien des Vegesacker Bildhauers Bunkenberg und die zweite, lichtere Fassung zugeschrieben werden – stilistisch paßt dieser Generationswechsel mit den Befunden überein. Heinrich Friedrich Bischoff verkaufte das Haus 1910 an die Witwe des Schiffbauers Carl Lange – die Langesche Werft war ja bekanntlich die Vorgängerin des Bremer Vulkan. Nachkommen dieser Familie besaßen das Haus bis 1994. Die Spuren ihrer Adaptierungen an zeitgemäßere Wohnformen waren, beginnend mit Tapeten der zwanziger Jahre bis zu den energiesparenden Raumverkleinerungen durch das Herunterziehen der Decken, im Haus überall gegenwärtig.
Die Fülle der Befunde, die, im Vestibül beginnend, über die untere und obere Diele durch das ganze Treppenhaus bis zu dessen Abschluß reichten und Argozimmer, Speisezimmer, Salons und selbst noch Räume im ersten Stock umfaßten, war viel zu groß, als

127/128 Vegesack, Weserstraße 84, das Argozimmer nach der Restaurierung (links) und vor der Restaurierung (rechts)

daß die Denkmalpflege ihre Wiederherstellung hätte fordern können. Nach allerersten Schätzungen hätte für die reinen Restaurierungskosten – Stuckreparaturen und Farbfassungen – mit einem Aufwand von etwa einer Viertelmillion DM gerechnet werden müssen. Von denen wären aber drei Fünftel tatsächliche Mehrkosten gewesen – und das ohne die Mehrkosten für das Schieferdach.

Da sprang in den Gesprächen, was schließlich von den Befunden aufgegriffen werden sollte, ein Funke über auf die Bauherrschaft: Es wurde, was die Denkmalpflege nie zu hoffen gewagt hatte, so gut wie alles so ausgeführt, wie es sich aus der Befundlage ergab und noch weit mehr, denn die Deckenbemalungen hatten im Rahmen der Voruntersuchung ohne Gerüst nicht untersucht werden können. Sie waren aber lückenlos vorhanden unter deckenden Anstrichen. Sie also wurden ebenso freigelegt und restauriert wie die auf grobem Leinen gemalte Ornamentik des Argozimmers, die Maserung der Türen und am Ende auch das Schieferdach.

Und so präsentiert sich das Haus heute: Am Äußeren wurde nichts verändert. Die Schieferdeckung wurde erneuert, so daß sich das Bild des Daches nicht veränderte. Unverändert blieben aber auch die massiv gemauerten Terrassenbrüstungen, die vor etwa drei Jahrzehnten an die Stelle abgängiger Kunststeinbaluster getreten waren. Im Inneren hat sich allerdings viel verändert: Zunächst wurden alle abgehängten Decken ausgebaut und so die ursprünglichen Raumhöhen wiedergewonnen. Das hatte zur Folge, daß überall dort, wo solche Decken eingezogen waren, der originale Deckenstuck aufwendig restauriert werden mußte. Im Treppenhaus und in den angrenzenden Fluren wurde die zweite Fassung an Wänden und Decken unter den jüngeren Anstrichen hervorgeholt, und nach Kittung sowie Reinigung wurden Fehlstellen retuschiert. Auch die Türen erhielten wieder ihre alten, holzimitierenden Fassungen. Besondere Sorgfalt erfuhr das Argozimmer,

129 Vegesack, Weserstraße 84, Detail der Wandvertäfelung im Argozimmer

dessen Decke ursprünglich ebenholzfarben, also sehr dunkel, gehalten war. Nach der Beseitigung der Schäden am Stuck wurde diese Fassung wieder hergestellt. Aus Resten, die schon im Müll gelandet waren, konnte auch die alte, grob leinene Wandbespannung rekonstruiert werden – eine der zusätzlichen Arbeiten, denn zunächst sollte dieser Teil der Ausstattung ganz bescheiden auf eine Makulaturtapete gemalt werden. Das Paneel mit dem für den Raum namengebenden geschnitzten Fries wurde wieder im Originalton dunkel lackiert. Die Decke des benachbarten Zimmers, das zuvor als Küche genutzt worden war, erwies sich dagegen als so schadhaft, daß hier nur der Stuck ergänzt wurde. Im ersten Obergeschoß, in dem im Bereich des Treppenumgangs eine zierlich elegante Deckenfassung freigelegt und restauriert werden konnte, war es, was in der Praxis der Denkmalpflege nur zu selten vorkommt, dann sogar möglich, den Rest einer farbigen Wandbemalung als Fragment stehenzulassen.

Ganz ohne Nutzung konnte man auch hier den Keller nicht lassen. Aber es blieb erhalten, was sich erhalten ließ. So hat man zum Beispiel den für die Benutzung der großen Küche als Sitzungsraum unabdingbar notwendigen neuen Fußboden mit einer Isolierung auf den alten, erhaltenen Plattenboden gelegt.

Dank der überwiegend gewerblichen Nutzung blieb das Haus verschont vor komplizierten, das Raumgefüge unreversibel verändernden Eingriffen. Dies und die im jetzigen Rahmen größere Möglichkeit, das Haus auch einmal Besuchern öffnen zu können, dürfen schon für sich als ein großer, seltener Gewinn angesehen werden, der die Mühen und hohen Kosten einer solchen, über die technische Erneuerung hinausgehende Sanierung rechtfertigt.

130 Bürgerpark, Nemitzbrunnen

Der Bürgerpark

Bürgerpark, ab 1865/66 nach Entwurf des Landschaftsgärtners W. Benque auf der Bürgerweide angelegt. Dem Entwurf lag der Gedanke eines Volksparks und Landschaftsgartens zugrunde. Um eine dreiseitig eng auf das Bassin des sog. Hollersees bezogene, regelmäßige Zentralanlage mit Parkhaus, Terrassen und Alleen ist eine weiträumige Wald- und Wiesenlandschaft gelegt, mit malerisch eingebetteten Teichen und Wasserläufen, abwechslungsreich geführten Wegen und durch die ganze Tiefe des Parkraumes reichenden Blickbeziehungen, die durch einzelne Baumgruppen unterstrichen werden. [...]
(Georg Dehio, Handbuch der Deutschen Kunstdenkmäler, Bremen-Niedersachsen, 1992)

131 Bürgerpark, Elisenstiftung, Westgiebel

Auf Antrag des Bürgerpark-Vereins wurde, nachdem es bereits eine gute Zusammenarbeit zwischen der Verwaltung des Parks und der Denkmalpflege gegeben hatte, 1984 der Bürgerpark in die Liste der bremischen Denkmale eingetragen. Die Denkmalausweisung betraf sowohl die gartenbaugeschichtlich bedeutende Form der von Wilhelm Benque ab 1866 geschaffenen Anlage als auch zehn Gebäude verschiedener Architekten, neun Brücken, dreizehn Denkmäler und Brunnen, vier Pavillons und eine Fülle von Bänken[161]. Mit dieser Eintragung sollte nicht, wie das meist der Fall ist, das Kulturgut vor beliebigen Veränderungen durch die Eigentümer geschützt werden, sondern vor den Begehrlichkeiten Dritter, vor selbsternannten Umweltschützern, für die im späten Herbst „nadelnde" Lärchen Hinweis auf Baumsterben waren, vor den Folgen einer immer bedrohlicheren Umklammerung des Parkes durch die Bautätigkeit an der Parkallee und in Findorff, vor den Erweiterungen des Stadthallenkomplexes an der Hollerallee, vor liebgemeinten Stiftungen, durch die immer neue Tier- und Märchenplastiken aufgestellt werden sollten. Dem selben Zweck, nämlich Anwürfen und vermeintlich guten Ratschlägen besser begegnen zu können, diente auch die Bildung eines fachwissenschaftlichen Beirats, dem der Denkmalpfleger, wie auch andere Behördenvertreter, als ständiger Gast beiwohnt.

Der Part der Denkmalpflege bestand indes nicht nur in der Abwehr von Veränderungswünschen, die von außen an den Bürgerpark herangetragen wurden – so sollten die hölzernen Uferbefestigungen durch natürliche, abgeflachte Pflanzränder, Stichwort: „lebendiges Ufer", ersetzt werden –, sondern zunächst einmal in der Beratung für die Erhaltung des geschützten Denkmalbestandes, der Vermittlung von Zuwendungen der *Stiftung Wohnliche Stadt* und in der Hergabe von Zuschüssen. Sogar zu einer gemeinsam getragenen Arbeitsbeschaffungsmaßnahme, durch die die Brücken und steinernen Bänke vermessen und gezeichnet wurden, fanden beide Teile zusammen.

Zunächst muß über ein trauriges Kapitel berichtet werden: Immer wieder mußte beraten werden, wie den üblen Schmierereien, vornehmlich an Bänken und Denkmalen,

132/133 Bürgerpark, Schmierereien an der Römischen Bank (links) und Schützentafel von Walter Müller, Worpswede (rechts)

begegnet werden kann. Emmabank, Römische Bank, Nemitzbrunnen und andere Objekte werden regelmäßig neu beschmiert. Der Farbauftrag hat dabei solche Dichte angenommen, daß er sich nicht mehr beseitigen läßt, selbst nicht durch scharfe, das Denkmal auf andere Weise beschädigende chemische Lösungsmittel. Die Denkmale erleiden so irreparable Schäden. Da sind Zerstörungen wie die, daß die steinernen Aufsätze der Emmabank heruntergerissen werden, vergleichsweise einfach zu reparieren. Der Nemitzbrunnen, mit dem die Denkmalpflege erstmals in den siebziger Jahren beratend und fördernd befaßt war, wurde deshalb durch eine weitgezogene Umgitterung geschützt, und bei den Steinbänken werden sukzessive, auch wenn sie dadurch optisch beeinträchtigt werden, Schutzanstriche aufgetragen.

Doch auch von Schönem und Bleibendem ist zu berichten.

1984 wurde die Elisenstiftung, ein Parkaufseherhaus an der Ecke Holler- und Findorffallee, renoviert. Das von Klingenberg und Weber 1901 erbaute Häuschen war im „Nordischen Stil" gehalten. Dabei waren das ausgebaute Dachgeschoß außen mit Holz verkleidet und das weit vorkragende Dach an beiden Enden durch Ziergespärre gestützt. Auf deren Eckpunkten waren drachenähnliche Fabelwesen aufgesetzt. Am kleineren Zwerchhausgiebel, der offenbar in gekreuzten Pferdeköpfen endete, saßen Vögel – man denkt unwillkürlich an die Wotansraben. Alle diese aus Bohlen geschnittenen Zierstücke waren verloren. Anhand alter Fotos wurden nun diese Formen nachempfunden, wobei Vorlagewerke der Jahrhundertwende dafür sorgten, daß die neu entwickelten Gebilde „stimmten", ohne daß deshalb der Anspruch erhoben werden dürfte, der Zierat sei originalgetreu rekonstruiert worden.

Weit umfangreicher waren die 1991/92 durchgeführten Instandsetzungsarbeiten am Waldschlößchen, dem einzigen Bau, der von der „Nordwestdeutschen Gewerbe- und Industrie-Ausstellung" von 1890 übriggeblieben ist[162]. Er war nach der Umsetzung an die äußerste Ecke des Parkes mehrfach umgebaut und vereinfacht worden und in den letzten Jahren vor der Restaurierung sehr heruntergekommen. Die Befundlage war hier allerdings sehr gut, und so ließen

134 Bürgerpark, Waldschlößchen (Waldbühne) nach der Restaurierung

sich die bewegte Dachlandschaft in Form und Struktur mit Schindel-Blechplatten aus Zink mit Ecktürmchen und Mittellaterne rekonstruieren und das Fachwerk wieder instand setzen. Auch die Farbgebung ließ sich befundgetreu wiederherstellen.
Genannt sei schließlich noch die Restaurierung von vier gemalten Schützentafeln von Walter Müller aus Worpswede im Jahre 1994[163]. Er hatte die Tafeln für die Fronten der Nebengebäude der Meierei gemalt, wo sie Bilder des Industriemalers Otto Bollhagen[164] aus dem Jahre 1906 ersetzten; sie zeigen Tiermotive, die in Zeichnung und Farbe typisch für die fünfziger Jahre sind. Die der Witterung ausgesetzten Bilder waren indes nach kaum 40 Jahren so desolat, daß sie unbedingt restauriert werden mußten, wenn man sie denn überhaupt erhalten wollte. So mußten die Bildträger – Sperrholz – neu verleimt und gefestigt werden, bevor die Malerei gefestigt, gereinigt und in größerem Umfang ergänzt werden konnte.
Die Arbeiten im Bürgerpark, für die die drei hier genannten nur beispielhaft stehen, betreute für die Denkmalpflege über viele Jahre hinweg Volker Schöning; seine Partner waren beim Waldschlößchen das Architekturbüro Klocke & Partner und bei den Schützentafeln Restaurator Siegfried Herrmann.

135 Wandbild französischer Kriegsgefangener in einer Lagerhalle am Fabrikenufer – „Entladen von Rundhölzern“ – nach der Freilegung 1997/98

Wandbilder französischer Kriegsgefangener in einer Lagerhalle am Fabrikenufer

In Georg Dehio, Handbuch der Deutschen Kunstdenkmäler, Bremen-Niedersachsen, 1992, nicht genannt.

Die erste Information über Malereien französischer Kriegsgefangener in einem der ursprünglich für die Lagerung von Baumwolle errichteten Schuppen am Fabrikenufer gab ein Pastor der Gemeinde Bremen-Oslebshausen[165].

Bald erfuhr das Amt mehr: Im August 1940 wurden etwa 600 französische Kriegsgefangene von Sandbostel nach Bremen gebracht, um bei Hafenarbeiten eingesetzt zu werden. Zuerst waren sie in einem alten, außer Betrieb gesetzten Schiff, der „Admiral Brommy", untergebracht. Die Unterbringung auf dem Schiff war so schlecht, daß nach einer Intervention des Roten Kreuzes die Gefangenen in einem Schuppen am Fabrikenhafen untergebracht wurden. Von dort aus wurden die Gefangenen zu ihren Arbeitsstätten gebracht.

Die hier untergebrachten Franzosen waren bis 1943 Kriegsgefangene, die dem Schutz der Genfer Konvention unterlagen; von da an konnten sie den Status von Zivilarbeitern annehmen, was neben einigen Vorteilen den großen Nachteil hatte, daß sie den Schutz dieser Konvention verloren.

Neben der Arbeit, die tägliche Arbeitszeit betrug etwa zehn Stunden, blieb offenbar Zeit für eine gewisse Freizeitgestaltung, vor allem aber bestand ganz offensichtlich der Wunsch, den Bereich, in dem man sich innerhalb des riesigen Raumes irgendwie einrichten mußte, abzugrenzen. Das geschah dadurch, daß die Wände zwischen den Wandvorlagen in einer Höhe von 2,40 Meter über dem Boden, also oberhalb der Doppelstockbetten, mit Bildern, Darstellungen aus dem Lager- und Arbeitsleben bemalt wurden.

Aus den Darstellungen von Wecken und Waschen, Anziehen und Appell, Entladen von Schiffen, Kartoffelschälen und Essen läßt sich eine Art von Alltagsrhythmus herauslesen. Die Bilder sind frei von widerständlerischen oder revolutionären Inhalten. Wie hätte das auch anders sein können, entstanden sie doch unter den Augen der Bewacher, die zweifellos auch das Material gestellt hatten. Dennoch stellen die Bilder seltene Zeugnisse vom Leben der Kriegsgefangenen dar[166], gesehen mit den Augen des damals jüngsten Gefangenen, David Alois, und seinen Helfern[167]. Insgesamt wurden 105 Quadratmeter bemalt. Die Bilder wurden nach dem Krieg übertüncht und die Halle wieder zur Einlagerung von Gütern genutzt. Das Wissen um die Existenz des Lagers und der Bilder riß zwar nie ganz ab, dennoch dauerte es bis 1989, bis der ehemalige sowjetische Zwangsarbeiter Wladimir Trebuschnoj auf der Suche nach seinem Lager auf die Bilder hinwies.

Der Teil des Hafens, in welchem die Schuppen mit den ehemaligen Lagern stehen, wird nicht von der Bremer Lagerhaus-Gesellschaft betrieben, sondern von privaten Firmen. Die denken schon lange über eine Verstärkung der Hafenaktivitäten in diesem Bereich nach. Die Bebauung ist nämlich noch geprägt von den Bedingungen des von Hand betriebenen Löschvorgangs der Schiffe. Die Schuppen, um die es hier geht, waren um die Jahrhundertwende konzipiert und wurden, mit geringen Abweichungen, bis weit in die zwanziger Jahre hinein gebaut. Sie wurden auch nicht für die Ewigkeit gebaut: Die Mauern sind nur einen Stein stark und nur im Abstand von etwa 3,80 Meter durch Pfeilerverstärkungen ausgesteift. Auf diesen Pfeilern ruht die hölzerne Dachkonstruktion. Die Hallen sollten ja auch nur das Handelsgut verschlossen und trocken halten und bei einem Brand – eingelagerte Baumwolle entzündet sich sehr leicht von selbst – keinen großen Verlust verursachen. Dies alles prägte ganz entscheidend die Überlegungen über das weitere Schicksal der Bilder.

Die Betreiber des Fabrikenhafens wollen die alten Schuppen niederlegen und das Gelän-

136 Wandbild französischer Kriegsgefangener – „Beim Waschen“

137 Wandbild französischer Kriegsgefangener – „Sturz eines Gefangenen“

de nach modernen hafenwirtschaftlichen Gesichtspunkten neu erschließen. Mit der Unterschutzstellung des einen Schuppens würden solche Pläne annähernd zunichte gemacht und der Schuppen der Nutzung entzogen, was Entschädigungsforderungen nach sich zöge. Doch selbst wenn Wege gefunden würden, die neuen Anlagen um den Schuppen herum zu betreiben, bliebe die Frage bestehen, wie es mit dem Altbau weitergehen könne. Dabei muß man wissen, daß sich das Erhaltungsinteresse nur auf die Malerei bezieht, nicht auf das Gebäude, und daß die Bedeutung der Malerei im Dokumentarischen zu suchen ist. Würde die nun restauriert und Besuchern zugänglich gemacht, könnte die Halle nicht mehr als Lager genutzt werden, weshalb das Gebäude im Wege der Entschädigung von der Stadt übernommen werden müßte. Nachdem das Gebäude nicht als freistehendes gebaut worden war, müßten sodann aber auch das konstruktive Gefüge der neuen Situation angepaßt und das Raumklima, das bisher mehr oder weniger mit den Außentemperaturen korrespondiert, stabilisiert werden. Die Kosten für eine derartige Musealisierung würden, ohne den Aufwand für das Personal, schnell zwei Millionen DM erreichen, eine Summe, die beim besten Willen nicht mehr aufzubringen ist. Sollen die Bilder erhalten bleiben, dann muß außerdem jetzt etwas geschehen und nicht in zwei, drei oder fünf Jahren. – Die Finanzierung auch schon minimaler Untersuchungen, um überhaupt erst einmal den Umfang der Malerei feststellen

138 Die Lagerhalle am Fabrikenufer, in der die französischen Kriegsgefangenen lebten, Zustand 1998

139 Wandbild französischer Kriegsgefangener – „Beladen eines Schiffes"

zu können, erwies sich dabei keinesfalls als so unproblematisch wie bei diesem Thema zunächst gedacht: Das Interesse an einer Freilegung und einer weitergehenden Restaurierung war äußerst begrenzt, die Bereitschaft, sich für die Beschaffung von Mitteln für diese Aufgabe einzusetzen, gering. Am Ende blieb neben dem Einsatz spärlicher Haushaltsmittel wieder nur der Gang zur *Stiftung Wohnliche Stadt*, ferner hat ein Privatmann einen nennenswerten Betrag gespendet, und der Melchers-Reserve-Fonds beim Senator für Finanzen beteiligt sich ebenfalls an der ausgearbeiteten Lösung.

Diese sieht nun vor, daß die Bilder von den Wänden abgenommen und auf neue Träger aufgezogen werden – die Lösung ist im denkmalpflegerischen Sinne nicht die idealste, aber sie ist aus den Umständen heraus geboten. Ersteres, nämlich die Freilegung und Festigung der Bilder, erfolgte ab 1996 in kleinen Schritten; für 1998 bleiben hier nur Restarbeiten. Daran werden sich die Dokumentation des Gesamtbestands ohne Lagergut anschließen und die Abnahme nach dem „Strappo-Verfahren"[168]. Zuletzt müssen die abgenommenen Bilder auf neue Bildträger aufgezogen und restauriert werden.

Diese Arbeiten sind noch nicht abgeschlossen.

Anmerkungen

Ein Blick zurück

1 Erhellend hierzu die Kontroverse zwischen Heinrich Kreisel und Peter Hirschfeld in Deutsche Kunst und Denkmalpflege: Heinrich Kreisel, Die Beurteilung der Kunst der letzten hundert Jahre und die Denkmalpflege, in: DKD, 1957, S. 82–87; und darauf Peter Hirschfeld, Wie weit ist das 19. Jahrhundert denkmalschutzwürdig?, in: DKD, 1959, S. 75–77. – In der Denkmalpflegepraxis hatte sich bis zum Ende der sechziger Jahre daran wenig geändert.

2 Stadt- und Landesplanung Bremen 1926–30, Bremen 1931, bearb. von Fritz Schumacher u.a., hier spez. S. 275 ff. (Wortmann, Entlastung vom Durchgangsverkehr) und S. 360 (Hamsens, Über die Lage einer Brücke im Osten).

3 Über die Notwendigkeit, die Innenstadt durch ein Tangentenviereck einerseits vom Durchgangsverkehr zu entlasten und andererseits besser zu erschließen, gab es weniger Dissens als über die Wegführung, die lange Zeit heftig umstritten war. Vgl. hierzu: Bremen, Tradition und Erneuerung, hrsg. v. der Arbeitsgemeinschaft für Stadtplanung Bremen, 1948; Die Neugestaltung Bremens, Das Verkehrsproblem, bearb. im Stadtplanungsamt von Heinz G. Wohlgemuth, 1948, S. 24 (sehr allgemein gehalten und ohne auf strittige Fragen einzugehen); Konrad Donat, Stadtplanung in Bremen zwischen 1940 und 1950, maschinenschriftliches Manuskript, S. 108 ff. – Hier auch im Anriß die kontroverse Diskussion.

4 Materialien zu den Kriegs- und Planungsverlusten im Bereich Rembertistraße bis Kohlhökerstraße mit Wilhelmstraße, Auf den Häfen und Sonnenstraße, zusammengestellt von Dipl.-Ing. Gudrun Spengler, im LfD.

5 Bebauungspläne Nrn. 418 und 419 von 1959.

6 Bundesbaugesetz (BBauG) in der Neufassung vom 18.8.1976 (BGBl. I S. 2256, 3617), hier spez. §§ 39 a bis i.

7 Die Federführung für das vom Senat beim Städtebauinstitut Nürnberg (SIN) in Auftrag gegebene Gutachten lag in Händen von Prof. G. G. Dittrich. Im Zuge der Auseinandersetzung um die vom Institut zwischen Januar 1968 und November 1970 vorgelegten acht gutachterlichen Zwischenberichte wurde u.a. bekannt, daß neben anderen in der Sanierung involvierten Gesellschaften auch die Neue Heimat Geschäftsanteile am SIN hielt. Der Beauftragung waren im Juni 1967 die Anerkennung des Gebietes als Sanierungs- und Erneuerungsvorhaben und die Förderung der Untersuchung im Rahmen des Bundesförderungsprogramms der Studien und Modellvorhaben, einem Vorläuferprogramm des Städtebauförderungsgesetzes (StBauFG), vorausgegangen.

8 Städtebauinstitut Nürnberg, Leitung Prof. G. G. Dittrich, Eine vorbereitende Untersuchung zur Sanierung eines Teilbereiches der Bremer Innenstadt, Bestand und Analyse, Nürnberg 1971, S. 13 unter 1.2.

9 Wie vor, 1. Zwischenbericht Januar 1968; 2. Zwischenbericht Mai 1968; 3./4. Zwischenbericht Oktober 1968; 5. Zwischenbericht Mai 1969; 6. Zwischenbericht September 1969; 7. Zwischenbericht April 1970; 8. (und abschließender) Zwischenbericht Juni 1970 – der in Anm. 8 genannte Bericht stellt eine Zusammenfassung der vorangehenden Berichte dar.

10 Wie vor, 3./4. Zwischenbericht von Oktober 1968, S. 95 und Bestandskarte 3 – das hier genannte Landesamt für Denkmalpflege gab es zu diesem Zeitpunkt nicht.

11 Die Ämter für Beiratsangelegenheiten entstanden in dem vormals beiratsfreien Gebiet, das war das ehemalige Stadtgebiet innerhalb des von den Vororten belegten Stadtgebietes. Sie wurden später den in den Vororten schon lange bestehenden Ortsämtern namentlich und rechtlich gleichgestellt.

12 Aktenbestand im LfD: Denkmalschutz im Lande Bremen 1945–71; Brem. Denkmalliste, Vorarbeiten, 1965–70.

13 Die Mitglieder des nichtständigen Ausschusses Denkmalliste waren: Dr. Günther Czichon, Sprecher der Deputation für Wissenschaft und Kunst während der 8. Wahlperiode der Brem. Bürgerschaft 1971–75 (SPD), Frau Dr. Nemitz (SPD), Hans-Martin Sixt (SPD), Wolfgang Maas (CDU), Enno Roggemann (CDU) und Horst-Jürgen Lahmann (FDP). – Für die Verwaltung wirkte Klaus Schmidtke mit.

14 Aktenbestand LfD: Brem. Denkmalliste 1971-73, Anträge vom 2./26.10.1972, sowie für Östliche Vorstadt vom 30.1. 1973.

15 Also einschließlich der Verwaltungskosten (Titelgruppe 5), jedoch ohne Personalkosten.

16 Zustimmung der Deputation für Wissenschaft und Kunst im Mai 1973, des Senats am 28.8.1973, Bekanntmachung in Brem.GBl. 1973, S. 203 ff., am 14.9.1973.

17 Auftrag der Deputation für Wissenschaft und Kunst vom 8.3.1972.

18 Brem.GBl. 1975, S. 265.

19 Verordnung über die Zusammensetzung und Tätigkeit des Denkmalrates vom 9.9.1975 und Verordnung über das Verfahren bei der Eintragung und Löschung von Kulturdenkmälern in den Denkmallisten vom 9.9.1975, Brem.GBl. 1975, S. 337.

20 Dem ersten Denkmalrat, der in den vier Jahren seiner Tätigkeit zehnmal zusammengekommen war, gehörten einschließlich der Vertreter folgende Mitglieder an: E. G. Cordes (Bremerhaven), K. Dillschneider, K.-H. Dunker (MdBB), H.-J. Feuß (MdBB), R. Gramatzki, Dr. H. W. Haase, E. Haering, E. Hollmann, G. Iversen (MdBB), P. Kudella (MdBB), K. D. Kück (MdBB), Dr. F. Menke (MdBB), Dr. H. Müller, E. De Porre, A. Rohlfs, Dr. F. Rosenberg, Pastor O. Rudloff, P. Rzepka, Dr. B. Scheper (Bremerhaven), G. Schlechtriem (Bremerhaven), Dr. B. Schulte zu Berge (MdBB), Dr. J. Schultze, Prof. Dr. H. Schwarzwälder, H.-M. Sixt (MdBB). Ferner waren die Senatsressorts für Wissenschaft und Kunst, Inneres und Bauwesen vertreten und der Magistrat von Bremerhaven.

21 Die Bekanntmachung der Denkmalliste in Weser-Kurier und Bremer Nachrichten am 18.9.1973 war begleitet von umfangreicher Berichterstattung. So brachte der Weser-Kurier zwischen November 1973 und Juni 1974 eine Serie „Neu unter Denkmalschutz“. Eine weitere Folge der Veröffentlichung der Denkmalliste war, daß das noch junge LfD mit einer Flut mehr oder weniger berechtigter Denkmalschutzanträge überschüttet wurde, denen nach Inkrafttreten des Denkmalschutzgesetzes ab 1976 teilweise auch stattgegeben werden konnte.

22 LfD, Aktenbestand „Ensemble Fehrfeld“ – allgemein – vom 14.3.1977 bis 19.4.1979.

23 Einzelnachweisung der finanziellen Ausstattung in: Hans-Christoph Hoffmann, Die Denkmalpflege in der Freien Hansestadt Bremen 1971 bis 1977, in: Brem. Jb. 56, 1978, S. 235 ff.; ebenso 1978 bis 1979, in: ebda., 58, 1980, S. 267 ff.; ebenso 1980 bis 1981, in: ebda., 60/61, 1982/83, S. 229 ff.; ebenso 1982 bis 1984, in: ebda., 63, 1985, S. 143 ff.; ebenso 1985 bis 1988, in: ebda., 67, 1989, S. 165 ff.; ebenso 1989 bis 1991, in: ebda., 71, 1992, S. 223 ff.

24 Schüsselkorb 5/6, Leher Heerstraße 107 (diese Löschung nicht wegen Abbruch, sondern wegen ungenehmigter und nicht reversibler Veränderungen). Faktisch ist auch die Denkmaleigenschaft des Hauses Herrlichkeit 3 von Theophil W. Frese durch den Abbruch erloschen, auch wenn Teile der Fassade geborgen werden konnten. Nicht förmlich eingetragen, aber Denkmale im Sinne des § 2 DSchG waren das Weserkraftwerk, Teile des Schlachthofs und anderes.

25 Michael Trieb/Antero Markelin, Stadtbild in der Planungspraxis, Veröffentlichung der Forschungsgemeinschaft Bauen und Wohnen Nr. 104, Stuttgart 1976. – Peter M. Leist, Gesellschaftspolitische und ökonomische Hintergründe, aus denen sich Bewertungsmaßstäbe für die Erhaltung und Neugestal-

tung von Stadtbereichen ableiten lassen, in: Bewertungsfragen der Denkmalpflege im Städtischen Raum, hg. vom Institut für Bau- und Kunstgeschichte, Technische Universität Hannover, 1976, S. 165–176. – Tilmann Breuer, Ensemble – ein Begriff gegenwärtiger Denkmalkunde und die Hypotheken seines Ursprungs, in: Georg Mörsch/Richard Strobel, Die Denkmalpflege als Plage und Frage, Festgabe für August Gebeßler, 1989, S. 43 f.

26 Brem.DSchG, § 2 Abs. 1 Nr. 1: „(1) Kulturdenkmäler im Sinne dieses Gesetzes sind 1. unbewegliche Denkmäler, wie Baudenkmäler und deren Inneres ...".

27 So ist es ein weit verbreiteter Irrtum, daß Bundesrecht (immer) Landesrecht breche, z. B. im Bereich des Gewerberechts. Indem dem Bund jedoch neben der Kulturhoheit der Länder keine konkurrierende Gesetzgebungskompetenz für Denkmalschutz zukommt, kann er mit seinen Gesetzen landesrechtliche Regelungen, die Ausfluß dieser Kulturhoheit der Länder sind, nicht überlagern.

28 Dasselbe beklagt Dr. Alfred Wyss, Denkmalpfleger von Stadt und Kanton Basel, in: Von Denkmalpflege und von Denkmälern, in: Basler Stadtbuch 1994, S. 180–186.

29 Deutsche Denkmalschutzgesetze, bearb. von Wolfgang Brönner, in: Schriftenreihe des Deutschen Nationalkomitees für Denkmalschutz, Bd. 18, 1982 – überholt durch verschiedene Novellierungen und neue Gesetze in den neuen Bundesländern. – Schutz und Pflege von Baudenkmälern in der Bundesrepublik Deutschland: Ein Handbuch, hg. von August Gebeßler und Wolfgang Eberl, 1980. – Rudolf Kleeberg und Wolfgang Eberl, Kulturgüter in Privatbesitz: Handbuch für das Denkmal- und Steuerrecht, Bücher des Betriebsberaters, 1990.

30 Natürlich muß das einzutragende Objekt bereits vor der Eintragung in die Denkmalliste ein Kulturdenkmal nach dem Gesetz sein, es fehlt ihm nur der Schutz – diese Voraussetzung wird von vielen, auch rechtlich Geschulten, nicht begriffen.

31 GBl. der Freien Hansestadt Bremen, 1917, S. 317; Neuveröffentlichung von Gesetz und Denkmalliste 1934: GBl. 1934, S. 333 und S. 361–368. Abermalige Veröffentlichung, in: Gesetzblatt der Freien Hansestadt Bremen, Sonderband: Sammlung des bremischen Rechts, 1963, Nr. 2131-a-1 mit der (Rest-)Denkmalliste unter Nr. 2131-a-2.

32 Brem.DSchG, § 4 Abs. 1. In Schleswig-Holstein ist das Landesamt für Denkmalpflege gem. § 2 Abs. 2 Nr. 2 Obere Denkmalschutzbehörde. Denkmalschutz und Denkmalpflege in Hamburg sind insoweit abweichend von anderen Gesetzen geregelt, als das Denkmalschutzamt Teil der Kulturbehörde als zuständiger Behörde ist.

33 So beim Abbruch des Gästehauses des Senats an der Parkallee, das nach Kriegsschäden und baulichen Veränderungen längst kein Kulturdenkmal mehr war, oder beim Abbruch von Teilen der HAG-Fabrik, deren Abbruchantrag dem Denkmalamt auch in der Wiederholung des Antrags nicht vorgelegen hatte – Aktenbestand LfD.

34 Verwaltungsgericht der Freien Hansestadt Bremen, 1 A 306/81 vom 28.4.1982; Oberverwaltungsgericht der Freien Hansestadt Bremen 1 BA 53/81 vom 23.11.1982.

35 VGH Kassel, Urteil vom 24.3.1981 – IX OE 37/79.

36 Brem.GBl. 1989, S. 230, und 1991, S. 133, 135.

37 So VGH BW, Urteil vom 10.5.1988 – 1 S 1949/87; OVG Berlin, Urteil vom 23.6.1989 – 2 B 45.87; OVG NW vom 13.10.1988 – 11 A 2734/86.

38 Vgl. Anm. 32. Über die Genese jenes Gesetzes s. Hans-Christoph Hoffmann, Der Denkmalschutz im Bremischen Staate bis zum Ausbruch des Zweiten Weltkriegs, Die Entstehung der bremischen Denkmalliste, in: Brem. Jb., 55, 1977, S. 263–303.

39 Diese Angabe bezieht den Landesarchäologen und dessen Verwaltungskapazität im Bremer Landesmuseum mit ein; das LfD verfügt nur über 1,5 Stellen im Verwaltungsbereich.

40 Vgl. Anm. 23.

41 Von denen sollen bis 1999 gemäß Personalentwicklungsplanung wieder 0,3 Stellen eingespart werden.

42 So Gustav Ulrich, Bremische Baudenkmalpflege nach dem Kriege, 1960, S. 2 – MS-Manuskript im LfD.

43 Es gab im Haushalt Kap. 35 Heimatpflege, Unterabschnitt 350 mit Anweisungsberechtigung beim Focke-Museum, Verrechnungen mit dem Haushalt der Freien Hansestadt Bremen (Land), Abschnitt 057 – Landeskonservator –, Verrechnungen für „Anteil an den persönlichen/sächlichen Ausgaben". Vgl. Haushaltsgesetze der Freien Hansestadt Bremen (Stadtgemeinde), z. B. 1953 ff.

44 Brem. Amtsblatt Nr. 72, 5.10.1972. Dr. Werner Kloos hat mit Schreiben vom 18.12.1959 den Senator für das Bildungswesen, hier Ltd. Reg.-Dir. Dr. Lutze, um Entbindung von dem Amt des Landeskonservators gebeten, vgl. 60-00/3 in 230-62-00.

45 Die besondere Stellung dieses Amtes ist nur verständlich aus der Entstehungsgeschichte im Jahre 1945, als es darum ging, die Enttrümmerung Bremens und erste Sicherungs-, später Wiederaufbauarbeiten, an Baudenkmälern mit bauverständigen Denkmalpflegern, die dem Senator für das Bauwesen unterstanden, begleiten und durchführen zu können. Der Landeskonservator trat daneben nur als Gutachter und als Denkmalpfleger an Kunstwerken hervor. Diese Konstruktion war im Grunde mit der Resortierung des Amtes beim Senator für Bildung hinfällig geworden, weshalb zeitweilig die räumliche Ansiedlung und Anbindung der Denkmalpflege in den Neubau des Focke-Museums an das Museum geplant war. Diese Pläne erledigten sich mit der Ernennung von Karl Dillschneider als Nachfolger von Dr. Rudolf Stein, weil Dillschneider zunächst neben dem Amt als Denkmalpfleger seine Aufgaben im Stadtplanungsamt weiter wahrnahm und es dadurch statt zu einer weiteren Verknüpfung mit dem Landeskonservator wieder zu einer stärkeren Verbindung mit den Dienststellen des Bausenators kam.

46 Akten LfD, Warturmer Landstraße 153.

47 Einzelnachweisungen vgl. Anm. 23.

48 Bremische Denkmalpflege 1976–1979. Ein Programm. Hrsg. vom Landesamt für Denkmalpflege der Freien Hansestadt Bremen und dem „Büro Bremen-Werbung", Bremen 1975.

49 Die Stiftung Wohnliche Stadt ist eine rechtsfähige Stiftung des privaten Rechts, deren Errichtung durch das „Gesetz über die Zulassung einer öffentlichen Spielbank", § 6 (Brem. GBl. 1978, S. 67 f.), ermöglicht wurde. Die Stiftung selber wurde am 1.7.1980 eingerichtet. Sie erhält 50 % der dem Land Bremen zufallenden Spielbankabgabe.

50 Die Einbeziehung von Altbauten in die Förderung nach § 7 b, s. BGBl. I aus 1977, S. 1213 Die Begünstigung von Erhaltungs- und Herstellungskosten an Baudenkmalen gem. „Gesetz zur Erhaltung und Modernisierung kulturhistorisch und städtebaulich wertvoller Gebäude" vom 22.12.1977, BGBl. 1977, S. 3107, in Verb. mit §§ 82 i und k EStDV vom 19.7.1978, S. 1027. – Es wird derzeit an eine Reduzierung der Begünstigung gedacht, die die Denkmalpflege annähernd wieder auf den Stand von 1979 zurückwerfen würde.

51 BGBl. I aus 1982, S. 1777.

52 Denkmalpflege und Denkmalschutz haben die Aufgabe, Kulturdenkmäler wissenschaftlich zu erforschen, ... (§ 1 Abs. 1 Satz 1 Brem. DSchG).

53 Georg Dehio, Handbuch der Deutschen Kunstdenkmäler, Bremen-Niedersachsen, bearb. von Hans-Christoph Hoffmann, Gottfried Kiesow, Roswitha Poppe, Hans Reuther, Walter Wulf und anderen Fachkollegen, 1977.

54 Georg Dehio, Handbuch der Deutschen Kunstdenkmäler, Bremen-Niedersachsen, bearb. von Gerd Weiß, Karl Eichwalder, Peter Hahn, Hans-Christoph Hoffmann, Reinhard Karrenbrock und Roswitha Poppe, 1992.

55 Denkmaltopographie Bundesrepublik Deutschland – Baudenkmale in der Freien Hansestadt Bremen, 4.4 Stadtteil Grö-

pelingen, Bearbeitung Kurt Lammek, 1982; Baudenkmale in der Freien Hansestadt Bremen, 3.7 Stadtteil Osterholz, Bearbeitung Kurt Lammek, 1982; Baudenkmale in der Freien Hansestadt Bremen, 3.6 Ortsteil Oberneuland, Bearbeitung Kurt Lammek, 1984, alle hrsg. vom Landesamt für Denkmalpflege der Freien Hansestadt Bremen.

56 Die Kunstdenkmäler des Landes Schleswig-Holstein, Kunsttopographie Schleswig-Holstein, hrsg. von Hartwig Beseler, 1969.

57 Ohne Einzelnachweis. Landesamt für Denkmalpflege, Aktenbestand Denkmaltopographie. Die Richtlinien in DKD, 39, 1981, S. 69.

58 Denkmaltopographie Bundesrepublik Deutschland – Baudenkmale in Niedersachsen, 22.2 Landkreis Lüneburg, bearbeitet von Gerd Weiß, hrsg. von Hans-Herbert Möller, 1981.

59 Vgl. Anm. 23.

60 Das Bremer Haus – Hanseatisches Bauen und Wohnen zwischen 1850 und 1914, hrsg. von Hans-Christoph Hoffmann in Zusammenarbeit mit dem „Büro Bremen-Werbung", 1974 und 1974[3]; Bremische Denkmalpflege 1976–1979, Ein Programm, hrsg. vom Landesamt für Denkmalpflege der Freien Hansestadt Bremen und dem „Büro Bremen-Werbung", 1975; Wolfgang Brönner, Bremerhaven – Baudenkmäler einer Hafenstadt, hrsg. vom Landesamt für Denkmalpflege der Freien Hansestadt Bremen, 1976; Jahrestagung der Vereinigung der Landesdenkmalpfleger in der Bundesrepublik Deutschland vom 11.–14. Juni 1979 in Bremen und Bremerhaven, hrsg. vom Landesamt für Denkmalpflege in Bremen in Zusammenarbeit mit dem „Büro Bremen-Werbung", 1979.

Der Blick auf die Denkmale

1 Hans-Christoph Hoffmann, Die Restaurierung des St. Petri-Domes in Bremen 1972 bis 1981, in: Deutsche Kunst und Denkmalpflege, 39., 1981, S. 125–148, spez. S. 126.

2 Aktenbestand LfD ab 1969. Rolf Gramatzki, Bemalte Holzdecken in der Stadt und im ehemaligen Erzstift/Herzogtum Bremen – Versuch einer typologischen und ikonographischen Bestandsaufnahme, in: Brem. Jb., 63, 1985, S. 3 ff., hier S. 37–58.

3 Hans-Christoph Hoffmann, Die Denkmalpflege in der Freien Hansestadt Bremen 1971 bis 1977, in: Brem. Jb. 56, 1978, S. 259 f.

4 Bremen und seine Bauten, bearb. u. hrsg. vom Architekten- und Ingenieur Verein, Bremen 1900, S. 484–487 mit Abb.

5 Weser-Kurier vom 8.11.1972. Hans-Christoph Hoffmann, Die Denkmalpflege in der Freien Hansestadt Bremen 1971 bis 1977, in: Brem. Jb. 56, 1978, S. 261 f.; ebenso 1978 bis 1979, Brem. Jb. 58, 1980, S. 305 f.; ebenso 1980 bis 1981, Brem. Jb. 60/61, 1982/83, S. 256 f.; ebenso 1985 bis 1988, Brem. Jb. 67, 1989, S. 184 f.

6 Rolf Gramatzki, Die neu entdeckte Holzdecke von 1580 im Haus Heineken, in: Brem. Jb., 57, 1979, S. 255–269.

7 A. Börtzler, Lateinische Inschriften Bremens, Schriften der Wittheit zu Bremen, Bd. 20, H. 1, 1952, S. 60.

8 Der schmale, tonnengewölbte Keller könnte zu einem Steinwerk gehört haben. Vgl.: Adolf Ide, Die Steinwerke der Stadt Osnabrück, 1939; Kurt Asche, Das Bürgerhaus in Oldenburg, 1982, hier spez. S. 21 ff. Das Vorhandensein von Steinwerken in Bremen von Rudolf Stein in: Das Bürgerhaus in Bremen, 1970, auf S. 25 nur gestreift.

9 Die Ausgrabung wurde 1980 vom Landesarchäologen durchgeführt; Materialien hierzu unter LA-Fdst. Nr. 40 beim Amt des Landesarchäologen.

10 Friedrich Schumacher, in: Das Münster, 1981, S. 273 ff.

11 Hans-Christoph Hoffmann, Die Restaurierung des St. Petri-Domes in Bremen 1972–1981, in: Deutsche Kunst und Denkmalpflege, 39, 1981, S. 125–148; und Wolfgang Brönner, Die Wiederherstellung der historistischen Ausmalung Hermann Schapers im Bremer Dom, in: ebda., S. 149–158.

12 Hans-Christoph Hoffmann, Die Denkmalpflege in der Freien Hansestadt Bremen 1971 bis 1977, in: Brem. Jb. 56, 1978, S. 235 ff., spez. S. 248–252; ebenso 1978 bis 1979, in: Brem. Jb. 58, 1980, S. 267 ff., spez. S. 279–287; ebenso 1980 bis 1981, in: Brem. Jb. 60/61, 1982/83, S. 229 ff., spez. S. 238 und 251 f.; ebenso 1982 bis 1984, in: Brem. Jb. 63, 1985, S. 143 ff., spez. S. 149–151; ebenso 1985 bis 1988, in: Brem. Jb. 67, 1989, S. 165 ff., spez. S. 174–180.

13 Ingrid Weibezahn, Zur Datierung der kürzlich freigelegten Gewölbemalereien im zukünftigen Dommuseum, in: Dom-Nachrichten, Nr. 2, 1986, S. 7–9.

14 Aktenbestand im LfD: 1965 bis 1971 Landeskonservator und Museumsdirektion, ab 1972 LfD.

15 Karl Heinz Brandt, Ausgrabungen im Bremer St.-Petri-Dom 1974–76, ein Vorbericht. Mit Beiträgen von P. Berghaus, W. Henke, M. Nockert, D. Ortlam, I. Petrascheck, E. Seyler und H. Schwarzwälder, 1977.

16 Zwischen der Domgemeinde als Grundeigentümer und der Freien Hansestadt Bremen als Träger der Grabung war eine hälftige Teilung der Grabfunde vereinbart worden; indem Bremen seinen Anteil an den Konservierungs- und Restaurierungskosten der textilen Funde nicht leisten konnte, diese vielmehr von der Stiftung Bremer Dom übernommen werden mußten, verschob sich der städtische Anteil zugunsten des Domes, der die Funde im Dommuseum präsentiert.

17 Hans-Christoph Hoffmann, Der schöpferische Umgang mit dem Denkmal, in: Architektur und Städtebau der fünfziger Jahre, Ergebnisse der Fachtagung in Hannover, bearb. durch Werner Durth und Niels Gutschow, Schriftenreihe des Deutschen Nationalkomitees für Denkmalschutz, Bd. 41, S. 122–133.

18 Prof. Dr. Günther Grundmann (1892–1976) war 1950–59 Landesdenkmalpfleger in Hamburg; Prof. Dr. Rudolf Wesenberg (1910–74), 1956–70 Landeskonservator des Rheinlands und 1970–71 im Kultusministerium Nordrhein-Westfalen zuständig für Denkmalpflege, hatte durch seine Forschungen zur ottonischen Kunst wesentlichen Anteil an der Rückgewinnung der Kirchen in Hildesheim; Prof. Dr. Hans Thümmler (1910–72), 1939–72 Mitarbeiter am Westfälischen Amt für Denkmalpflege und ab 1951 Lehrbeauftragter (Honorarprofessor) für Baugeschichte und Bauforschung an der Universität Münster.

19 Das Planarchiv hatte Friedrich Schumacher im Rahmen seiner Tätigkeit als Dombaumeister in Nutzung, das Aktenarchiv benutzte in jenen Jahren Pastor Dietsch für seine Arbeit an dem Buch Der Dom St. Petri zu Bremen, Geschichte und Kunst, 1978.

20 Mehr noch als die Kenntnis Schaperscher Ausstattungen im Münster zu Aachen, der Stiftskirche in Fischbeck, der Erlöserkirche in Bad Homburg v. d. H. oder dem Rathaus in Göttingen konnte der Duktus einer Schaperschen Fassung an dem von dem Künstler herausgegebenen Tafelwerk Hermann Schaper/P. Eichholz, Decorative Malereien im gotischen Stile, Stuttgart/Berlin/Leipzig, 1896–98, studiert werden. – Die Ausführung der erneuerten Ausmalung lag in Händen des Kirchenmalers Dieter Berchem, Essen.

21 Wenn es in solchen Fällen nach den Wünschen und Vorstellungen der Denkmalpflege ginge, würde eine solche Malerei nicht mehr freigelegt, sondern nach sorgfältiger Dokumentation des Sichtbaren wieder unter einem Kalkanstrich geschützt – natürlich muß aber auch respektiert werden, daß eine Gemeinde einen solchen Fund nicht verstecken will, und ob der Schutz unter einem Neuanstrich größer ist als nach der Freilegung, darf auch in Frage gestellt werden, da ja sehr bald nicht mehr bekannt ist, was sich unter einem Kalkanstrich verbirgt. Vgl. auch Hans-Christoph Hoffmann, Die Denkmal-

pflege in der Freien Hansestadt Bremen 1985 bis 1988, in: Brem. Jb. 67, 1989, S. 174 ff.

22 Diese Interpretation geht zurück auf Forschungen von Dr. Siegfried Fliedner, in: Der Bremer Dom, Baugeschichte, Ausgrabungen, Kunstschätze, Handbuch und Katalog zur Sonderausstellung im Bremer Landesmuseum (Focke-Museum), 1979, hier: S. Fliedner, Der frühromanische Dom zu Bremen, S. 9 ff. Dessen Ergebnisse indes teilweise überholt durch: Uwe Lobbedey, Der romanische Dom in Bremen, ein Werk Erzbischof Liemars (1072–1101), in: Frühmittelalterliche Studien, Jb. d. Inst. f. Frühmittelalterforschung d. Univ. Münster, 19., 1985, S. 312–29 u. Taf.

23 Aktenbestand im LfD ab 1973. Postamt Bremen 1, 1977, Festschrift zur Einweihung des umgebauten und erweiterten Hauptpostamts an der Domsheide, hier spez. Hans-Christoph Hoffmann, Die Wiederherstellung des Kaisersaales, S. 45–51.

24 Bis zum Erscheinen der Monographie mit Werkverzeichnis zu Arthur Fitger von Wolfgang J. Türk 1998/99 ist neben Streuartikeln immer noch am ausführlichsten der Artikel von Hermann Tardel, in: Bremische Biographie des neunzehnten Jahrhunderts, 1912, S. 133 ff.

25 Aktenbestand im LfD ab Januar 1976.

26 Beiträge zur Sozialgeschichte Bremens, hrsg. von W. U. Drechsel, H. Gerstenberger, C. Marzahn, Heft 9: Östliche Vorstadt, Zur Entstehung eines Stadtteils im 19. Jahrhundert, 1985, hier spez. S. 129–198; die Quelle für diesen Teil der Untersuchung in: StAB, Mikrofilm 16, F. 65, sowie StAB 4, 26 – 140, aus 1865.

27 Rowald: Die neueren Formen des städtischen Wohnhauses in Deutschland, in: Zeitschr. d. Architekten- u. Ingenieur-Vereins in Hannover, 35, 1889, Sp. 596–597, Taf. 25 mit 3 Grundrissen von Am Dobben 91.

28 Hans-Christoph Hoffmann, Die Denkmalpflege in der Freien Hansestadt Bremen 1978 bis 1979, in: Brem. Jb. 58, 1980, S. 267 ff., spez. S. 307 ff.; ebenso, 1980 bis 1981, in: Brem. Jb. 60/61, 1982/83, S. 229 ff., spez. S. 260 f.; ebenso 1985 bis 1988, in: Brem. Jb. 67, 1989, S. 165 ff., spez. S. 195 f.; ebenso 1989 bis 1991, in: Brem. Jb. 71, 1992, S. 223 ff., spez. S. 262 ff.

29 Aktenbestand LfD ab 1968, hier: Schreiben des Landesbeauftragten für Naturschutz und Landschaftspflege vom 13.2.1968.

30 StAB 7, 57; Mitteilung Frau Maria von Pochhammer, undat. (etwa 1975); Wolfgang Brönner, Pompeji in einem Oberneulander Gartensaal, in: Bremer Nachrichten, 9.2.1974, S. 20.

31 Gustav Brandes, Aus den Gärten einer alten Hansestadt, 1939, S. 55 ff.; Rudolf Stein, Klassizismus und Romantik in der Baukunst Bremens, II, 1965, S. 329 ff.

32 Vgl. S. 12, Die Denkmalliste von 1973.

33 Im Planbestand des LfD befinden sich Reiseskizzen und Entwurfsblätter von Theodor Eggers, die belegen, daß Eggers solche Entwürfe selber gefertigt hat.

34 Beteiligte Firmen waren A. Ochsenfarth, Paderborn (Voruntersuchung und erste Sicherungen im Saal), Reinhard Meyer-Graft, Teufelsmoor (Restaurierung Saal) und Georg Skrypzak, Bremen/Berne (Restaurierung Gartenzimmer).

35 Stark im vorigen Jahrhundert überformt, gehört zu diesem Typ das Haus Heineken, Oberneulander Landstraße 151; nicht mehr erhalten, aber von gleicher Art war das Anwesen der Egestorff-Stiftung: Während des 1977 durch Gerhard Müller-Menckens durchgeführten, das Herrenhaus entkernenden Umbaus war für kurze Zeit sichtbar, daß an die Nordseite mit weiter Öffnung ein solches Hofmeierhaus angeschlossen war. Dieses wurde beim Umbau des Herrenhauses nach 1855 aufgegeben. Cf. im Alten Land den Harenschen Hof in Jork und den Wehrtschen Hof in Borstel, beide aus dem 17./18. Jahrhundert, s.: C.-W. Clasen, D. Großmann, G. Kiesow und R. Wortmann, Die Kunstdenkmale des Landkreises Stade, 1965.

36 Burchard Scheper, Die jüngere Geschichte der Stadt Bremerhaven, 1977; für das Denken der Zeit sehr erhellend: Bremerhaven Morgen, Generalplanung, Wirtschaft, Verkehr, hrsg. von Bodo Selge (OB Bremerhaven) unter Mitwirkung von Ernst May u. a., o. J. (um 1962).

37 Hans-Christoph Hoffmann, Die Denkmalpflege in der Freien Hansestadt Bremen 1971 bis 1977, in: Brem. Jb. 56, 1978, S. 235 ff., spez. S. 285, 287 ff.; ebenso 1978 bis 1979, in: Brem. Jb. 58, 1980, S. 267 ff., spez. S. 311 ff.; ebenso 1980 bis 1981, in: Brem. Jb. 60/61, 1982/83, S. 229 ff., spez. S. 265 f.

38 Aktenbestand im LfD ab Juli 1979, dazu die Gutachten zur Standsicherheit des Turmkopfs 1972–75; Schreiben des LfD zum Abbruchbegehren vom 15.10.1976.

39 Bernhard und Hilla Becher, Die Architektur der Förder- und Wassertürme, Studien zur Kunst des 19. Jahrhunderts, Bd. 13, 1971, darin Jan Werth, Ursachen und technische Voraussetzungen für die Entwicklung der Wasserhochbehälter, S. 325 ff.

40 Rainer Slotta, Technische Denkmale in der Bundesrepublik Deutschland, 2., 1977, S. 463.

41 Nordsee-Zeitung (N.-Z.), 1.12.1976 (Mitteilung über den beabsichtigten Abbruch), 8., 10., 18.12.1976 (Auswahl Leserbriefe); am 19.1.1977 mit dem Artikel „Wasserturm ist noch zu retten" ein erster Hinweis auf die Möglichkeit, den Turm doch noch zu erhalten.

42 Dr. Rainer Slotta besichtigte am 25.1.1977 den Wasserturm; dazu N.-Z., 26.1.1977.

43 Aktenbestand im LfD ab 1976.

44 Dirk J. Peters, Der Seeschiffbau in Bremerhaven von der Stadtgründung bis zum Ersten Weltkrieg, Veröffentl. des Stadtarchivs Bremerhaven, Bd. 7, 1987, spez. S. 59.

45 Baurat Buchholz, Construction und Behandlung der Caissons bei Dock- und Schleusenbauten anstatt der gewöhnlichen Torflügel und sonstiger Abschlußvorrichtungen, in: Ztschr. d. Architekten- und Ingenieurvereins Hannover, Bd. 4, 1858, Sp. 438–447 und Abb.

46 Aktenbestand im LfD ab 1977.

47 Aktenbestand im LfD ab 1975.

48 Aus Denkmalschutzakte Bremerhaven, Hafenstraße 14, Gutachten von August 1977.

49 (Bayer.) Gesetz zum Schutz und zur Pflege der Denkmäler vom 25.6.1973, Art. 21, Abs. 2.

50 3. Bericht, 1982/83, S. 265 f.

51 Vgl. S. 12 ff., Die Denkmalliste von 1973 und Die Erweiterung der Denkmalliste; bei den angegebenen Zahlen handelt es sich nur um Gruppen von Bremer Häusern und Bremer Häuser.

52 Eine die bau- und kunstgeschichtlichen Aspekte ebenso wie die sozialen und wirtschaftlichen erforschende und analysierende Untersuchung des „Bremer Hauses" als Haustyp zwischen 1850 und 1910 fehlt ungeachtet der Literaturvielfalt zu diesem Gegenstand. Meist wurden auf dem Umweg über diesen Begriff soziale, soziologische, wirtschaftliche oder allgemein städtebauliche Themen abgehandelt. – Literatur in Auswahl: Hesberg, Das Bremer Haus, Schriftenreihe des Bausenators, Heft 2, 1946; Das Bremer Haus, Hanseatisches Bauen und Wohnen zwischen 1850 und 1914, hrsg. von Hans-Christoph Hoffmann in Zusammenarbeit mit dem „Büro Bremen-Werbung", 1974 – diese Schrift war als Werbeschrift zur Propagandierung der Erhaltung des Bremer Hauses geschrieben; Klaus Schwarz, Wirtschaftliche Grundlagen der Sonderstellung Bremens im deutschen Wohnungsbau des 19. Jahrhunderts – Das Beispiel der östlichen Vorstadt, in: Brem. Jb. 54, 1976, S. 21–68; ders., Bremer Reihenhäuser in vor- und frühindustrieller Zeit: Forschungsprobleme der Wohnungsbaugeschichte, in: ebda., 57, 1979, S. 125–182; Das Bremer Haus, Geschichte, Programm, Wettbewerb, mit Beiträgen von J. Cramer, N. Gutschow, K.-J. Krause, W. Turk, 1981 – kurzer

historischer Abriß in Verbindung mit der Analyse eines Wettbewerbs unter stadtbildpflegerischer Zielrichtung; Wolfgang Voigt, Das Bremer Haus, Wohnungsreform und Städtebau 1880–1940, Schriftenreihe des hamburgischen Architekturarchivs, 1992.

53 Die Broschüre – siehe oben unter Hoffmann – war so gefragt, daß sie zweimal neu aufgelegt, auch erweitert werden mußte. Sie hat nicht unwesentlich zur Akzeptanz dieser alten Häuser beigetragen.

54 Erbaut 1868(69)–70(71) durch Heinrich Müller, zerstört im Januar 1942; bei dieser Kirche hatte es sich um die dritte Remberti-Kirche gehandelt. Siehe: St. Remberti, Geschichte einer bremischen Gemeinde, 1962.

55 Hans-Christoph Hoffmann, Die Denkmalpflege in der Freien Hansestadt Bremen 1978 bis 1979, in: Brem. Jb. 58, 1980, S. 267 ff., spez. S. 303; „Louis Philippe", eine nach dem französischen König (sog. Bürgerkönig, 1773–1850, regierte 1830–48) benannte, stark bürgerlich geprägte Mode-(Stil-)richtung, die vor allem in der Innenarchitektur und im Möbelbau auftrat und in Deutschland als späte und reichere Variante des Biedermeier auftritt.

56 Rudolf Stein, Klassizismus und Romantik in der Baukunst Bremens, I, Forschungen zur Geschichte der Bau- und Kunstdenkmäler in Bremen, hrsg. vom Senator für das Bildungswesen, Bd. 4, 1964, S. 122. Zu Dietrich Christian Rutenberg siehe auch: Wilhelm Wortmann (Bearb.), Bremer Baumeister des 19. und 20. Jahrhunderts, hrsg. von der Aufbaugemeinschaft Bremen, 1988, S. 12.

57 Hans-Christoph Hoffmann, Die Denkmalpflege in der Freien Hansestadt Bremen 1980 bis 1981, in: Brem. Jb. 60/61, 1982/83, S. 229 ff., spez. S. 263; zur Farbigkeit des Historismus vgl. Wolfgang Brönner, Farbige Architektur und Architekturdekoration des Historismus, in: Deutsche Kunst und Denkmalpflege, 36, 1978, S. 57 ff.

58 So 1976 im Haus Stavendamm 16, wo die Decke eines kleinbürgerlichen Salons, der zu einer Garage umgewandelt worden war, restauriert werden konnte.

59 Laut Bremer Adreßbuch.

60 Eine Mitarbeit des in dieser Zeit noch im Haus mitwohnenden Sohnes Werner R. (1906–90) ist denkbar.

61 Ausführlicher Restaurierungsbericht im LfD.

62 Kurt Lammek, Von der Altenwallscontrescarpe 4 (1849) zum Goetheplatz 4 (1982), in: Goetheplatz 4, Privatdruck, hrsg. von der Villa Ichon Goetheplatz 4 Verwaltungsgesellschaft mbH & Co. KG., 1982.

63 Mangels einer das Werk Poppes würdigenden Biographie mit Werkverzeichnis, immer noch am besten der Artikel Johann Georg Poppe, in: Bremische Biographie 1912–1962, hrsg. von der Historischen Gesellschaft zu Bremen und dem Staatsarchiv Bremen, bearb. von Wilhelm Lührs, 1969.

64 Der Aktenbestand des LfD setzt erst zu diesem Zeitpunkt, also ab 1981, ein, weil bei einem Autoaufbruch die Tasche mit dem ersten Band der Objektakte gestohlen wurde und auch nicht wieder auftauchte.

65 Vgl. die Schloßanlagen von Schönbrunn bei Wien oder Würzburg oder im bürgerlichen Rahmen das Böttigerhaus in Bamberg.

66 Bauakte im Archiv des BOA: Baudaten zu Besselstraße 91 in der Akte Herderstraße 86 mit verschiedenen Projekten für das Grundstück Herder-, Bismarck- und Besselstraße.

67 Zur Scheinfassade gibt es weder in der genannten Akte Herderstraße 86 noch in der Akte Besselstraße 91 irgendwelche Pläne oder Hinweise auf ein Baudatum.

68 Aktenbestand im LfD ab September 1973; das Schreiben des Senators für Finanzen dat. vom 20.10.1977.

69 Aktenbestand im LfD ab 1947.

70 Hans-Christoph Hoffmann, Die Denkmalpflege in der Freien Hansestadt Bremen 1982 bis 1984, in: Brem. Jb. 63, 1985, S. 143 ff., spez. S. 162/179 f.; Hans-Christoph Hoffmann, Der Spiegelhof im Bremer Werderland restauriert, in: Der Holznagel, 3, 1985, S. 41 ff.

71 Dr. Eberhard Lutze, Kunsthistoriker, war der erste Leiter der Kulturabteilung beim Senator für Bildung nach dem Krieg; er amtierte bis 1973. – Dr. Werner Kloos, Kunsthistoriker, war ab 1953 Nachfolger von Prof. Dr. Ernst Grohne als Direktor des Focke-Museums (Bremer Landesmuseum für Kunst und Kulturgeschichte) und in Personalunion Landeskonservator, er amtierte bis 1976. – Dr. Rudolf Stein, Architekt und Kunsthistoriker, 1953 bis 1962 Leiter des Amtes für Baudenkmalpflege. – Karl Dillschneider, Architekt, 1962 bis 1970(71) als Nachfolger von Dr. Rudolf Stein Leiter des Amtes für Baudenkmalpflege. – Klaus Tippel, von 1945 bis zu seinem Tod 1976 Leiter der Abteilung „Bau" beim Senator für Bauwesen.

72 Mit der Restaurierung der Wandgemälde war der Restaurator Otto Klein beauftragt, die Decke restaurierte Willi Olszynski. Restaurierungsberichte liegen dem LfD nur teilweise vor.

73 Franz Wulfhagen, 1624–70, bedeutendster Porträtist Bremens im 17. Jahrhundert, möglicherweise Schüler Rembrandts, malte 1669 im Auftrage des Rats einen in der Lesum verendeten Wal, um den es mit dem Königreich Schweden diplomatische Verwicklungen gegeben hatte. – Das für den Selbstbehauptungswillen der Stadt signifikante Bild wurde aus ästhetischen Gründen 1960 aus der Rathaushalle entfernt und magaziniert. Nachdem es 1997/98 restauriert werden konnte und die Rückführung ins Rathaus schon vorbereitet wurde, wurde dessen Hängung in der Rathaushalle abermals aus ästhetischen Gründen verhindert und das Bild als Entree zur Walfangabteilung in das Deutsche Schiffahrtsmuseum nach Bremerhaven gegeben, wo es, historisch ohne jede Bedeutung, nur noch einen verendenden Wal darstellt.

74 Von diesen Einbauten, die aus den Einkünften der Rohland-Stiftung finanziert wurden, werden im Lager des LfD noch wesentliche Teile aufbewahrt – es sind hervorragend geschnitzte Stücke. Es fällt jedoch auf, daß viele Figuren fehlen. Sie haben sicher beim Abbau Liebhaber gefunden, so wie auch einige Teile der geschnitzten Rahmungen und Brüstungen den Weg in den Handel gefunden haben.

75 Der Aktenbestand des LfD vor 1971 ist nur sehr unvollständig, eben nur soweit wie die „Baudenkmalpflege" beteiligt war. Zum Neuen Rathaus liegen Vorgänge erst ab 1973/74 vor.

76 Das Umbauprojekt erarbeitete 1986 Architekt BDA Hermann Brede, der bis 1990 die vom Umbau betroffenen Räume im Dach des Neuen Rathauses und die Unterfahrt im Keller fertigstellte.

77 StAB 3 – ad G.7. Nr. 139/95/; die Auslagerungen erfolgten 1942 und 1943 auf Veranlassung von Prof. Dr. Ernst Grohne; die Gegenstände kamen nach Jeersdorf bei Scheeßel und nach Schloß Schlüsselburg an der Weser. In der zit. Akte ein eindringlicher Bericht Grohnes über die Auslagerungen.

78 StAB 3 – L.9. Nr. 142 /1/, Bericht von Dr. Grohne im WK vom 5.6.1946, die Rettung der beweglichen Kunstwerke in Bremen betreffend. Ernst Grohne, Prof. Dr. (1888–1957), Direktor des Focke-Museums (1924–53) und Landeskonservator (seit 1933). In seine Schaffensperiode gehörten der Aufbau des Focke-Museums im ehemaligen Altenheim an der Großenstraße, sodann aber auch die Auslagerung der Museumsbestände im Kriege und danach der Wiederaufbau des Museums auf Gut Riensberg. In vorausschauender Weise hatte Grohne auch Teile der Rathausausstattung, darunter die Wappenscheiben der Oberen Rathaushalle, die Treppe der Güldenkammer, die Jugendstil-Güldenkammer und das Jugendstil-Ratssilber während des Krieges ausgelagert.

79 Willi Olszynski hat die neue Ledertapete über dem alten Druckstock geprägt; die Art, wie er die Lederstücke aufgezogen hat, ist einerseits sehr praktisch, hatte andererseits große Anschlußprobleme mit sich gebracht, die durch Leisten, die es vorher nicht gab, kaschiert wurden.

80 Von der preußischen Meßbildanstalt wurde nach 1860 für das Land Preußen ein Denkmäler-Archiv aufgebaut, das nach 1896 durch Albrecht Meydenbauer auch auf das übrige Reich ausgedehnt wurde. Der größte Teil der Aufnahmen dieses Archivs wurde auf Glasplatten im Format 40 x 40 cm aufgenommen, und zwar mit einer Weitwinkelkamera, die weitgehend verzerrungsfreie Aufnahmen zuließ. Die umfangreichen Bestände dieses Archivs werden heute nach wechselvollem Nachkriegsschicksal im Brandenburgischen Denkmalamt aufbewahrt und betreut. Dort sind die Verzeichnisse der aufgenommenen Denkmäler einsehbar und sind Bestellungen möglich. Lit.: Das Denkmäler-Archiv und seine Herstellung durch das Meßbild-Verfahren, Denkschrift von Albrecht Meydenbauer, 1896, mit Vorwort und Kommentar von Rudolf Meyer, 1992, hrsg. von der Deutsche Gesellschaft für Photogrammetrie und Fernerkundung e.V. (DGPF), 1993. – Der Bestand an bremischen Aufnahmen mit Ausnahme der Dombilder seit 1997 auch im LfD.

81 Hans-Christoph Hoffmann, Die Denkmalpflege in der Freien Hansestadt Bremen, 1989 bis 1991, in: Brem. Jb. 71, 1992, S. 223 ff., spez. S. 248 ff.; die Entstehung der Güldenkammer und ihre Veränderungen in den dreißiger Jahren zusammengestellt in: Jürgen Schultze und Peter Elze, Die Güldenkammer des Bremer Rathauses nach dem Entwurf von Heinrich Vogeler, Schriftenreihe der Barkenhoff-Stiftung, Nr. 8, 1985. Im Zuge der Restaurierung kamen auch Reste einer älteren Raumfassung zutage: eine dunkelbraun gemalte Kassettierung der Decke, um 1880, und die Überfassung der Fensterpfeiler von 1612. Ob die Ledertapete des 17. Jh. da noch vorhanden war, ist unbekannt.

82 Hoffmann, wie vor, S. 251 f.

83 Es handelt sich um eine der Aufnahmen, die das Preuß. Meßbildarchiv 1913–16 vom Neuen Rathaus angefertigt hatte.

84 Christa Baumgärtel, Absolventin der Hochschule für gestaltende Kunst und Musik, Bremen, hier u. a. bei Prof. Waldemar Otto, ist im Rahmen der Kunst im öffentlichen Raum in Bremen und Bremerhaven mit mehreren Werken (Sommer- und Winterstraße, Borgfeld, Vegesack, Knochenhauerstraße) vertreten; lebt in Bremen-Vegesack.

85 Im Hochbauamt, Planbestand Rathaus, befindet sich eine Skizze für einen offenbar geplanten größeren Umbau des Festsaals für Zwecke der Bremischen Bürgerschaft, durch den erheblich mehr historische Substanz verlorengegangen wäre als dann tatsächlich der Fall war.

86 aqua signal AG, Spezialleuchtenfabrik, Bremen, in Zusammenarbeit mit Spezialleuchten Wurzen GmbH, Wurzen (vorm. Sächsische Broncewarenfabrik Wurzen GmbH).

87 Ernst Ehrhardt, Das Neue Rathaus in Bremen, 1913, S. 88.

88 Sie hatte neben anderen interessanten Arbeiten die Leuchter in der Semperoper in Dresden und im Schauspielhaus in Berlin rekonstruiert.

89 Ernst Ehrhardt, wie Anm. 87, S. 73.

90 Die Restaurierungsarbeiten und die Steinreinigung erfolgten durch Restaurator Siegfried Herrmann, Bremen, die des Spiegels durch Anne Dorothea Hoffmann, Bremen; Restaurierungsberichte liegen im LfD vor.

91 Die Ausführung erfolgte durch die Malerfirma Hans Horr.

92 Aufmaßzeichnungen im Planbestand des LfD. Rolf Gramatzki, Das Alte Rathaus zu Bremen, Versuch zu seiner Ikonologie, 1994, S. 15, Abb. 4.

93 Johann Focke, Die Sitte der Fensterschenkung in Bremen, in: Brem. Jb. 18, 1896, S. 49–76. Eine Zusammenstellung der Wappenscheiben bei Gramatzki, wie vor, S. 215 ff. – Die Anordnung der heute vorhandenen Wappenscheiben hat in den vergangenen 100 Jahren mehrfach gewechselt.

94 Aktenbestand im LfD und Restaurierungsberichte der Restaurierungswerkstatt Dr. H. Oidtmann.

95 Über diese Arbeiten, wie auch über die Restaurierung der Kunstwerke in den Dielen, liegen im LfD Restaurierungsberichte vor.

96 Aus dem Restaurierungsbericht von Timo Gérard im LfD.

97 So Otto Höver in Brem. Nachrichten.

98 Die Arbeiten mußten in der Oberen Rathaushalle durchgeführt werden, weil die Modelle nicht durch die Türen gehen ohne auseinandergenommen zu werden; das aber sollte vermieden werden. Notizen zur Restaurierung in den Akten des LfD.

99 Seemännisch für die Segel und alle Seile und Taue, die für die Bewegung der Segel erforderlich sind; im Gegensatz dazu besteht das „Stehende Gut“ aus den Masten und allen Tauen und Seilen, die die Masten halten.

100 Hoeckel, Jorberg, Loef, Szymanski, Winter, Risse von Schiffen des 16. und 17. Jahrhunderts, 1985(5); Frank Howard, Segel-Kriegsschiffe 1400–1860, 1989; Klaus Schrage, Rundhölzer, Tauwerk und Segel, 1989. Für die Ergänzungen der Takelage der „Johann Swarting“ diente, soweit sich offene Fragen ergaben, beispielsweise die Fregatte „Berlin“ von 1674 als Vorlage.

101 Über den Zeitpunkt der letzten Überholung liegen keine Nachrichten vor, vermutlich wurde aber um 1968 an den Schiffen gearbeitet (s. u.).

102 K. Battré, Das älteste Schiffsmodell in der Oberen Rathaushalle, in: Brem. Jb. 33, 1931, S. VII. – Auf der dort wiedergegebenen Abbildung sind drei Mann Besatzung zu erkennen; von denen ist keiner mehr vorhanden. Der jetzt auf dem Hinterkastell stehende Fahnenschwinger war vor wenigen Jahren aus Privatbesitz an das Rathaus zurückgegeben worden und stammt von einem anderen Schiff, dessen Besatzung, sechs Mann, noch 1968 von der Landesbildstelle fotografiert werden konnte und danach, vor 1970, verschwunden ist.

103 Christian Arnold, geb. 1889 in Fürth, gest. 1960 in Bremen, lebte seit 1908 in Bremen. In seinem expressionistisch beeinflußten Werk trachtete er immer auf die Erhaltung der Form, besonders in den Trümmerbildern der Nachkriegszeit.

104 Ulla M. Nitsch und Hermann Stöcker, „So zeichnen wir nicht nach irgendeiner muffigen Methode ...“, Aus der Praxis ästhetischer Erziehung an den Bremer Arbeits- und Gemeinschaftsschulen in der Weimarer Zeit, 1991, S. 30–37. – 75 Jahre Schule an der Helgolander Straße, 1916–1991, hier spez.: Ulla M. Nitsch, Das Geheimnis an der Wand, S. 33.

105 Die Voruntersuchungen von 1991 waren durch Restaurator Klaus Thönes durchgeführt worden, die Durchführung der Restaurierung erfolgte 1995 durch Restaurator Siegfried Herrmann.

106 Zu diesem Haus und dem Abbruch des Hauses gibt es im LfD keinerlei Dokumentation.

107 Ursula und Günter Heiderich, 1899–1931, Rudolf Alexander Schröder und die Wohnkunst, o. J. (1975), S. 160 f.

108 Heiderich, wie vor, S. 36 ff. und S. 115 ff.

108a Heiderich, wie vor, S. 14.

109 Norbert Huse, „Neues Bauen“ 1918 bis 1933, Moderne Architektur in der Weimarer Republik, 1975. Zum Begriff „Neues Bauen“ vgl. dort S. 10.

110 Ernst Becker, 1900–68. Nils Aschenbeck, Schön, modern und vor allem sachlich, Bauten des Vegesacker Architekten Ernst Becker, in: Bremer Nachrichten, Nr. 199, 26.8.1995, Sonderseite.

111 Walter Müller-Wulckow, Deutsche Baukunst der Gegenwart, Bauten der Gemeinschaft, 1928, S. 33: Sportplatzgebäude Vegesack, 1927/28; S. 39: Bootshaus des Rudervereins Vegesack, 1927; ders., Wohnbauten und Siedlungen, 1929, S. 56: Eigenes Wohnhaus, 1926; S. 86: Miethausreihe in Vegesack, 1924/26; S. 118: Miethaus in Vegesack, 1927.

112 Bauakte Weserstraße 2 im Bauamt Bremen-Nord.

112a Zuletzt: Rekonstruktion in der Denkmalpflege. Überlegungen – Definitionen – Erfahrungsberichte. Schriftenreihe des

Deutschen Nationalkommitees für Denkmalschutz, Bd. 57, 1997. – Michael Petzet, Rekonstruieren als denkmalpflegerische Aufgabe?, in: Denkmalpflege-Informationen, Bayer. Landesamt für Denkmalpflege, Ausgabe A, Nr. 81, 1995.

112b Petzet, wie vor, S. 7.

113 J. G. Kohl, Das Haus Seefahrt zu Bremen, 1862.

114 Ansatzweise wird man den ehemaligen Standort des Hauses mit dem Panzenberg-Stadion und dem Straßenknäuel nördlich der Stephanibrücke angeben können.

115 Regine C. Hrosch, „Weltteile und Winde", Arthur Fitgers Gemälde im Haus Seefahrt zu Bremen, eine Studie zur Kunst der Gründerzeit, 1996, S. 9; dort auch die weiteren Angaben zum Festsaal.

116 Bis zum Erscheinen der Monographie mit Werkverzeichnis zu Arthur Fitger von Wolfgang J. Türk 1998/99 ist neben Streuartikeln immer noch am ausführlichsten der Artikel von Hermann Tardel in: Bremische Biographie des neunzehnten Jahrhunderts, 1912, S. 133 ff.

117 Hrosch, wie vor, S. 119 ff.

118 Das Nachkriegsschicksal der Bilder erforscht von Hrosch, wie vor.

119 Prof. Dr. Günter Busch war von 1950 bis 1985 Direktor der Kunsthalle Bremen.

120 Hartwig Beseler – Niels Gutschow, Kriegsschicksale deutscher Architektur. Verluste – Schäden – Wiederaufbau, 1988, Bd. I, S. 123 f. (Teil Bremen von Peter Hahn).

121 Der entscheidende Grund für die Überformung der Fassade von Haus Atlantis dürfte in der Nutzung des Hauses durch zwei unbefensterte Räume übereinander – Kammerspiele und Atlantis-Lichtspiele – zu sehen sein. Schon die Instandsetzung der Fassade durch Seume und Hafemann hatte die Fenster zwischen den Stahlbindern mit Backstein geschlossen und die so gegebene Gliederung durch das Tierkreismotiv überspielt. So gesehen war die Überformung der Front nach der Idee von Mataré nur konsequent.

122 Im LfD gibt es keinen Vorgang hierzu. Es ist aber davon auszugehen, daß sowohl Klaus Tippel als auch Dr. Eberhard Lutze nicht uninformiert blieben über die Beauftragung eines Ewald Mataré, und von daher ist es fast unvorstellbar, daß Dr. Werner Kloos als Landeskonservator uninformiert geblieben war. Gegen ein Einschreiten gegen diese Art von Veränderung mag auch gesprochen haben, daß der auf politische Anordnung zurückgehende Denkmalschutz für die Straße ignoriert wurde.

123 Angebot in den Akten des LfD, ebenda die Vorgänge um die Finanzierung, die in erster Linie vom LfD betrieben wurde.

124 Bebau 621 vom 18.10.1965.

125 Gesetz zur Pflege und zum Schutz der Kulturdenkmäler (Denkmalschutzgesetz – DSchG) § 10 Abs. 2: „Der Genehmigung der Denkmalschutzbehörde bedürfen ferner Maßnahmen nach Absatz 1 in der Umgebung geschützter unbeweglicher Kulturdenkmäler."

126 Architekt von Bassewitz hat u. a. für sein Wirken für die Denkmalpflege die Tessenow-Medaille der Stiftung F. V. S. zu Hamburg erhalten.

127 Siegfried Fliedner und Werner Kloos, Bremer Kirchen, 1961, S. 55 ff., spez. S. 60 f., datieren den Raum in die 1. H. 11. Jh., also in die Zeit der Gründung der St.-Veit-Kirche. Ebenso Rudolf Stein in: Romanische, gotische und Renaissance-Baukunst in Bremen, Forschungen zur Geschichte der Bau- und Kunstdenkmäler in Bremen, Bd. 2, 1962, S. 79. Dagegen neuerdings Uwe Bölts, Die Baugeschichte der Kirche Unser Lieben Frauen in Bremen, MA Hamburg 1992 (unveröffentl.).

128 Gerd Dettmann, Der Beinkeller der Liebfrauenkirche, in B.N., 17. und 24.7.1932.

129 Klaus Schwarz, Die stadtbremischen Kirchhöfe von der Reformation bis zur Franzosenzeit (1813), in: Brem. Jb. 58, 1980, S. 23–63.

130 Ich kann zwischen dem Bau der romanischen Kirche und dem unterirdischen Raum keinen Zusammenhang, etwa als Krypta oder Unterraum eines Querhausarms, erkennen und sehe in ihm eher den Rest eines Steinbaus, wie in Osnabrück in Verbindung mit St. Marien. Vgl.: Roswitha Poppe, Neuere Forschungen über den frühmittelalterlichen Sakralbau in Osnabrück, in: Osnabrücker Mitteilungen, 92, 1987, S. 67–104, spez. ab S. 77.

131 Aktenbestand im LfD.

132 Zu beiden Untersuchungen Kurzberichte im LfD.

133 Bericht im Aktenbestand LfD.

134 Hierzu ausführlicher Bericht im LfD.

135 Nur zu Bremen: Robert Bargmann, 700 Jahre Bremer Mühlen, 1937; Fritz Peters, Wahrzeichen der Heimat – Aus der Geschichte der Bremer Windmühlen, in: Mitgliedsblatt Nr. 13 des Vereins für Niedersächsisches Volkstum Bremen e.V., 1953; Rudolf Stein, Klassizismus und Romantik in der Baukunst Bremens I, Forschungen zur Geschichte der Bau- und Kunstdenkmäler in Bremen, 1964, S. 543–550.

136 Vgl. Aktenbestand im LfD, spez. zur Hemelinger Mühle.

137 GBl. S. 116 vom 24.7.1953; die Unterschutzstellung, die durch Rechtsverordnung erfolgte, war insofern etwas Besonderes, als dies die ersten Unterschutzstellungen nach dem Kriege waren und die ersten, die auf das ehemalige Bremer Landgebiet ausgriffen.

138 Aktenbestand im LfD, hier Arberger Mühle; das Gebot vom 9.2.1957.

139 Aktenbestand im LfD, hier Horner Mühle ab 1965.

140 Das Sammlungsergebnis belief sich Anfang 1968 auf 44 500 DM; die Baukosten beliefen sich am Ende auf etwa 100 000 DM.

141 Brem.GBl. S. 69 aus 1967.

142 Nimmermüder Spiritus rector des Vereins war Rechtsanwalt Heinz Uhlich.

143 Während der Arbeiten an der Horner Mühle wurde die museal genutzte Mühle in Oberneuland, an der das LfD bereits einmal eine Grundsicherung der Fundamente und des Mauerwerks durchgeführt hatte, instand gesetzt. Ebenfalls 1997/98 wurde die Mühle am Wall zu einem gastronomischen Betrieb umgebaut.

144 Vgl. Gustav Brandes, Aus den Gärten einer alten Hansestadt, Bremen 1939. – Erst bei Durchsicht dieses Bandes wird deutlich, wie ungeheuer groß die Verluste auf diesem Gebiet sind.

145 Im vorliegenden Fall galt der Bebauungsplan 762 für das Gebiet zwischen Rockwinkeler Landstraße (zum Teil beiderseits), Auf der Heide (zum Teil einschließlich), Autobahn, Rockwinkeler Fleet und Franz-Schütte-Allee vom 6.8.1974; dieser Bebauungsplan schrieb Grundstücksgrößen zwischen 1200 bis 2000 qm vor. ·

146 Es wäre allerdings nie soweit gekommen, weil das Planungsamt solchen Forderungen der Denkmalpflege vor Inkrafttreten des Denkmalschutzgesetzes hätte widersprechen müssen.

147 Der drohende Verlust dieser Parkanlage hatte in der Öffentlichkeit zwar große Anteilnahme ausgelöst, die sich in mehreren Zeitungsartikeln niederschlug, so in W.-K. vom 18., 25. und 29.7.1970, doch war ein Ankauf durch die Stadt nicht zu erreichen. Förmlich gehört der vordere Teil des Parkes mit dem sogenannten Heckentheater den Eigentümern der Appartemente; die Stadt unterhält die Anlage jedoch für die Öffentlichkeit – s. a. Bebauungsplan 847, für den das Planverfahren 1970 eingeleitet war. Die Belange des nach Inkrafttreten des Gesetzes theoretisch stärkeren Denkmalschutzes, der noch versucht hatte, wenigstens auf die Gestaltung Einfluß zu nehmen, wurden vollständig übergangen.

148 Heino Grunert, Knoops Park – Ein Gartendenkmal in Bremen, Diplomarbeit am Institut für Grünplanung und Gartenarchitektur der Universität Hannover, 1986 (nur MS).

149 Aktenbestand im LfD; die Unterschutzstellung gem. § 8 Abs. 1 Denkmalschutzgesetz (BremGBl. 1975, S. 265, vom Juni 1975).

150 Die Ermächtigung zur Herunterzonung ist in § 44 (3) BBauG in der Fassung vom 18.8.1976 als Entschädigungsregelung enthalten.

151 Entsprechend der Zahl der alten Bundesländer gab es einen zwölfjährigen Turnus; da die letzte bremische Tagung 1979 stattgefunden hatte, wäre Bremen wieder 1991 an der Reihe gewesen. Infolge der Wiedervereinigung 1990 fiel diese Tagung aus. Es gibt jetzt eine sechzehnjährige Abfolge.

152 Abbildungen dieser Ausstattungsteile bei Brandes, Anm. 144, Abb. 89–92.

153 Wie andere Waldorfschulen auch, ist die privat geführte Schule vereinsrechtlich organisiert.

154 Bis 1989, also in der Zeit der vorbereitenden Planungen für die Zugänglichmachung des hinteren Parkteils und seine Abgrenzung gegen die Schule, unter der Leitung von Dipl. rer. hort. Berndt Andreas. Auch bei der Pflege des von der Schule genutzten Teils wirkte er, soweit das möglich war, mit.

155 Die alte Raumsituation ist letztmalig zu sehen in dem Film „Ein Sommer in Lesmona," in welchem das Zimmer Margas Mädchenzimmer im elterlichen Haus war.

156 Restaurierung der Wandmalerei durch Georg Skrypzak und der Holzvertäfelungen durch Hans-G. Thiessen.

157 Vgl. auch Hans-Christoph Hoffmann, Die Denkmalpflege in der Freien Hansestadt Bremen 1985 bis 1988, in: Brem. Jb. 67, 1989, S. 165–216, hier spez. S. 189 ff. mit den Abbildungen 6a und 6b (ergänzend zu Brandes, Anm. 144), 7 und 8.

158 So das sogenannte Pomeranzenhaus in Seligenstadt am Main (um 1760) oder das Glashaus in Bronnbach a. d. Tauber von 1777. Unter den späteren Gewächshäusern sind das östliche Gewächshaus von Schloß Nymphenburg, 1807 von F. L. Sckell, und das Gewächshaus in Kassel-Wilhelmshöhe von J. C. Bromeis, 1822, vor allem aber das gläserne Gewächshaus von Devigne an Schloß Lednice (Eisgrub/Mähren), 1844, zu nennen. Wichtige Literatur: Arnold Tschira, Orangerien und Gewächshäuser, ihre geschichtliche Entwicklung in Deutschland, Berlin 1939, mit weiterführender Literatur.

159 Beispiele für Gewächshäuser des 19. Jh. in: Ruth-Maria Ullrich, Glas-Eisenarchitektur, Pflanzhäuser des 19. Jahrhunderts, 1989.

160 Aktenbestand im LfD ab 1979.

161 Aktenbestand im LfD; Der Bremer Bürgerpark 125 Jahre, Jb. d. Wittheit zu Bremen, Bd. 32, 1991.

162 Nordwestdeutsche Gewerbe-, Industrie-, Handels-, Marine-, Hochseefischerei- und Kunst-Ausstellung von 1890 (üblicherweise zit. als Nordwestdeutsche Gewerbe- und Industrie-Ausstellung), S. 310 f. Der von Architekt Carl Bollmann entworfene Pavillon, der während der Ausstellung die Tabakfirma Engelhardt und Biermann repräsentiert hatte, wurde noch im Herbst des Ausstellungsjahres an die Nordostecke des Parkes versetzt und 1891 als Gaststätte „Waldschlößchen" eröffnet, wobei die während der Ausstellung geschlossenen Wandfelder zu Fenstern geöffnet wurden.

163 Walter Müller, 1901–1975, durch die Heirat mit Bettina Vogeler Schwiegersohn von Heinrich V., trat als Maler, Buchillustrator, Architekt und Innenarchitekt hervor.

164 Lars U. Scholl, Der Industriemaler Otto Bollhagen, 1861–1924, 1992.

165 Pastor Hartmut Drewes; weitere wertvolle Informationen gab Frau Dr. Helga Bories-Sawala, Bremerhaven, die über das Thema „Franzosen im Reichseinsatz" gearbeitet hat; hierüber im W.-K. vom 9.2.1996. Im weiteren Aktenbestand im LfD.

166 Im Internierungslager der deutschen Refugiés in Les Milles bei Aix-en-Provence gibt es aus dem Jahre 1940 ähnliche Malereien.

167 Nach Mitteilung von Frau Dr. Helga Bories-Sawala wurden die Bilder von einem David Alois gemalt; neben dessen Signatur gibt es aber auch eine, die wie ‚Ramsey' gelesen werden könnte.

168 Beim sogenannten „Strappo-Verfahren" wird auf die vorher gefestigte Malerei mit einem Kunstharzkleber ein Gewebe aufgetragen; die Malschicht läßt sich bei dieser Art Malerei dann mit dem Gewebe abziehen. Anschließend wird dieses Gewebe auf einen neuen Träger – in diesem Fall wird es Leinwand sein – aufgeklebt und das Trägergewebe mittels Lösungsmittel vom Bild getrennt. Danach werden umfangreiche Retuschen nötig sein.

Abbildungsnachweis

Landesamt für Denkmalpflege,
Lori Frerking und Margarethe Haberecht,
mit Ausnahme von:
Archiv Böttcherstraße, S. 119
Bürgerparkverwaltung, S. 152 links, 153
Deutsches Schiffahrtsmuseum Bremerhaven, S. 114
Die Kunst, Bd. 18, 1908, S. 108
T. Gerard, S. 99
Glasmalereiwerkstatt Dr. H. Oidtmann, Linnich, S. 96 rechts
Haberecht/Hoffmann, S. 2, 13, 34 rechts, 42, 43
Haus Seefahrt, Bremen, S. 117 links
S. Herrmann, S. 94, 95, 109 unten, 152 rechts
J. Kirchhoff, S. 79
Landesbildstelle Bremen, S. 17, 18, 19, 46, 139
W. Müller-Wulckow, Bauten der Gemeinschaft, 1928, S. 112
Nürnberger Gobelin Manufaktur, S. 92
H. Ohlsen, S. 70
Privat, S. 136
Schulgeschichtliche Sammlung Bremen, S. 104
G. Skrypzak, S. 116, 117 rechts
K. Thönes, S. 73 rechts, 129

Die Texte aus Georg Dehio, Handbuch der Deutschen Kunstdenkmäler, Bremen-Niedersachsen, 1992, wurden mit freundlicher Genehmigung der „Dehio-Vereinigung – Wissenschaftliche Vereinigung zur Fortführung des kunsttopographischen Werkes von Georg Dehio e. V.“ und dem Deutschen Kunstverlag, München/Berlin, zitiert.
Das vom Ersten Tag für Denkmalpflege im Jahre 1900 begründete Handbuch der Deutschen Kunstdenkmäler, das in seiner ersten Bearbeitung durch Georg Dehio 1905 bis 1912 erschienen war, liegt nunmehr in 23 Bänden, das Gebiet der Bundesrepublik Deutschland umfassend, beim Deutschen Kunstverlag, München/Berlin, vor.